HSE 履职能力评估必备知识丛书

风险管理与双重预防机制

韩文成　主编

石油工业出版社

内容提要

本书立足于现代工业企业的危险特性，具体论述了事故致因理论、双重预防机制建设、安全风险分级管控、事故隐患排查治理、危化品重大危险源、生产安全事件事故、安全生产应急管理、应急急救与工伤保险等方面的前沿理论和研究成果，同时配套了相关知识链接及随堂练习题，以便读者更好地学习使用。

本书有助于企业建立风险管理与双重预防机制，推进企业HSE管理体系建设，有助于提升各级领导干部和管理人员的HSE履职能力。

图书在版编目（CIP）数据

风险管理与双重预防机制 / 韩文成主编. —北京：石油工业出版社，2025.5. —（HSE履职能力评估必备知识丛书）. —ISBN 978-7-5183-7471-7

Ⅰ. F426.22

中国国家版本馆CIP数据核字第2025J5W936号

出版发行：石油工业出版社
　　　　　（北京安定门外安华里2区1号　100011）
　　　　　网　　址：www.petropub.com
　　　　　编辑部：（010）64523633　　图书营销中心：（010）64523633
经　　销：全国新华书店
印　　刷：北京中石油彩色印刷有限责任公司

2025年5月第1版　2025年5月第1次印刷
787×1092毫米　开本：1/16　印张：16
字数：262千字

定价：90.00元
（如出现印装质量问题，我社图书营销中心负责调换）
版权所有，翻印必究

《HSE履职能力评估必备知识丛书》
编委会

主　任：孙红荣
委　员：（按姓氏笔画为序）
　　　　马小勇　王　平　王立营　王亚臣　王光辉　王桂英　尹丽芳
　　　　田　青　刘　学　刘川都　孙军灵　李　坚　李　敏　李永宝
　　　　李惠卿　吴道凤　张冕峰　张翊峰　陈邦海　陈根林　欧　艳
　　　　赵永兵　胡鹏程　章东峰　彭彦彬

《风险管理与双重预防机制》
编写组

主　编：韩文成
副主编：何　涛　周　鹏
委　员：张峻源　孙　飞　左秋河　方　红　于　颖　张黎明　李志鸿
　　　　熊　勇　唐　炬　马　驰　罗　缙　龚德洪　王沫云　郭　钰
　　　　郑伟群　李　涛

序

自 20 世纪 90 年代 HSE 管理体系进入中国以来，企业各级领导干部和员工的 HSE 理念、意识与风险管控能力得到了明显提升，但大部分领导干部和员工安全环保履职能力与企业实际需求相比还存在明显差距，这已成为制约企业 HSE 管理水平持续提升的瓶颈。尤其在当下面临安全发展、清洁发展、健康发展的新局面、新形势、新要求，领导干部和员工的知识结构、业务能力和安全素养还需要竿头日进。因此，为有效落实国家安全技能提升行动计划的部署要求，需坚持以安全知识培训为基础、以履职能力评估作手段，补齐干部员工安全素质短板，扎实推动全员岗位安全生产责任落实。

安全环保履职评估对象为领导人员和一般员工，领导人员是指按照管理层级由本级组织直接管理的干部，一般员工指各级一般管理人员、专业技术人员和操作服务人员。安全环保履职能力评估内容主要包括安全领导能力、风险管控能力、HSE 基本技能和应急指挥能力，可通过现场访谈、绩效考核和知识测试几种方式结合，从具备的知识、意识、技能，以及应用和成效等几个方面进行评估。通过开展评估掌握全员安全环保履职能力的现状，明确员工安全环保履职能力普遍存在的短板，持续提升员工的 HSE 意识、知识和技能，确保全体员工的安全环保能力满足风险管控需求。评估结果将作为领导干部在职考核、提拔任用和个人 HSE 绩效考核的重要参考依据。领导人员调整或提拔到生产、安全等关键岗位，应及时进行安全环保履职能力评估；一般员工新入厂、转岗和重新上岗前，应依据新岗位的安全环保能力要求进行培训，并在入职前接受安全环保履职能力评估。

通过这些年的 HSE 履职能力评估实践发现，大多数领导干部和员工能够以能力评估为契机，在履职能力评估的准备与访谈过程中，对自身的 HSE 观念、知识和技能有了一次客观的认知的机会，通过评估都得到了一定程度的引导、启发和提升。但受时间等各类客观条件的限制，很难在短时间内有全面系统的提高，需找到一种系统、全面、权威的学习材料，以方便各级领导和员工在评估前后进行系统性、针对性的学习。虽然现在相关的各类书籍很多，但往往针对部分内容，对 HSE 管理理念、知识和技能的全面而系统的梳理一直还是空白。

为了方便各级领导和员工平时对 HSE 相关理念、知识和技能的学习，填补这方面学习书籍的空白，笔者总结了多年履职能力评估实践工作的经验，结合当前各级领导干部和员工理念、知识和技能的实际需求，对相关要求进行了全面、系统的梳理，形成了四个分册，分别从 HSE 管理理念与工具方法、HSE 管理知识与管理要求、风险管理与双重预防机制、作业许可与承包商安全管理等四个不同的方面进行叙述，针对不同的内容采用介绍、概括、提炼、精简、摘要、解析等方式进行编写，以方便各级领导和员工对相关内容知识的学习和查阅。

本丛书充分汇集和吸收了国内外最新的 HSE 理念、法规、标准、制度的先进思想与要求，充分收集和吸取了 HSE 工具、方法、知识、技能在实践运用中的成功经验，以及遇到的各类问题和解决方法，充分汇总和凝聚了业内各位 HSE 履职能力评估专家在多年实际工作中的体会与感悟，充分归纳和总结了第三方咨询机构在 HSE 履职能力工作中的经验教训与研究成果。

领导干部要"坚持学习、学习、再学习，坚持实践、实践、再实践"，学习是成长进步的阶梯，实践是提高本领的途径，工作水平提高的源泉是不断学习和实践。各级领导干部和员工要真正把学习作为一种追求、一种爱好、一种健康的生活方式；要善于挤时间，多一点学习、多一点思考；要沉下心来，持之以恒，重在学懂弄通，不能心浮气躁、浅尝辄止、不求甚解；要做到干中学、学中干，学以致用、用以促学、学用相长。相信本丛书的出版将为广大干部和员工学习 HSE 理念和知识，提升 HSE 履职能力提供极大的帮助！

前言

现代工业企业具有生产工艺复杂、风险性大、不确定性强,技术含量高,生产装置大型化、过程连续化,原物料及产品易燃易爆、毒害和腐蚀性等危险特性,如何有效控制风险、实现安全生产,一直是优先考虑的头等大事。安全风险分级管控与隐患排查治理可提升员工的风险自辨自控、隐患自查自改的能力,辨识和管控各类风险,消除或减少隐患,最大限度地减少生产事故的发生。

"明者防祸于未萌,智者图患于将来。"各级领导干部和员工面对业务范围内的 HSE 风险,不能掉以轻心,必须积极主动、未雨绸缪,见微知著、防微杜渐,下好先手棋,打好主动仗,做好岗位危害因素辨识和风险评价,落实风险管控措施,确保工作安全性和稳定性。通过 HSE 管理体系的规范运行,推动风险分级管控和隐患排查治理持续改进,促进双重预防机制有效实施和长效机制的形成。

企业在推进 HSE 管理体系建设的进程中,应以深化 HSE 管理体系建设为主线,以风险管控为核心,以重大危险源为管控重心,积极推行安全专业技术和成功经验做法。通过建立系统化、规范化的风险分级管控与隐患排查治理等预防管理机制,夯实 HSE 管理体系运行的工作基础,强化过程控制,突出现场管理,严格控制各种健康安全与环境风险,排查和消除各种事故隐患,以便最大限度地减少和避免安全生产事故的发生。

强化风险管理和双重预防机制建设是持续性的,需要在一段时期内不断进行细化、深化、优化、简化管理模式,具有反复性和顽固性,抓一抓会好转,松一松就反弹,不可能一蹴而就、毕其功于一役,更不能一阵风刮一下就停。要锲而不舍、驰而不息地抓下去,如果前热后冷、前紧后松,就会功亏一篑。要建立健全、巩固完善一套有用的、管用的长效机制,要通过"踏石留印、抓铁有痕"的劲头，一个节点一个节点抓，积小胜为大胜，保持力度、保持韧劲、善始善终、善作善勇。

本书力求严格按照开展安全环保履职能力评估的能力要求，并结合多年能力评估的实践，通过深入浅出的语言，从事故致因理论、双重预防机制建设、重大危险管理、安全事故事件、应急管理、应急救援等方面进行系统阐述，力求全面、简洁、实用，并附有案例和练习。为保持内容的连贯性，一些知识点以知识链接的形式穿插其中，以强化本书的实用性和趣味性。

在本书编写过程中，编者参阅大量国内外文献和有关资料，书中没能全部注明出处，在此对原著者深表感谢。东方诚信在组织本书的编写过程中，得到了长庆油田、西南油气田、大庆油田、新疆油田、成品油销售公司、天然气销售公司等多家单位领导与专家的帮助和支持，在此深表谢意。由于编者水平有限，难免存在疏漏之处，敬请各位读者批评指正。

为方便大家适当检验对各章节知识的理解和掌握情况，本书编制了一百余道不定项选择题，供读者学习使用。

改变我们的观念和行为的一句话

◎ 必须自上而下地建立一种文化，让每个人都相信所有的事故都可以避免。

◎ 你不可能完全消除风险，所谓的安全是将风险降低至可接受的程度。

◎ 安全是每个员工的责任，更是所有管理人员的责任。

◎ 管理者负有降低风险的职责，但每个人都有识别和沟通风险的职责。

◎ 员工的风险意识对安全工作至关重要。

◎ 每个人都应该能够识别其工作区域内的风险并使之消减或降低。

◎ 全体员工都必须熟练掌握风险识别、评价与控制方法。

◎ 工作场所从来没有绝对的安全，伤害事故是否发生取决于场所中员工的行为。

◎ 如果不能让参与这项工作的人参与风险评估，就不能实现真正的风险管控。

◎ 我们永远有时间把事情做正确，没有一项工作会紧急到不考虑安全地去做。

◎ 如果方法得当，生产过程中的风险可以降低，甚至可以避免。

◎ 风险可以影响人、质量和生产效率，最终将影响企业效益。

目录

第一章 事故致因理论简介 ……………………………………… 1

第一节 早期事故致因理论 …………………………………… 1
一、事故频发倾向论 …………………………………………… 1
二、事故遭遇倾向论 …………………………………………… 4
三、轨迹交叉论 ………………………………………………… 5

第二节 事故因果连锁理论 …………………………………… 8
一、海因里希事故因果连锁 …………………………………… 9
二、博德事故因果连锁 ………………………………………… 10
三、亚当斯的事故因果连锁 …………………………………… 11
四、北川彻三事故因果连锁 …………………………………… 12
五、事故因果连锁理论模型 …………………………………… 13

第三节 能量意外释放理论 …………………………………… 15
一、理论的提出与发展 ………………………………………… 15
二、各种类型能量表现 ………………………………………… 15
三、能量观点的事故因果理论 ………………………………… 17
四、能量释放的防范 …………………………………………… 18

第四节 两类危险源理论 ……………………………………… 20
一、第一类危险源 ……………………………………………… 20
二、第二类危险源 ……………………………………………… 21
三、二者之间关系 ……………………………………………… 22
相关链接：老虎和笼子 ………………………………………… 24

第二章 双重预防机制建设 ……………………………………… 25

第一节 前期准备工作 ………………………………………… 26
一、指导原则 …………………………………………………… 26

二、组织机构 27

　　三、资料收集 28

　　四、人员培训 29

　第二节　双重预防机制建设要求 30

　　一、基本要求 30

　　二、技术路线 31

　　三、工作程序 32

　　四、两者关系 33

　第三节　关键术语的正确理解 34

　　一、危害因素和危险源 34

　　二、风险与危险 37

　　三、风险管理 40

　　四、正确认识几种关系 43

　　相关链接：二拉平原则（ALARP） 46

第三章　安全风险分级管控 48

　第一节　危害因素的辨识 49

　　一、确定辨识范围 49

　　二、辨识危害因素 50

　第二节　风险评估与分级 53

　　一、风险评估矩阵 53

　　二、风险管控要求 58

　　相关链接：风险控制的层次 58

　第三节　风险管控措施落实 61

　　一、风险管控措施要求 61

　　二、安全风险告知 64

　　三、风险动态监控 66

　　四、风险管控方案 67

　　五、安全生产责任保险 69

　　相关链接：定置管理 71

第四章　事故隐患排查治理 ……………………………… 76

第一节　基本原则与职责 ………………………………………… 76
一、遵循基本原则 ………………………………………………… 76
二、相关安全职责 ………………………………………………… 77

第二节　隐患排查和评估 ………………………………………… 78
一、隐患分级标准 ………………………………………………… 78
二、隐患排查要求 ………………………………………………… 80
三、隐患告知监控 ………………………………………………… 82
四、隐患治理要求 ………………………………………………… 83
五、资本化治理项目 ……………………………………………… 86

相关链接：小马过河的启示 ……………………………………… 88

第三节　重大与较大隐患判定标准 ……………………………… 89
一、判定标准应用原则 …………………………………………… 89
二、重大隐患判定标准 …………………………………………… 90
三、较大隐患判定标准（通用）………………………………… 92
四、各专业隐患判定标准 ………………………………………… 93

相关链接：瑞士奶酪模型 ………………………………………… 98

第五章　危化品重大危险源 ……………………………… 101

第一节　重大危险源评估 ………………………………………… 101
一、报告内容 ……………………………………………………… 101
二、安全评估 ……………………………………………………… 102
三、重新评估 ……………………………………………………… 103

第二节　备案及核销 ……………………………………………… 104
一、登记建档 ……………………………………………………… 104
二、备案核销 ……………………………………………………… 105

第三节　安全包保责任制 ………………………………………… 105
一、主要负责人 …………………………………………………… 105
二、技术负责人 …………………………………………………… 106
三、操作负责人 …………………………………………………… 106

第四节　管理与技术措施 …… 108
　　一、安全管理措施 …… 108
　　二、安全技术措施 …… 109
　　三、工艺技术措施 …… 110
　　四、安全监控系统 …… 110
　　五、应急准备与演练 …… 114

第五节　危险与可操作性分析 …… 115
　　一、相关术语 …… 115
　　二、分析对象 …… 116
　　三、准备工作 …… 119
　　四、分析程序 …… 119
　　五、后续工作 …… 122
　　相关链接：蝴蝶效应（butterfly effect） …… 122

第六章　生产安全事件事故 …… 124

第一节　安全与价值观 …… 124
　　一、安全 …… 124
　　二、本质安全 …… 127
　　三、系统安全 …… 129
　　四、安全价值观 …… 130

第二节　生产安全事件 …… 133
　　一、事件分类 …… 133
　　二、事件分级 …… 133
　　三、事件管理 …… 134
　　四、事件分享 …… 134

第三节　生产安全事故 …… 135
　　一、分类与分级 …… 135
　　二、事故的报告 …… 138
　　三、事故的应急 …… 140
　　四、调查与处理 …… 141
　　相关链接：金字塔法则 …… 143

第七章　安全生产应急管理 …… 147

第一节　应急准备与响应 …… 147
一、应急准备工作 …… 147
二、应急信息报送 …… 151
三、应急响应工作 …… 154

第二节　应急预案的构成 …… 157
一、综合应急预案 …… 158
二、专项应急预案 …… 160
三、现场处置方案 …… 161
四、应急处置卡 …… 162

第三节　应急预案的建立 …… 163
一、前期工作准备 …… 163
二、应急预案编制 …… 165
三、预案备案与修订 …… 166
四、应急预案的评估 …… 168

第四节　应急预案的演练 …… 170
一、目的和准备 …… 170
二、演练的方式 …… 172
三、演练的实施 …… 173

相关链接：墨菲定律（Murphy's law） …… 175

第八章　应急急救与工伤保险 …… 179

第一节　现场急救常识 …… 179
一、急救基本原则 …… 179
二、如何进行报警 …… 180
三、进行简单体检 …… 182

第二节　常用急救方法 …… 182
一、心肺复苏法 …… 183
二、AED推广使用 …… 185

三、海姆立克法 …………………………………………… 187
四、外伤的处理 …………………………………………… 189

第三节　现场止血与包扎 …………………………………… 191
一、指压止血方法 ………………………………………… 191
二、包扎止血要领 ………………………………………… 193
三、伤口包扎方法 ………………………………………… 195
四、骨折固定方法 ………………………………………… 199

第四节　人员现场急救 ……………………………………… 203
一、人员触电急救 ………………………………………… 203
二、人员中毒急救 ………………………………………… 204
三、人员中暑急救 ………………………………………… 207
四、烧烫伤、冻伤急救 …………………………………… 208
五、晕厥或昏迷急救 ……………………………………… 211
六、化学品泄漏时急救 …………………………………… 212
相关链接：急救穴位——"人中" ……………………… 214

第五节　员工工伤保险 ……………………………………… 214
一、工伤认定 ……………………………………………… 215
二、认定申请 ……………………………………………… 215
三、劳动能力鉴定 ………………………………………… 217
四、工伤保险待遇 ………………………………………… 217

随堂练习 ……………………………………………………… 220

第一章　事故致因理论简介

事故致因理论是人们认识事故整个过程及进行事故预防工作的重要理论依据，也是开展风险分级管控工作的理论基础。安全管理的核心就是有效地控制风险、消除隐患、预防事故的发生，这就有必要对事故致因理论加以掌握。事故致因理论是从大量典型事故的本质原因的分析中所提炼出的事故机理和事故模型。这些机理和模型反映了事故发生的规律性，能够为风险的定性、定量分析，为隐患排查、治理，为事故的预测、预防，从理论上提供科学的依据。这类阐明事故为什么会发生，是怎样发生事故的，以及如何防止事故发生的理论，被称为"事故致因理论"。

第一节　早期事故致因理论

随着生产技术水平的不断提高，人们对事故的认识不断深化，事故致因理论也得到了不断的完善和发展。主要经历了超自然致因论、单因素致因论、双因素致因论和系统致因理论四个历史时期，如图1-1所示。概括地讲，事故致因理论的发展经历了两个最重要的阶段：以海因里希因果连锁论为代表的早期事故致因理论；以能量意外释放论为主要代表的事故致因理论。

一、事故频发倾向论

事故频发倾向（accident proneness）是指个别人容易发生事故的、稳定的、个人的内在倾向。该理论于1919年由英国的格林伍德（M.Greenwood）提出，认为事故频发倾向者的存在是工业事故发生的主要原因。其基本观点是：从事同样的工作和在同样的工作环境下，某些人比其他人更易发生事故，这些人即为事故倾向者，他们的存在会使生产中的事故增多，如果通过人的性格特点等

超自然致因		天意论
单因素致因	海因里希因果连锁论	事故频发倾向论 事故遭遇倾向论
双因素致因	能量意外释放论 现代因果连锁论	轨迹交叉论 人因素理论
系统致因	综合原因论 危险源理论	变化-失误论 扰动论

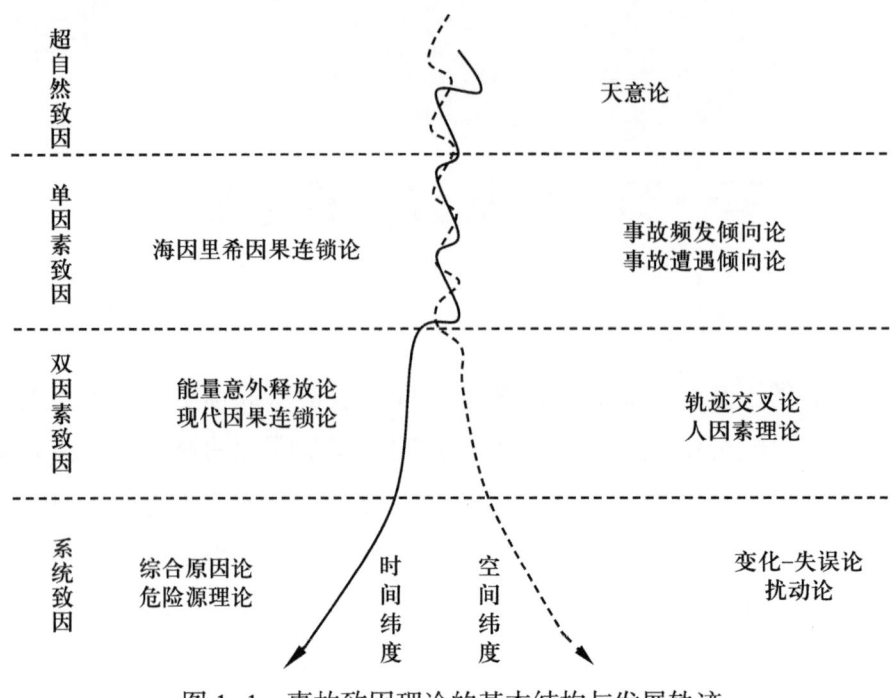

时间纬度　空间纬度

图 1-1　事故致因理论的基本结构与发展轨迹

区分出这部分人而不予雇佣，就可以减少工业生产中的事故。因此，人员选择就成了预防事故的重要措施。

（一）数据统计检验

1919 年格林伍德和伍兹（H.H.Woods）对许多工厂里伤害事故发生次数资料按如下三种统计分布进行统计检验：

——泊松分布。当人员发生事故的概率不存在个体差异时，即不存在事故频发倾向者时，一定时间内事故发生次数服从泊松分布。在这种情况下，事故的发生是由于工厂里的生产条件、机械设备方面的问题，以及一些其他偶然因素引起的。

——偏奇分布。一些员工由于存在着精神或心理方面的毛病，如果在生产操作过程中发生过一次事故，则会造成胆怯或神经过敏，当再继续操作时，就有重复发生第二次，第三次事故的倾向。造成这种统计分布的是人员中存在少数有精神或心理缺陷的人。

——非均等分布。当工厂中存在许多特别容易发生事故的人时，发生不同次数事故的人数服从非均等分布，即每个人发生事故的概率不相同。在这种情况下，事故的发生主要是由于人的因素引起的。

（二）主要性格特征

为了检验事故频发倾向的稳定性，他们还计算了被调查工厂中同一个人在前三个月里和后三个月里发生事故次数的相关系数，结果发现工厂中存在着事故频发倾向者。事故频发倾向者往往有如下性格特征：

（1）感情冲动，容易兴奋。
（2）脾气暴躁。
（3）厌倦工作、没有耐心。
（4）慌慌张张、不沉着。
（5）动作生硬而工作效率低。
（6）喜怒无常、感情多变。
（7）理解能力低、判断和思考能力差。
（8）极度喜悦和悲伤。
（9）缺乏自制力。
（10）处理问题轻率、冒失。
（11）运动神经迟钝，动作不灵活。

（三）局限性与作用

这种理论的缺点是过分夸大了人的性格特点在事故中的作用，因此受到了广泛的批评。然而，企业员工中存在少数容易发生事故的人，这一现象并不罕见。例如某些企业把容易出事故的人称作"危险人物"，把这些"危险人物"调离原工作岗位后，企业的伤亡事故明显减少；把出事故多的司机定为"危险人物"，规定这些司机不能担负长途运输任务，也取得了较好的预防事故效果。

因此，尽管事故频发倾向论把工业事故的原因归因于少数事故频发倾向者的观点是错误的，然而从职业适合性的角度来看，关于事故频发倾向的认识也有一定可取之处。在现代企业管理中，该理论可应用于员工的选择、关键岗位的确定、HSE履职能力评估、工作任务分配等方面，具有一定的参考价值。即通过严格的生理检验、心理检验、能力评估，选择身体、能力、性格特征及动作特征等方面优秀的人才安排在关键岗位，同时可对企业中的事故频发倾向者进行调整岗位或强化培训教育。

二、事故遭遇倾向论

第二次世界大战后,科学技术有了飞跃的进步,不断出现的新技术、新工艺、新能源、新材料给工业生产及人们的生活带来了巨大的变化,也带来了更多的危险,同时人们的安全观念也发生了变化。

(一)理论的提出

越来越多的人认为,不能把事故的发生简单地说成是人的性格缺陷或粗心大意,应该重视机械的、物质的危险性在事故中的作用,强调实现生产条件、机械设备的固有安全,才能切实有效地减少事故的发生。因此,不能把事故的责任简单地归结到员工身上,应该强调机械的、物质的危险性质在事故归因中的重要地位。于是出现了事故遭遇倾向论(accident liability),事故遭遇倾向是指某些人员在某些生产作业条件下容易发生事故的倾向。

鉴于这种情况,明兹(A.Mintz)和布卢姆(M.L.B)建议用事故遭遇倾向概念取代事故频发倾向概念,认为事故的发生不仅与个人因素有关,而且与生产条件有关。根据这一见解,克尔(W.A.Kerr)调查了53个电子工厂中40项个人因素及生产作业条件因素与事故发生频度和伤害严重程度之间的关系,发现影响事故发生频度的主要因素有搬运距离、噪声影响、临时工数量和员工自觉性等;与事故后果严重程度有关的主要因素是员工的"男子汉"作风,其次是缺乏自觉性、缺乏指导、老年员工多、不连续出勤等,这证明事故的发生与生产作业条件有密切关系。

(二)主要的论点

随着生产规模的进一步扩大化、生产工艺的复杂化和操作过程的自动化,机电一体化的自动控制系统取代了人在生产过程中的操作;具有监控功能的安全系统的广泛应用,取代了人对生产过程的安全监管任务,使安全保护更准确、更迅速、更完备,人对生产过程的主观干预程度降低。因而人不安全行为发生的概率及其影响在减小,而物的不安全状态在增加,人的不安全行为更多地凝结在物的不安全状态之中。事故遭遇倾向论主要论点如下:

——当每个人发生事故的概率相等且概率极小时，一定时期内发生事故次数服从泊松分布。根据泊松分布，大部分员工不发生事故，少数员工只发生一次，只有极少数员工发生两次以上事故。大量的事故统计资料是服从泊松分布的。

——某一段时间里发生事故次数多的人，在以后的时间里往往发生事故次数不再多了，该人并非永远是事故频发倾向者，通过数十年的实验及临床研究，很难找出事故频发者的稳定的个人特征，换言之，许多人发生事故是由于他们行为的某种瞬时特征引起的。

——事故的发生与员工的年龄有关，青年人和老年人容易发生事故。此外，与员工的工作经验、熟练程度有关。对于一些危险性高的职业，员工要有一个适应期。在此期间，新员工容易发生事故，经过练习减少失误，从而大大减少事故。

（三）理论的作用

人们在研究中发现人的两重性或多重性行为，受众多难以预测的因素影响。在这样的背景下，人们提出了一系列淡化人的因素、突出物的因素事故归因思想。以物为主的事故归因理论，特别适用于反应过程较复杂、工艺过程自动化的生产领域。目前，生产流程中的安全保护系统就是通过对系统危害因素的自动监测和控制，实现一种使人的不安全行为不能导致事故的工作条件，即本质安全条件。

其实，在企业安全管理中对关键岗位操作者的能力与素质都有一定的要求，当人员的素质不符合生产操作要求时，人在生产操作中就会发生失误或不安全行为，从而导致事故发生。同时对新员工、转岗员工的三级安全教育和实习试用期等的安排，都是为了提高新员工适应新环境、新要求的素质与能力，以避免和减少事故的发生。危险性较高的、重要的操作，特别要求人的素质较高。例如，特种作业的场合，操作者要经过专门的培训、严格的考核，获得特种作业资格后才能从事。

三、轨迹交叉论

轨迹交叉论认为伤害事故是许多相互关联的事件顺序发展的结果，这些事件可分为人和物（包括环境）两个发展系列，当人的不安全行为和物的不安全状态在各自发展过程中，人的运动轨迹与物的运动轨迹发生意外交叉，即人的不安全因素和物的不安全状态发生在同一时间、同一空间，或者说相遇时，则将在此时间和空间发生事故。事故模型如图1-2所示。

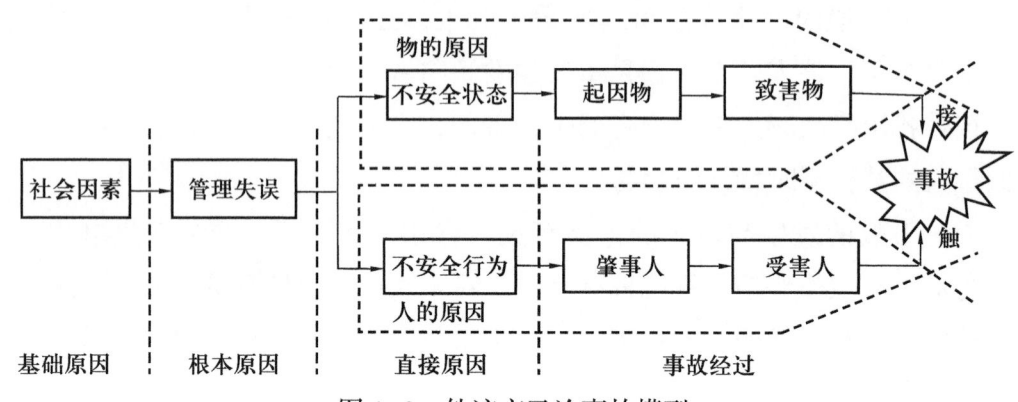

图1-2 轨迹交叉论事故模型

（一）轨迹交叉的观点

轨迹交叉理论强调的是砍断物的事件链来预防事故的发生，提倡采用可靠性高、结构完整性强的系统和设备，大力推广连锁系统、防护系统和信号系统及高度自动化和遥控装置。这样，即使人为失误，也会因可靠性的安全系统的作用避免伤亡事故的发生。管理的重点应放在控制物的不安全状态上，即消除了"起因物"，当然就不会出现"致害物"，"砍断"物流连锁事件链，使人流与物流的轨迹不相交叉，事故即可避免。

这一理论说明，在人流与物流（能量流）之间设置安全装置作为屏障，可大大降低事故发生的概率。轨迹交叉论的侧重点是说明人为失误难以控制，但可控制设备、物流不发生故障。某些领导和管理人员总是错误地把一切事故归咎于现场人员"三违"，实质上，人的不安全行为也是由于教育培训不足等管理欠缺造成的。

（二）轨迹交叉事件链

在多数情况下，由于管理不善，员工缺乏教育和训练或者机械设备缺乏维护、检修及安全装置不完备，导致了人的不安全行为或物的不安全状态。值得注意的是，人与物两因素又互为因果，例如有时是设备的不安全状态导致人的不安全行为，而人的不安全行为又会促进设备出现不安全状态。

（1）人的事件链。人的不安全行为基于生理、心理、环境、行为几个方面而产生：

① 生理、先天身心缺陷。

② 社会环境、企业管理上的缺陷。

③ 后天的心理缺陷。

④ 视、听、嗅、味、触五感能量分配上的差异。

⑤ 行为失误。

人的行动自由度很大，生产劳动中受环境条件影响，加之自身生理、心理缺陷都易于发生行为失误。

（2）物的事件链。在机械、硬件系列中，从设计开始，经过现场的种种过程，在各阶段都可能产生不安全状态。

① 设计上的缺陷，例如用材不当，计算错误，预测失误、结构完整性差等。

② 制造、工艺流程上的缺陷。

③ 维修保养上的缺陷，降低了可靠性。

④ 使用上的缺陷。

⑤ 作业场所环境上的缺陷。

人、物两事件链相交的时间与地点（时空），就是发生伤亡事故的"时空"。若设法排除机械设备或处理危险物质过程中的隐患，或者消除人为失误，使两事件链连锁中断，则两系列运动轨迹不能相交，危险就不会出现。

（三）防轨迹交叉对策

根据轨迹交叉论的观点，消除人的不安全行为可以避免事故。但是应该注意到，人与机械设备不同，设备在人们规定的约束条件下运转，自由度较少；而人的行为受思想的支配，有较大的行为自由度，会受到许多因素的影响，所以控制人的行为是十分困难的工作。消除物的不安全状态也可以避免事故。通过改进生产工艺，设置有效安全防护装置，根除生产过程中的危险条件，使得即使人员产生了不安全行为也不致酿成事故。在实际工作中，应用轨迹交叉论预防事故，可以从三个方面考虑。

1. 防止人与物时空交叉

按照轨迹交叉论的观点，防止和避免人和物运动轨迹的交叉是避免事故发生的根本出路。例如，防止能量逸散，隔离、屏蔽、改变能量释放途径、脱离受害范围、保护受害者等防止能量转移的措施同样是防止轨迹交叉的措施。防止交叉还有另一层意思，就是防止时间交叉，人和物都在同一范围内，但占用空间的时间不同。例如，容器内有毒有害物质的清洗，冲压设备的安全装置，危险设备的联锁装置，电气维修或电气作业中切断电源、上锁挂牌，作业许可制度的执行，十字路口的车辆、行人指挥灯系统等。

2. 控制人的不安全行为

人的不安全行为在事故形成的过程中占主导位置，因为人是机械、设备、环境的设计者、制造者、使用者、维护者。人的行为受多方面影响，如作业时间紧迫程度、作业条件的优劣、个人生理心理素质、安全文化素质、家庭社会影响因素等。企业应为员工创造良好的工作环境，加强培训、教育，提高员工的安全素质，建立健全管理组织、机构，配备安全人员，完善管理制度。

3. 控制物的不安全状态

最根本的解决办法是创造本质安全条件，使系统在人发生失误的情况下也不会发生事故。在条件不允许的情况下，应尽量消除不安全因素，或采取防护措施削弱不安全状态的影响程度。这就要求在系统的设计、制造、使用等阶段采取严格的措施，使危险被控制在允许的范围之内。

在所有的安全措施中，首先应该考虑的就是实现生产过程、生产条件的本质安全。但是，受实际的技术、经济条件等客观条件的限制，完全杜绝生产过程中的危害因素是不可能的，只能努力减少、控制不安全因素。即使在采取了工程技术措施、减少和控制了不安全因素的情况下，仍然要通过教育、训练和规章制度来规范人的行为，避免不安全行为的发生。

第二节 事故因果连锁理论

1936年，美国人海因里希（W.H.Heinrich）在《工业事故预防》一书中提出了事故因果连锁理论，认为伤害事故的发生不是一个孤立的事件，而是一系列互为因果的原因事件相继发生的结果，并用多米诺骨牌来形象地说明了这种因果关系。这一理论建立了事故致因的"事件链"概念，为事故机理研究提供了一种极有价值的方法。

一、海因里希事故因果连锁

海因里希把工业伤害事故的发生、发展过程描述为具有一定因果关系的事件的连锁，包括如下"伤亡事故顺序五因素"，即：

——人员伤亡的发生是事故的结果，事故的发生是由于人的不安全行为和物的不安全状态；

——人的不安全行为或物的不安全状态是由于人的缺点造成的；

——人的缺点是由于是由先天的遗传因素造成的鲁莽、固执等不良性格，或者不良环境诱发助长了性格上的缺点。

人的缺点是使人产生不安全行为或造成机械、物质不安全状态的原因，它包括生理和心理缺陷，如鲁莽、固执、过激、神经质、轻率等性格上的或先天的缺点，以及缺乏安全生产知识、意识和技能等后天的缺点。这种人在工作时就可能会造成设计、制造、操作与维护错误。

用"多米诺骨牌"来形象地描述这种事故因果连锁关系，得到图1-3所示的多米诺骨牌系列。一颗骨牌被碰倒了，则将发生连锁反应，其余的几颗骨牌相继被碰倒。如果移去连锁中的一颗骨牌，则连锁被破坏，事故发生过程被终止。海因里希认为，企业安全工作的中心就是防止人的不安全行为、消除机械的或物质的不安全状态，中断事故连锁的进程而避免事故的发生。在双重预防机制建设过程中，进行风险辨识和隐患排查的重点也是人的不安全行为、物的不安全状态等方面。

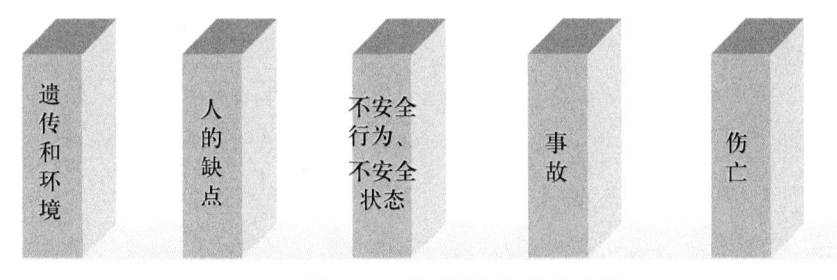

图1-3 海因里希事故连锁

海因里希事故因果连锁论仅仅关注人的因素，把遗传和社会环境看作是事故的根本原因，有时代的局限性。尽管遗传因素和人员的成长环境对人员的行为有一定的影响，但却不是影响人员行为的主要因素。现代安全观念认为，人的不安全行为或物的不安全状态作为事故的直接原因必须加以追究。但是，这是一种表面现象，是其背后的间接原因和背景因素，"管理失误"才是最根本的原因。

二、博德事故因果连锁

博德在海因里希事故因果连锁的基础上，提出了反映现代安全观点的事故因果连锁理论，把管理失误作为事故因果连锁中最重要的原因因素。安全管理是企业管理的一部分，在计划、组织、指导、协调和控制等管理机能中，控制是安全管理的核心。它从对间接原因因素的控制入手，通过对人的不安全行为和物的不安全状态的控制，达到防止伤亡事故发生的目的。

所谓管理失误，主要是指在控制机能方面的缺欠，使得最终能够导致事故的个人原因及工作条件方面原因得以存在。按此理论，通过双重预防机制建设强化企业各环节安全管理是防止伤亡事故的重要途径。这种管理失误论的事故因果连锁如图 1-4 所示。

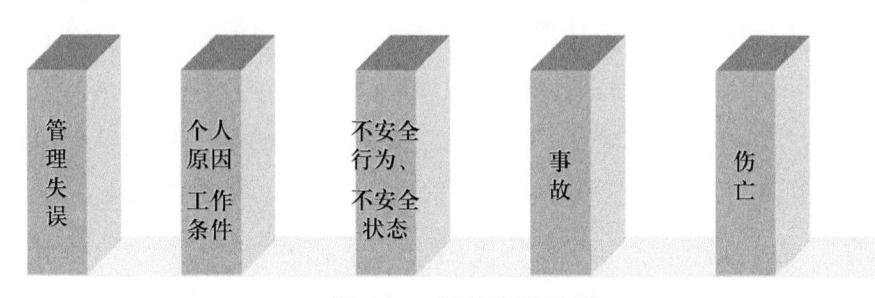

管理失误 → 个人原因 工作条件 → 不安全行为、不安全状态 → 事故 → 伤亡

图 1-4　博德事故连锁

国际管理大师朱兰曾经说过："员工知道他们应该干什么、不该干什么。知道他们实际正在干什么。工人有必要的责任、权利、技能、工具纠正错误。以上三条中缺少任何一条，都是管理责任。"人们对管理失误的原因进行了深入研究，认为管理失误反映企业在风险管控方面的问题，企业应通过双重预防机制建设，建立并不断完善反映现代安全观念的安全管理模式。

从事故因果连锁理论可以看出，不安全行为或不安全状态是事故的直接原因，直接原因是一种表面的现象。在实际工作中，如果只抓住了作为表面现象的直接原因而不追究其背后隐藏的深层原因，就永远不能从根本上杜绝事故的发生。另一方面，安全管理人员应该能够预测并发现这些作为管理缺欠征兆的直接原因，采取适当的改善措施。同时，为了在实际可行性的情况下采取长期的控制对策，必须努力找出其基本原因并加以消除，从而建立起长效管理机制。

现代事故因果连锁模型见图1-5，该模型中把物的因素进一步划分为起因物和加害物。前者是引起事故发生的物体，后者是作用于人体导致人员伤害的物体。模型明确了人的不安全行为是指行为人（事故肇事者）的不安全行为。人的不安全行为可以促成物的不安全状态；而物的不安全状态又会在客观上造成人之所以有不安全行为的环境条件，如图中虚线框所示。

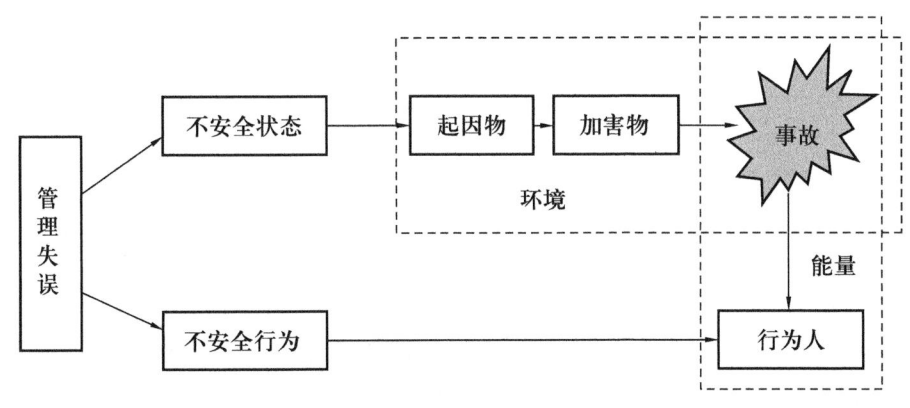

图 1-5　现代事故因果连锁模型

三、亚当斯的事故因果连锁

亚当斯（Edward Adams）提出了与博德的事故因果连锁论类似的事故因果连锁模型，见表1-1。在该因果连锁理论中，把事故的直接原因，人的不安全行为及物的不安全状态称作现场失误。本来不安全行为和不安全状态是操作者在生产过程中的错误行为及生产条件方面的问题，采用"现场失误"这一术语主要目的在于提醒人们注意不安全行为及不安全状态的性质。

该理论的核心在于对现场失误的背后原因进行了深入的研究。操作者的不安全行为及生产作业中的不安全状态等现场失误，是由于领导层及管理人员的管理失误造成的。亚当斯的事故因果连锁理论以表格的形式给出，详细描述了事故发生的各个环节及其相互关系。该模型包括"管理体系、管理失误、现场失误、事故、后果"五个部分。其中，管理体系反映了作为决策中心的领导人的信念、目标及规范,它决定各级管理人员安排工作的轻重缓急、工作基准及指导方针等重大问题。事故是由现场失误引发的意外事件,而伤害或损坏则是事故造成的结果。

表 1-1 亚当斯事故因果连锁模型

管理体系	管理失误		现场失误	事故	后果
目标 组织 机能	领导者在下述方面决策错误或没做决策: 方针政策 规范 责任 职级 考核 权限授予	管理人员在下述方面管理失误或疏忽: 行为 责任 权限范围 规则 指导 主动性 积极性 业务活动	不安全行为 不安全状态	伤亡事故 损坏事故 无伤害事件	伤害 损失

亚当斯的事故因果连锁理论在安全管理中具有重要作用。它帮助人们认识到事故的复杂性,即事故并非单一因素所致,而是多个因素相互作用的结果。同时,该理论提供了一种系统分析事故原因的方法,通过识别和控制这些因素,可以有效预防事故的发生。此外,该理论还强调了安全管理的全面性,即安全管理应涵盖所有可能导致事故的因素,而不仅仅是关注直接原因。

四、北川彻三事故因果连锁

日本的北川彻三认为工业伤害事故发生的原因是很复杂的,企业是社会的一部分,一个国家、一个地区的政治、经济、文化、科技发展水平等诸多社会因素,对企业内部伤害事故的发生和预防有着重要的影响。在日本,北川彻三的事故因果连锁理论被用作指导事故预防工作的基本理论,见表 1-2。

表 1-2 北川彻三事故因果连锁模型

基本原因	间接原因	直接原因	表现	后果
管理缺陷 学校教育 社会原因 历史原因	工程技术 安全教育 身体状况 精神状态	不安全行为 不安全状态	事故	伤害 损坏

北川彻三认为事故的基本原因包括下述四个方面：管理缺陷原因，如管理层不够重视安全，作业标准不明确，维修保养制度方面有缺陷，人员安排不当，员工积极性不高等管理上的缺陷；学校教育原因，如小学、中学、大学等教育机构的安全教育不充分；社会和历史原因，如社会安全观念落后，一定历史阶段安全法规或安全管理、监督机构不完备等。在上述原因中，管理原因可以由企业内部解决，而后几种原因需要全社会的努力才能解决。

北川彻三从四个方面探讨事故发生的间接原因：工作技术原因，如机具、装置、建筑物等的设计、建造、维护等技术方面的缺陷；安全教育原因，由于缺乏安全知识及操作经验，不知道、轻视操作过程中的风险和安全操作方法，或操作不熟练、习惯性违章等；身体状况原因，身体状态不佳，如头痛、昏迷、癫痫等疾病或近视、耳聋等生理缺陷，或疲劳、睡眠不足等；精神状态原因，如消极、抵触、不满等不良态度，焦躁、紧张、恐怖、偏激等精神不安定，狭隘、顽固等不良性格或智力缺陷。前两种原因经常出现，后两种原因相对地较少出现。

五、事故因果连锁理论模型

事故的发生是一连串事件在一定时序下相继产生的结果。发生事故的原因与结果之间关系错综复杂。接近事故后果时间最近的直接原因，叫一次原因；造成一次原因的原因，叫二次原因；依此向下类推为三次、四次、五次等间接原因。从初始原因（离事故后果最远的原因）开始向上，五次、四次、三次、二次、一次，直至事故后果，是事故发生的因果顺序；追查事故原因时，则逆向从一次原因查起。这说明因果是继承性的，是多层次的。一次原因是二次原因的结果；二次原因又是三次原因的结果，依此类推，这些也都是需进行危害辨识的对象，如图1-6所示。

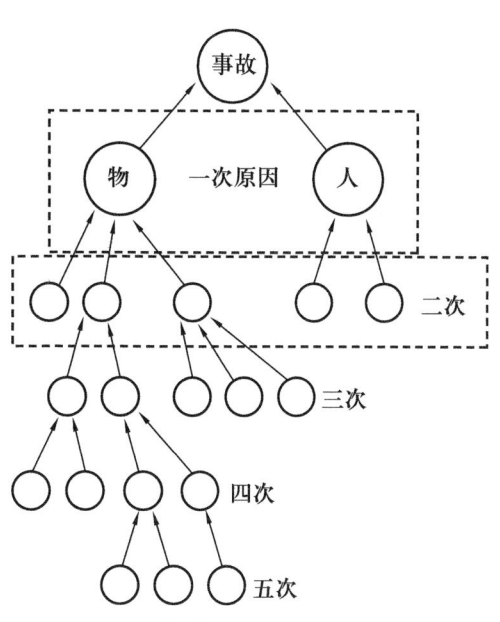

图1-6 事故发生的层次连锁顺序

正如前文所述，事故之所以发生是由于多重原因综合造成的，既不是单一因素造成的，也不是个人偶然失误或单纯设备故障所形成，而是各种因素综合作用的结果。事故之所以发生，有其深刻原因，包括直接原因、间接原因和基础原因。本书全面吸收和总结了前人的事故致因的理论成果，进行了综合原因论分析，事故是社会因素、管理因素和生产中危害因素被偶然事件触发所造成的结果。综合原因论的结构模型如图1-7所示。

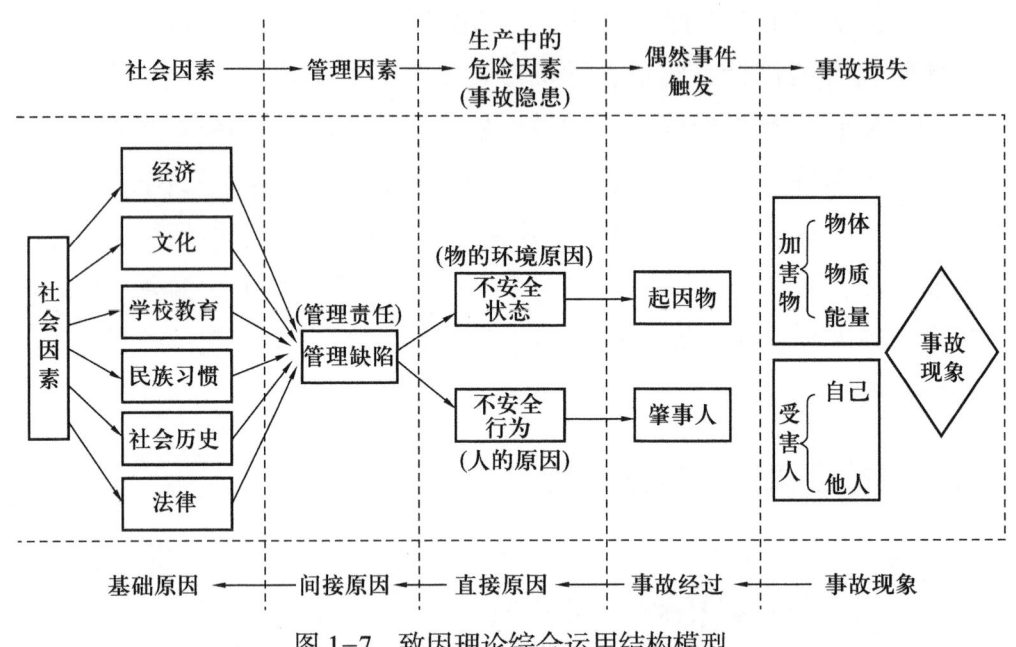

图1-7 致因理论综合运用结构模型

事故的产生过程可以表述为由基础原因的"社会因素"产生"管理因素"，进一步产生"生产中的危险因素"，通过人与物的偶然事件触发而发生伤亡和损失。进行风险辨识评估和事故调查分析的过程则与上述经历方向相反。如逆向追踪：通过事故现象，查询事故经过，进而了解物的环境原因和人的原因等直接造成事故的原因，依此追查管理责任（间接原因）和社会因素（基础原因）。

一起伤亡事故可以称为一次意外事件，事故发生的事件链中每一环可看成总事件中的各个具体事件。伤亡事故的前级因素，如社会环境，管理欠缺，个人生理、心理影响，人为失误或机械、物质危害，不安全行为或不安全状态等均为各个具体事件，从而导致伤亡，即各个单独事件（诸因果）合成了伤亡事故这一总事件（事故为最终后果），危害因素辨识的对象就是这些各个单独的

- 14 -

事件,并针对每一个独立的事件采取相应的管控措施,才能最终防止事故的发生。

第三节 能量意外释放理论

近现代工业社会,各类企业依据生产的目的、过程和方式不同,都存在并使用着各种形式的可以相互转换的能量形式,如机械能(包括势能和动能)、热能、化学能、电能、原子能、辐射能、声能、生物能。

一、理论的提出与发展

1961年由吉布森(Gibson)提出"能量意外释放理论",该理论认为事故是一种不正常的或不希望的能量释放,各种形式的能量构成了伤害的直接原因。正常情况下能量或危险物质是在有效的屏蔽中做有序的流动,事故是由于能量或危险物质违背人意愿的意外释放,而意外释放的能量或危险物质作用于人体、设备、构筑物和环境,并超过了它们的承受极限,就造成了人员伤害,设备、构筑物的损坏和环境的破坏。因此,应该通过控制能量或载体来预防事故。

1966年美国运输部安全局局长哈登(Hadden)在吉布森研究的基础上,完善了能量意外释放理论,提出"人受伤害的原因只能是某种能量的转移",所以"能量意外释放理论"有时也被称作"能量转移理论",在一定条件下某种形式的能量能否产生伤害造成伤亡事故,取决于能量大小、接触能量时间和频率,以及力的集中程度。同时,还提出了能量逆流于人体造成伤害的分类方法,第一类伤害是由于施加了局部或全身性损伤阈值的能量引起的;第二类伤害是由影响局部或全身能量交换(新陈代谢)引起的,主要指中毒和冻伤等。根据这一理论,可以利用各种屏蔽来防止意外的能量转移,从而防止事故的发生,企业在制订风险控制措施时,有很强的指导意义。

二、各种类型能量表现

生产、生活活动中经常遇到各种形式的能量,如机械能、电能、热能、化学能、电离及非电离辐射、声能、生物能等,它们的意外释放都可能造成事故,其中前几种形式的能量引起的伤害最为常见,见表1-3。

表 1-3 能量类型与伤害

能量类型	产生的伤害	事故类型
机械能	割伤、挤压、撞伤、摔伤、骨折、内伤等	物体打击、交通事故、坠落、爆炸、冒顶、片帮等
热能	皮肤烧伤、烧焦	灼烫、火灾、爆炸等
电能	干扰神经、电伤	触电、火灾、灼伤等
化学能	烧伤、致癌、致畸形、遗传突变	火灾、中毒、窒息、职业病等
辐射能	伤害人体有关器官、系统或组织	急性伤害、慢性伤害、职业病等
声能	听力伤害	耳鸣、耳聋等

——机械能。机械能是导致事故时人员伤害或财物损坏的主要的能量类型，包括势能和动能。位于高处的人、物体、岩体或结构的一部分相对于低处的基准面有较高的势能，可导致坠落、物体打击、冒顶、坍塌等事故。运动着的物体都具有动能，如各种运动中的车辆、设备或机械的运动部件、被抛掷的物体等，可能导致车辆伤害、机械伤害、物体打击等事故。

——电能。电能意外释放就会造成各种电气事故。意外释放的电能可能使电气设备金属外壳等导体带电而发生漏电现象；当人体与带电体接触时会发生触电事故而受到伤害；电火花会引燃易燃易爆物质而发生火灾爆炸事故；强烈的电弧可能灼伤人体等。

——热能。火灾是热能意外释放造成的最典型的事故。失去控制的热能可能灼烫人体、损坏财物、引起火灾。值得注意的是，电能、机械能或化学能与热能之间可以相互转化，所以，在利用机械能、电能、化学能等其他形式的能量时也可能产生热能的意外释放而造成伤害。

——化学能。有毒有害的化学物质使人员中毒是化学能引起的典型伤害事故。在众多的化学物质中，相当多的物质具有的化学能会导致人员急性、慢性中毒，致病、致畸、致癌。火灾中化学能转变为热能，爆炸中化学能转变为机械能和热能。

——电离及非电离辐射。电离辐射主要指 α 射线、β 射线和中子射线等的辐射，非电离辐射主要为 X 射线、τ 射线、紫外线、红外线和宇宙射线等辐射，会造成人体急性、慢性损伤。常见的电焊、熔炉等高温热源放出的紫外线、红外线等有害辐射会伤害人的视觉器官。

——声能。对人体健康的危害主要为造成听力损伤。暂时性或永久性耳聋：长期暴露于85分贝（dB）以上的噪声（如工厂、建筑工地）会导致听力下降，超过120dB（如飞机引擎附近）可能直接损伤耳膜或内耳结构。耳鸣：短期高强度噪声（如爆炸声）可能引发耳鸣，长期可能发展为慢性疾病。次声波危害：低于20Hz的次声波（如大型机械振动）可能引发内脏共振，导致恶心、眩晕。

另外，人体自身也是个能量系统。人的新陈代谢过程是个吸收、转换、消耗能量，与外界进行能量交换的过程；人进行活动时消耗能量，当人体与外界的能量交换受到干扰时（如中毒、窒息），即人体不能进行正常的新陈代谢时，人员将受到伤害，甚至死亡。

三、能量观点的事故因果理论

调查伤亡事故原因发现，大多数伤亡事故都是因为能量或干扰人体与外界正常能量交换的危险物质的释放引起的。并且几乎毫无例外的，这种能量或危险物质的释放都是由于人的不安全行为或物的不安全状态造成，即人的不安全行为或物的不安全状态使得能量或危险物质失去了控制，是能量或危险物质释放的直接原因。

由此，美国矿山局的扎别塔基斯（Michael Zabetakis）依据能量意外释放理论和事故因果理论，建立了能量观点的事故因果连锁模型，如图1-8所示。事故是能量或危险物质的意外释放，是伤害的直接原因。为防止事故发生，可以通过技术改进来防止能量或危险物质的意外释放，通过教育训练提高员工识别风险的能力，佩戴个体防护用品来避免伤害。不安全行为和不安全状态是导致能量意外释放的直接原因，它们是由于管理缺欠、控制不足、缺乏知识、对存在的风险估计错误，或其他个人因素等原因引起。

管理失误可能涉及安全目标、人员配置、责任及权限、教育训练、工作安排、指导和监督、传递信息、设备装置及器材的采购、操作规程、设备的维修保养等。个人因素可能包括能力、知识、训练、动机、行为、身体及精神状态、反应时间、个人兴趣等。环境因素可能包括工作条件，自然环境等因素。

四、能量释放的防范

从能量意外释放理论出发，预防伤害事故就是防止能量或危险物质的意外释放，防止人体与过量的能量或危险物质接触。预防能量转移于人体的安全措施可用屏蔽防护系统，按能量大小可建立单一屏蔽或多重的冗余屏蔽。经常采用的防止能量意外释放的屏蔽措施主要有如下几种：

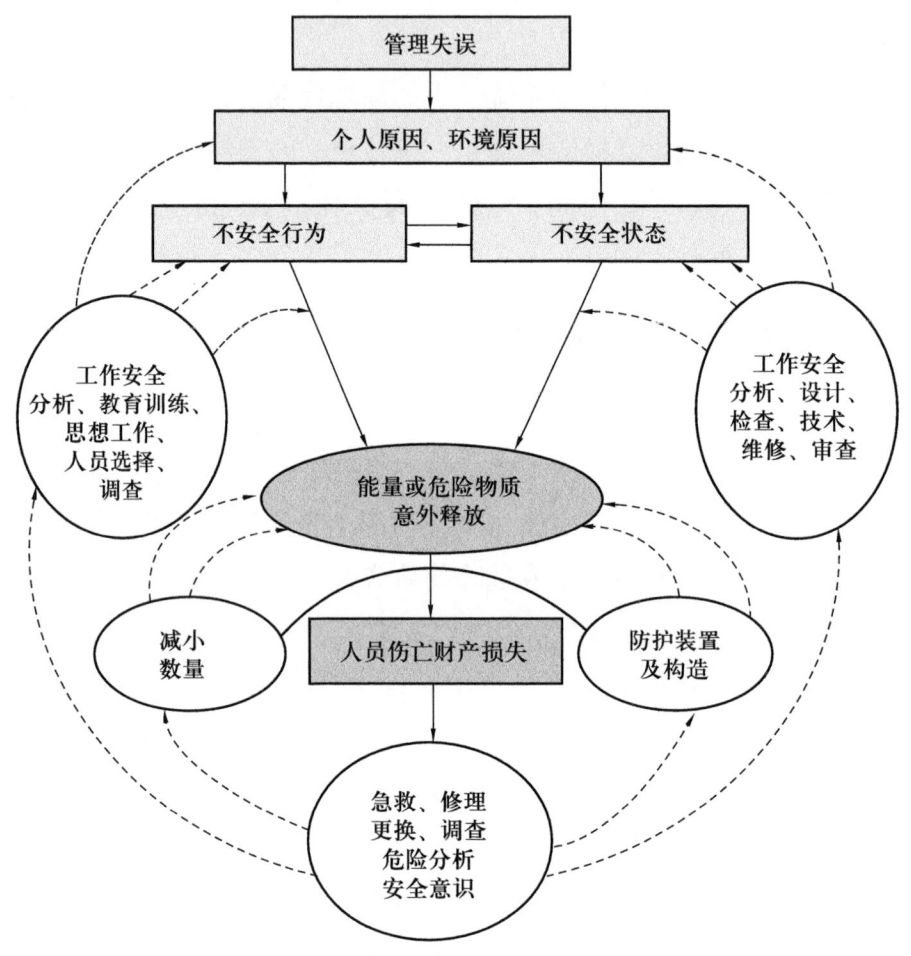

图 1-8 能量观点的事故因果连锁模型

——能源替代。被利用的能源危险性较高时，可考虑用较安全的能源取代，用无毒、低毒物质代替剧毒有害物质等。例如，用压缩空气动力代替电力，可以防止发生触电事故。但是，绝对安全的事物是没有的，以压缩空气作动力虽然避免了触电事故，压缩空气管路破裂、脱落的软管抽打等都带来了新的风险。

——限制能量。即限制能量的大小和速度，规定安全极限值，在生产工艺中尽量采用低能量的工艺或设备，这样，即使发生了意外的能量释放，也不致发生严重伤害。例如，利用低电压设备和安全电压防止电击，限制设备运转速度以防止机械伤害等。

——防止能量蓄积。能量的大量蓄积会导致能量突然释放，因此，要及时释放多余能量，防止能量蓄积。例如，控制爆炸性气体浓度，防止其在空气中的含量达到爆炸极限；通过接地消除静电蓄积；利用避雷针放电保护重要设施等。

——控制能量释放。例如，采用密封装卸系统防止气体或液体的泄漏；采用绝缘防止电的释放；采用安全带防止高处坠落等。

——延缓释放能量。缓慢地释放能量可以降低单位时间内释放的能量，减轻能量对人体的作用。例如，采用安全阀、逸出阀、放空等措施控制高压气体；用各种减振装置、缓冲装置吸收冲击能量，防止人员受到伤害等。

——开辟释放能量的渠道。如安全接地可以防止人员触电；在矿山探放水可以防止透水事故；开发煤层气、抽放煤体内瓦斯可以防止瓦斯蓄积爆炸等。

——设置屏蔽设施。一是实体形式的屏蔽。屏蔽设施可以被设置在能量源上，例如安装在机械转动部分的防护罩；也可以被设置在人员与能源之间，例如安全护栏等；人员佩戴的个体防护用品，可被看作是设置在人员身上的屏蔽设施。二是信息形式的屏蔽。各种警告措施等信息形式的屏蔽，可以阻止人员的不安全行为或避免发生失误，防止人员接触能量。

——在人、物与能源之间设置屏障，在时间或空间上把能量与人隔离。在生产过程中有两种或两种以上的能量相互作用引起事故的情况。应该考虑设置两组屏蔽设施：一组设置于两种能量之间，防止能量间的相互作用；一组设置于能量与人之间，防止能量作用于人体，如防火门、防火密闭，设高空作业安全网，防止势能逆流于人体等。

——提高防护标准。如采用双重绝缘工具防止高压电能触电事故；对有害气体连续监测及增强对伤害的抵抗能力；使用耐高温、高寒、高强度材料制作的个体防护用具等。

第四节 两类危险源理论

危险源指可能导致伤害和健康损害的根源或状态。在安全工作中危险源的存在是事故发生的根本原因，防止事故就是消除、控制系统中的危险源。根据危险源在事故发生、发展中的作用，把危险源划分为两大类，即第一类危险源和第二类危险源，见图1-9。定义中的"根源"是指可能造成事故的各类能量（动能、电能、热能等）和危险物质（硫化氢、硫酸等），这就是第一类危险源，它的危险性是无法消除的，是物质的自然属性，只能将其风险控制在合理并尽可能低的范围内；"状态"是指导致能量和危险物质失控的各种因素物的不安全状态、人的不安全行为、环境的不良和管理上的缺陷等四个方面，这就是第二类危险源，这些方面都是可以采取人为措施加以控制的。

图1-9 两类危险源的关系

一、第一类危险源

根据能量意外释放论，事故是由于能量或危险物质的无控制意外释放和转移，作用于人体的过量的能量或干扰人体与外界能量交换的危险物质是造成人员伤害的直接原因。于是，系统中存在的、可能发生意外释放和转移的能量或危险物质及其载体被称作"第一类危险源"。

（一）能量

实际工作中把产生能量的能量源或能量载体，以及产生、储存危险物质的设备、容器作为第一类危险源来看待。这类危险源具有的能量越多，一旦发生事故其后果越严重。相反，危险源处于低能量状态时比较安全。常见的第一类危险源如下：

——产生、供给或贮存能量的装置、设备，如工作中发电机、变压器、油罐等。

——使人体或物体具有较高势能的装置、设备、场所，如电梯、脚手架等。

——能量载体，如带电的设备导体、行驶中的车辆等。

——一旦失控可能产生巨大能量的装置、设备、场所，如强烈放热反应的化工装置等。

——一旦失控可能发生能量蓄积或突然释放的装置、设备、场所，如各种压力容器等。

——可燃、易爆物质的容器，如汽油桶、煤气罐、乙炔气瓶、雷管、炸药等。

——人体一旦与之接触将导致能量意外释放的物体，如带电体、高温、低温物体等。

（二）危险物质

危险物质在一定条件下，能损伤人体的生理机能和正常代谢功能、破坏设备和环境的效能，也是第一类危险源。例如，生产过程中由于有毒物质、腐蚀性物质、有害粉尘、窒息性气体等危险学化品或其他危险物质，以及生产、加工、贮存危险物质的装置、设备、场所。当它们直接、间接与人体或物体发生接触，能导致人身健康的损伤、死亡，物体和环境的损坏、破坏。这类危险源具有的危险物质的量越多、毒性或腐蚀性越大，危险性越高，干扰和破坏性越严重。相反，危险源具有的危险物质越少、毒性越低、危险性越低，其干扰和破坏性就越轻微。

二、第二类危险源

在生产、生活中为了利用能量或危险物质，让其按照人们的意图在系统中流动、转换，必须采取措施有效地约束、限制能量或危险物质，防止能量或危险物质意外释放。我们把导致能量或危险物质的约束或限制措施破坏或失效的各种不安全因素称为"第二类危险源",它包括人、机、环和管理四个方面(简称"4M")的存在问题。

(一) 人的失误 (men)

可能直接破坏对第一类危险源的控制,造成能量或危险物质的意外释放。例如,合错了电源开关使检修中的线路带电等。人失误也可能造成物的故障,进而导致事故。例如,超载起吊重物造成钢丝绳断裂,发生重物坠落事故。

(二) 物的故障 (machine)

物的故障可能直接使约束、限制能量或危险物质的措施失效而发生事故。例如,电线绝缘损坏发生漏电;管路破裂使其中的有毒有害介质泄漏等。有时一种物的故障可能导致另一种物的故障,最终造成能量或危险物质的意外释放。物的故障有时会诱发人失误,而人失误又造成物的故障,实际情况往往比较复杂。

(三) 环境不良 (medium)

环境因素主要指系统运行的环境,包括温度、湿度、照明、粉尘、通风换气、噪声和振动等物理环境,以及企业和社会的软环境。不良的物理环境会引起物的故障或人失误。例如,潮湿的环境会加速金属腐蚀而降低结构或容器的强度;工作场所强烈的噪声影响人的情绪,分散人的注意力而发生人失误。

(四) 管理欠缺 (management)

管理主要指企业的管理制度、操作规程、执行力、职能分配、监督考核、人员能力等方面存在的问题,以及人际关系或社会环境影响人的心理和行为,可能引起人的失误。

三、二者之间关系

第一类危险源是事故发生的前提,它是发生事故时释放出的能量或危险物质导致人员伤害或财物损失的主体,并决定事故后果的严重性。第二类危险源往往是一些围绕第一类危险源随机发生的现象，第二类危险源出现得越频繁，发生事故的可能性越大，它们出现频率决定事故发生的可能性，第二类危险源是促使第一类危险源导致事故的必要条件。

第一类危险源的危险性是固有的、不变的，第二类危险源的危险性随着技术水平、管理水平及人员素质的不同而不同，是可变的。所以在开展危害因素辨识与风险评价时，可以先找到明显客观存在的第一类危险源，在找到一类危险源基础上，工作重点是识别、评价与控制第二类危险源，只有第二类危险源的危险性是可以通过控制措施来有效降低的。两者的关系对比见表1-4。

表1-4　两类危险源与危险源、风险定义和事故之间的关系

能量转移理论	第一类危险源：能量或危险物质及其载体	第二类危险源：约束条件失控（4M）
特性	固有的特性，无法改变	可变的条件
危险源定义	危险源存在的"根源"	危险源存在的"状态"
风险的定义	决定事件后果的"严重性"	决定事件发生的"可能性"
事故发生	前提条件	必要条件（即事故发生的原因）

一起事故的发生是两类危险源共同起作用的结果。第一类危险源的存在是事故发生的前提，没有第一类危险源就谈不上能量或危险物质的意外释放，也就无所谓事故。另一方面，如果没有第二类危险源破坏对第一类危险源的控制，也不会发生能量或危险物质的意外释放。

第二类危险源的出现是第一类危险源导致事故的必要条件。在事故的发生、发展过程中，两类危险源相互依存，第一类危险源在事故时释放出的能量是导致人员伤害、财物损坏或环境破坏的能量主体，决定事故后果的严重性；第二类危险源出现的难易决定事故发生的可能性。两类危险源共同决定危险源的危险性，即风险的大小。如图1-10所示体现了两类危险源与事故之间的联系。

图1-10　两类危险源与事故之间的联系

相关链接：老虎和笼子

如何理解两类危险源之间的关系？举个例子，第一类危险源，即能源或危险物质，好比自然界野生的老虎，一旦人类与之接触，有可能存在生命危险。为什么我们在动物园里看老虎的时候不必为自己的安全担心呢？很简单，动物园的老虎都被关在坚固铁笼里。

第二类危险源则是造成能量或危险物质约束条件被破坏或失效的各种因素。主要包括人的失误、物的故障、环境不良和管理缺陷四种。再用可怜的老虎来举例，我们知道老虎被关在铁笼里是安全的，那会不会有什么意外发生呢？

第一种可能，饲养员在给老虎的居所清洁完离开后，忘记将铁笼关闭锁好，这样就又给老虎逃生的机会。这属于"人的失误"或者"人的不安全行为"。

第二种可能，如果关老虎的铁笼不够结实，材质上不坚固容易变形，或者在结构上设计不合理，比如有的铁栅间距过大，都有可能造成老虎的"越狱"行为。这属于"物的故障"。

第三种可能，由于环境潮湿会引起铁笼的腐蚀；由于光线昏暗，饲养员在打开笼子准备清扫的时候，竟没有发现老虎离他的距离只有2m远。这属于"环境因素"，是因为不良的环境，促使了人的失误或物的故障发生。

第四种可能，大家知道，在关老虎的笼子外，一般都会再加一道铁质栏杆，一般有1.5m左右，这是为了用来隔离游客和老虎之间的距离，以确保安全。然而，有的游客对老虎的感情似乎特别深厚，不知道是为了显示自己勇敢还是为了表示自己与老虎之间的亲密，非要跨过栏杆走到笼子跟前。更有甚者，拍打笼子恐吓老虎还不过瘾，还将手伸笼子里向老虎挑衅。依我看，他可能是怕老虎早上没有吃饱，想给它另外加个餐。这是"管理上的缺陷"。

一起伤亡事故的发生往往是两类危险源共同作用的结果。第一类危险源是伤亡事故发生的能量或危险物质的主体，决定着事故后果的严重程度。第二类危险源是第一类危险源造成事故的必要条件，决定事件发生的可能性。因此，危险源辨识的首要任务是辨识第一类危险源，在此基础上再辨识第二类危险源。

第二章　双重预防机制建设

双重预防机制建设是以安全风险辨识和管控为基础，从源头上系统辨识、分级管控风险，把各类风险控制在可接受范围内，杜绝和减少事故隐患。以隐患排查和治理为手段，排查风险管控过程中出现的缺失、漏洞和控制失效环节，把风险控制在隐患形成之前，把隐患消灭在事故前面，实现企业安全风险自辨自控、隐患自查自治。从图2-1可以看出，双重预防机制建设同样遵循PDCA循环模式，风险辨识、风险评价与风险控制是计划（plan）阶段，风险分级管控为实施（do）阶段，隐患排查为检查（check）阶段，隐患治理为改进（act）阶段，如此形成闭环管理，周而复始，不断强化员工对风险的的认知和辨识能力，及时发现和消除各类事故隐患，真正防患于未然。

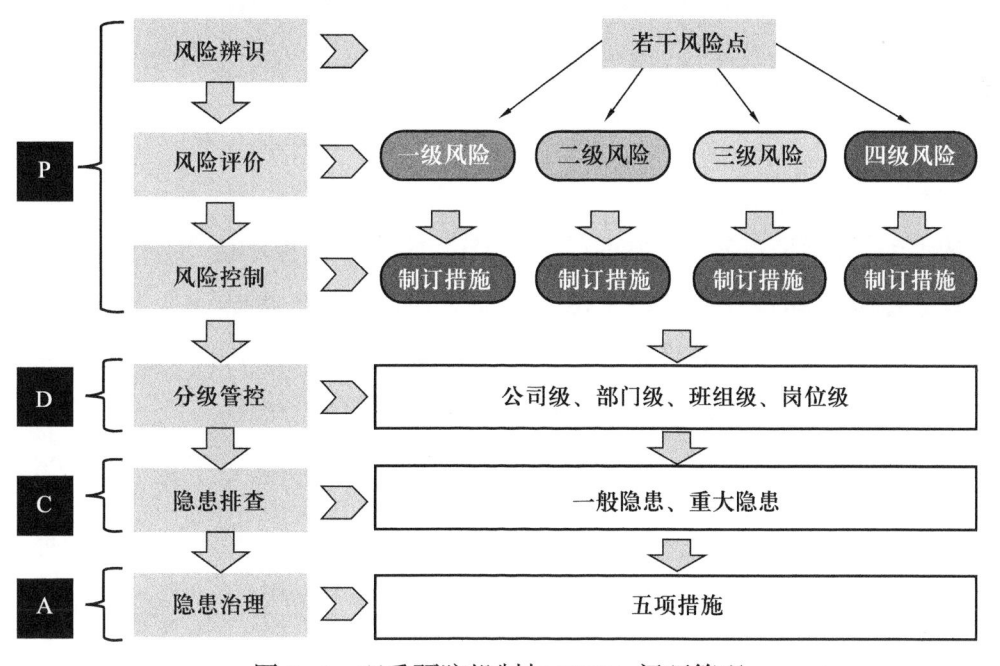

图 2-1　双重预防机制与 PDCA 闭环管理

第一节　前期准备工作

双重预防机制的建设不是另起炉灶、另搞一套，而是 QHSE 管理体系的完善、补充，是对风险与隐患管理系统性、针对性和实用性的提升过程，双重预防机制以问题为导向，抓住了风险管控这个核心；以目标为导向，强化了隐患排查治理。不要把双重预防体系建设与各项安全管理和体系运行工作割裂开来，它们是相互促进，互为补充。

一、指导原则

应以进一步深化 QHSE 管理体系建设为主线，辨识和管控各类风险，排查治理各类隐患，并实际分类分级管控，使全体员工的风险自辨自控、隐患自查自改的能力得到提升，基本原则如下。

（一）典型示范

确立双重预防机制建设各单位，积极探索创新，抓住重点领域、重点区域，紧盯较大以上风险、各类事故隐患，建立安全风险受控、事故隐患自治的双重预防机制和运行模式，形成一批可复制、可推广的成功经验，通过树立典型，以点带面，循序渐进推进双重预防机制建设。

（二）系统管控

从人、机、环、管四个方面综合研判，从风险管控和隐患治理两道防线，全面建立覆盖所属各专业、各单位，覆盖规划计划、人事培训、生产组织、工艺技术、设备设施、物资采购、工程建设、安全管理等各部门，覆盖重点设备设施、重点岗位、重点工序和重点部位的双重预防管控体系。

（三）全员参与

要将双重预防机制建设各项工作责任分解落实到各单位、各层级领导、各业务部门和每个具体工作岗位，组织全员开展双重预防机制建设教育培训，开展全员、全天候、全过程的安全风险辨识，落实风险管控措施，真正做到全员参与、人人有责。

（四）持续改进

要通过辨识风险、排查隐患，落实风险管控和隐患治理责任，实现安全风险辨识、评估、分级管控和事故隐患排查、整改、消除的闭环管理。要将风险分级管控、隐患排查治理和生产运行、体系建设等工作有机结合，定期评估双重预防机制运行情况，持续改进、不断完善，促使双重预防机制建设水平不断提升。

二、组织机构

双重预防机制的构建应以企业现有组织体系和管理架构为基础，健全完善管理制度和标准体系，建立和实施有效的运行机制，为QHSE管理体系深化、细化提供基础保障。企业应遵循"管工作管安全、管业务管安全"的原则，对双重预防机制建设工作进行策划、组织，作为日常工作内容定期开展，并确定机构、人员、职责和工作任务等。

（一）成立领导小组

企业主要负责人为组长、分管领导为副组长，各业务分管负责人为成员的领导小组，领导小组办公室设在质量安全环保部门。主要负责策划和组织本单位双重预防机制建设工作，确保双重预防建设工作所需人力资源、资金投入、物资保障。

（二）组建工作小组

领导小组下设双重预防机制建设工作小组，组长由安全部门负责人担任，成员由相关技术、安全、设备、工艺等技术和管理人员、咨询专家组成。主要负责本单位双重预防工作组织策划、制订安全风险分级管控与隐患治理机制建设实施方案和工作计划；具体组织本单位安全风险分级管控与隐患治理机制建设工作，指导、协调、监督和考核各职能部门和基层单位共同开展双重预防工作；确定本单位重点管控的生产安全风险和安全隐患，制订实施风险管控措施、隐患治理措施或方案。

（三）明确职责与分工

企业规划计划、人事培训、生产组织、工艺技术、设备设施、物资采购、工程建设、安全管理等职能部门应按照负责业务范围，依照直线责任和属地管理原则，组织开展生产安全风险管控工作。各基层单位主要负责人组织工艺、设备、生产、安全等专业技术人员，以及班组长、属地负责人和岗位员工代表，参加危害因素辨识、风险分析与风险评估，必要时邀请外部专家或相关方人员参加。

三、资料收集

开展生产风险分级管控工作前，应收集各种企业内外部信息，以便为后续工作提供充足信息资源。

（一）企业外部信息

——适用安全生产有关法律、法规、规章、标准、规范性文件。
——国家、地方政府、上级组织对双重预防机制建设的有关要求。
——本单位所辖区域的自然环境状况。
——周边企业、居民等相关方分布，以及相关的诉求和安全风险承受度。
——近几年国内外同类企业发生过的典型事故情况。

（二）企业内部信息

（1）企业机关层面需收集的资料，包括但不限于以下内容：
——本单位组织机构图，以及各部门、岗位的职责和安全环保职责。
——本单位风险分级管控和安全生产方面的管理制度。
——本单位事故隐患排查治理和事故应急管理方面管理制度。
——本单位原有双重预防机制建设方案、计划和进度情况。
——本单位新、改、扩建项目风险评估或安全性评价报告。
——本单位机关科室原有各类管理活动清单和危害因素辨识清单。
——本单位原有各类危害因素辨识、风险评估与控制的清单。
——本单位综合应急预防和各专项应急预案，以及各类应急物资台账。

（2）基层单位需要收集的资料，包括但不限于以下内容：
——基层单位组织机构图、基层岗位设置清单及岗位职责和安全环保职责。

——基层单位单位设备设施台账。
——基层单位作业活动清单。
——基层单位原有各类危害因素辨识、风险评估与控制清单。
——基层单位原有隐患排查清单。
——基层单位危险化学品台账。
——基层单位平面区域图。
——基层单位相关工艺流程图。
——基层单位设备检查表、安全检查表（周、月）、巡检表。
——基层单位主要管理制度、操作规程（卡）和应急预案（卡）等。
——本专业相关事故、事件案例。
——其他必要的资料和信息。

四、人员培训

企业应将安全生产风险评估与管控纳入年度安全教育培训计划，开展分层次、有针对性的专题培训，使全体员工具备与其岗位职责相适应的安全生产风险评估与管控业务技能。

（一）管理人员

企业对管理人员开展安全专题培训内容包含但不限于：
——安全生产风险相关理论和知识。
——相关法律、法规、规章、标准和文件。
——安全生产风险评估与隐患排查的方法与应用。
——安全生产风险管控措施的落实要求与方法。
——安全事故隐患排查与治理的要求与方法。
——过程管理涉及的各种表格/记录的填写。

（二）操作人员

企业对操作人员的专题安全培训包含但不限于：
——安全生产风险相关理论和知识。
——简单易行的安全生产风险评估和隐患排查方法与应用。

——安全生产风险管控和隐患治理的措施和要求。

——过程管理涉及的各种表格/记录的填写。

第二节　双重预防机制建设要求

双重预防机制是企业实现安全生产的重要手段，它不仅要求全员参与和制度化管理，还强调持续改进和动态优化。其核心目的是预防事故的发生，保障员工的安全与健康，同时提升企业的整体竞争力和社会责任感。

一、基本要求

双重预防机制的建设不是白手起家、另起炉灶、另搞一套，而是QHSE管理体系的完善和补充，是QHSE管理体系中风险管理工作的深化、细化，是QHSE管理系统性、针对性和实用性的提升过程；不是临时性、阶段性的工作任务，而是日常工作的一部分。不要将双重预防机制建设与各项安全生产工作割裂开来，而是相互促进，互为补充。要与标准化站队建设、安全监督检查、基层岗位培训、安全环保责任落实、风险警示和告知、应急准备与响应等工作相结合，做到关口前移、预防为主，见图2-2。安全风险分级管控与事故隐患排查治理要求全员参与，涵盖人、机、环、管各个方面，但危害因素辨识侧重于认知系统固有风险，而事故隐患排查侧重于系统全生命周期。危害因素辨识要定期开展，在工艺技术、设备设施发生变更时要开展；而隐患排查则要求全时段、全天候开展，随时发现和随时整治。

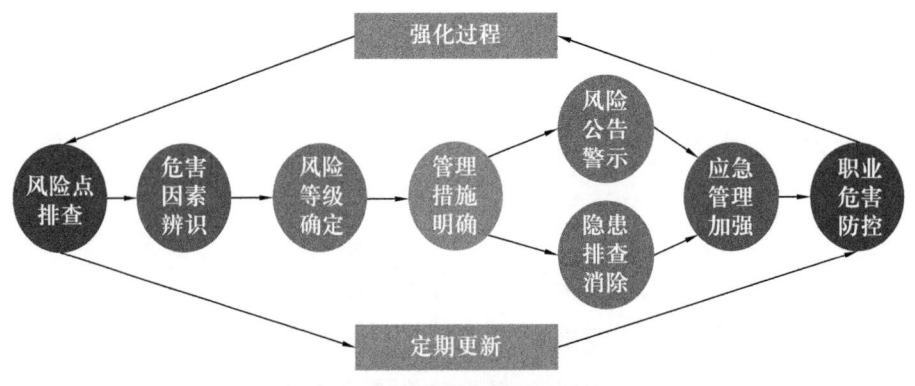

图2-2　双重预防机制基本内容

二、技术路线

根据危险化学品企业生产及风险特点，对于安全风险分级管控确定如下技术路线，将现场风险识别工作分为四大类：管道风险识别、场站设备风险识别、作业活动风险识别、工艺过程风险识别，分别采取不同的危害辨识与风险评价的方法，见图2-3。

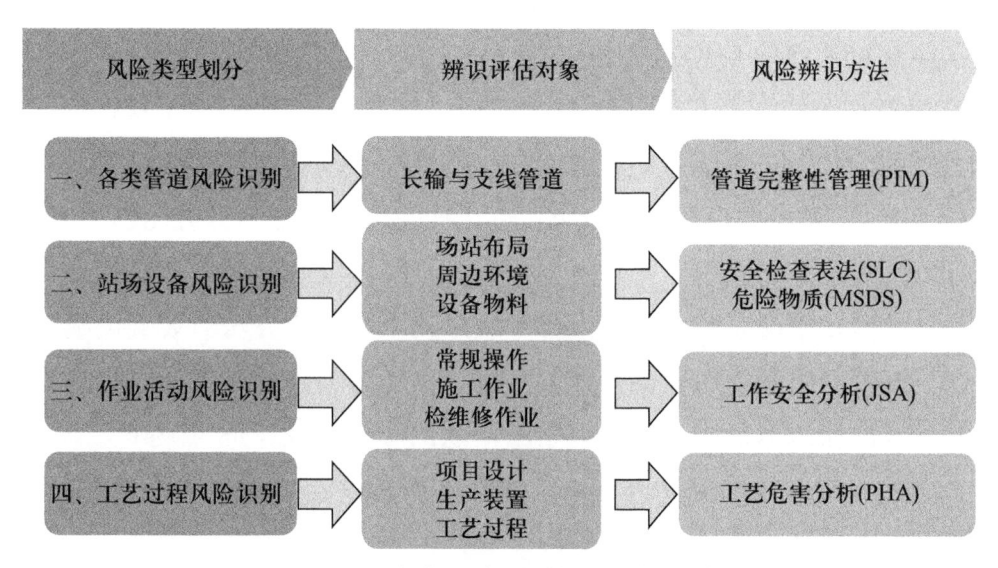

风险类型划分	辨识评估对象	风险辨识方法
一、各类管道风险识别	长输与支线管道	管道完整性管理(PIM)
二、站场设备风险识别	场站布局 周边环境 设备物料	安全检查表法(SLC) 危险物质(MSDS)
三、作业活动风险识别	常规操作 施工作业 检维修作业	工作安全分析(JSA)
四、工艺过程风险识别	项目设计 生产装置 工艺过程	工艺危害分析(PHA)

图2-3 四大类风险识别与评价技术路线

由于管道风险识别与工艺流程风险识别专业性强、技术要求高，需按相关法规和标准要求，定期聘请第三方技术服务机构专项进行检测与评价，单位员工的日常的危害因素辨识与风险评价并不包括以下内容。

——对于管道宜结合定期检测，采用腐蚀评估、基于风险的检验（RBI）、完整性评价等方法进行风险识别分析，实行管道完整性管理（PIM），通过监测、检测、检验等各种方式，获取与专业管理相结合的管道完整性的信息，对长输和支线管道运行中面临的风险因素进行识别和评价，制订相应的风险控制对策，不断改善识别到的不利影响因素，从而将管道运行的风险水平控制在合理的、可接受的范围内。

——对于工艺过程复杂的生产装置，宜按法规要求定期开展"工艺危害分析"（PHA）进行风险辨识与评价，工艺危害分析的方法可包括可操作性分析（HAZOP）、失效模型影响分析（FMEA）、故障假设分析（What-if）等方法。对于高后果或高频率的风险场景应在HAZOP的基础上进行LOPA，确保安全保护层的充足性和完整性。当风险场景涉及安全仪表功能（SIF）时，宜采用LOPA方法进行SIF的安全完整性等级分析与验证。

——对于安全仪表系统的风险识别与分析。危险化学品企业应识别装置设施安全关键控制仪表失效和SIF不完备带来的风险。对于SIF应采用安全完整性等级（SIL）评估方法进行分析。安全仪表系统故障进行维修更换时，应进行风险识别与分析，制订相应保护措施。

——变更的风险识别与分析。与生产过程相关的变更实施前，应开展变更风险识别与分析，并核实变更是否改变、摘除、停用或旁路多个安全设施或SIF。针对不同专业的变更类型和变更级别，应选择合适的方法，工艺技术变更宜采用SCL、HAZOP、LOPA等，设备设施变更宜采用SCL、FMEA、What-if等。

——危险化学品企业在生产过程中应采用系统分析方法对装置设施开展风险评估，并基于可接受风险准则建立不可接受风险清单和可接受风险清单。对不可接受风险应采取消除、转移或新增消减措施等手段，把风险降低至可接受水平；对清单中的风险应采取风险控制措施有效性监测、关键安全参数监测、风险动态监测预警等手段进行监控。

双重预防机制建设不是独立的一项工作或任务，而是应有机地融入到企业安全管理过程当中各个环节，是企业生产全方位、全生命周期的考虑。风险辨识必须以科学的方法，全面、详细地剖析生产系统，确定危害因素存在的部位、存在的方式、事故发生的途径及其变化的规律，并予以准确描述。从地理区域、自然条件、作业环境、工艺流程、设备设施、作业任务等各个方面进行辨识。

三、工作程序

风险分级管控与隐患排查治理双重预防机制建设是企业日常工作的一部分。要定期组织维护，及时发现问题和偏差，不断循环往复，定期更新相关制度文件和各类清单，保证双重预防机制的不断完善与持续有效运行，成为风险和隐患管理的长效机制。

双重预防机制构建工作程序如下：成立工作机构、培训相关人员、策划与准备，开展风险辨识、评估、划分风险等级、制订风险管控措施，结合风险识别结果开展隐患排查与治理工作，形成长效工作机制并持续改进，见图2-4。

```
成立工作机构
   ↓
   培训人员
   ↓
   策划与准备 ←──────────┐
   ↓                    │
   风险辨识 ←─── 事故和变化
   ↓
   风险评估
   ↓
   划分风险等级
   ↓
   确定风险清单
   ↓
   制订风险管控方案 ──→ 绘制安全风险图
   ↓
   形成风险分级管控运行机制 ←── 隐患排查治理
   ↓
   双重预防机制运行评估
   ↓
   持续改进
```

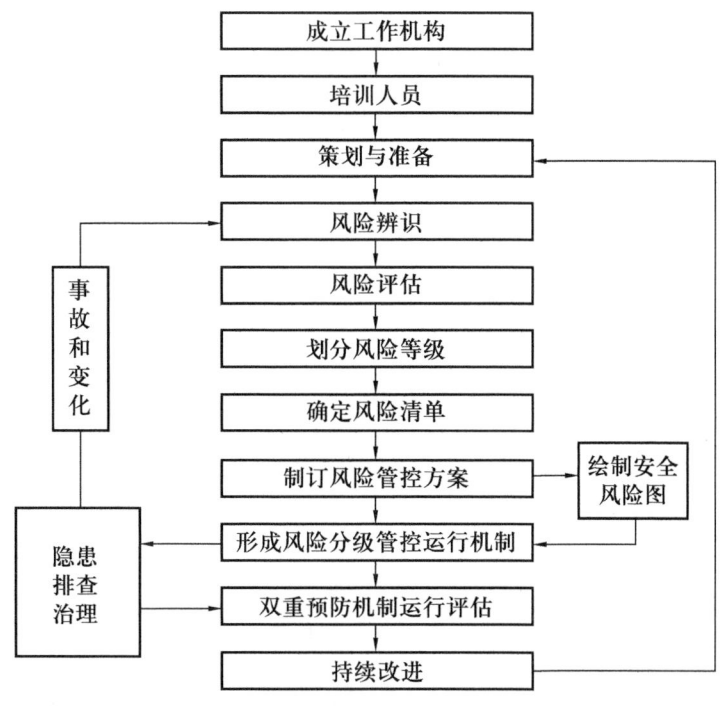

图 2-4 双重预防机制建设基本工作程序

在日常和定期检查中发现的生产安全事故隐患及安全风险管控措施落实不到位的情况，应认真分析原因，剖析安全风险分级管控体系中存在的制度漏洞和管理缺陷，对发现的偏差及时逐项纠正，确保实现双重预防机制的持续改进和闭环管理。

应将安全风险分级管控与隐患排查治理和管理体系建设有机融合，通过风险分级管控和隐患排查治理，夯实管理体系运行的工作基础。通过隐患排查治理，查找风险管控措施的失效、缺陷或不足，完善风险分级管控措施，降低事故发生风险。通过管理体系的规范运行，推动风险分级管控和隐患排查治理持续改进，促进双重预防机制有效实施和长效机制的形成。

四、两者关系

安全风险分级管控与隐患排查治理不是两项平行没有交集的工作，更不是相互割裂的两张皮，两者着力点不同，目标一致，侧重点不同，方向一致，两者相互关联、相互支撑、相互促进。构建双重预防机制过程中，应特别注重两者的有机融合，充分发挥双重预防机制的作用。

要坚持标本兼治、关口前移、超前辨识，通俗地讲，就是通过双重预防机制建设，设立起防范事故的两道防线，把安全风险管控挺在隐患前面（第一道防线），把隐患排查治理挺在事故前面（第二道防线），扎实构建事故应急救援（最后一道防线），如图2-5所示。要加强过程管控，通过构建隐患排查治理体系和闭环管理制度，及时发现和消除各类事故隐患，防患于未然。

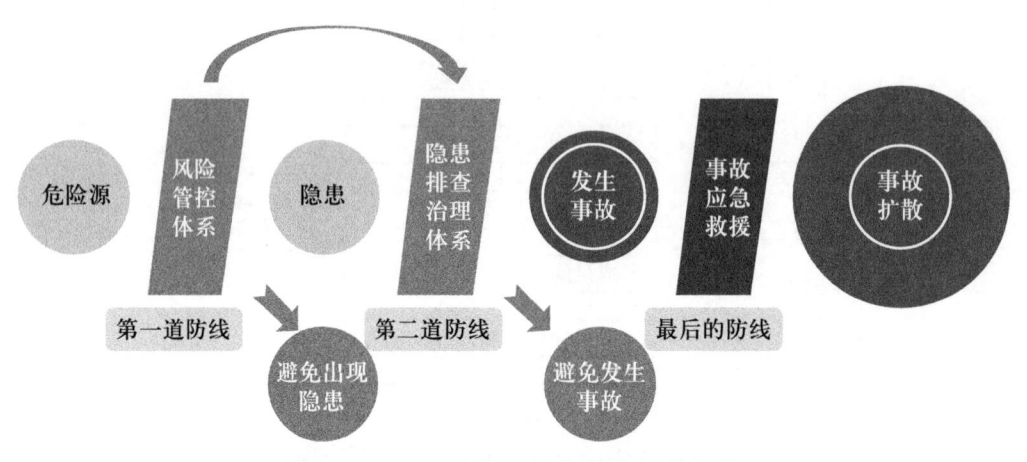

图 2-5 双重预防机制建设的两道防线

第三节　关键术语的正确理解

安全相关术语在安全领域发挥着极为关键的作用，它通过统一标准和精准表达，打破交流障碍，确保不同人员能准确沟通；它是安全培训教育的知识载体，便于知识传递和记忆强化；它为法律法规和标准的实施提供明确依据，保障执行的统一规范；在双重预防机制建设、事故预防与调查中，它可帮助识别风险、规范调查流程，助力准确分析事故原因和责任，全方位保障安全工作的开展。

一、危害因素和危险源

（一）危害因素即危险源

在HSE管理体系中"危害因素"是指可能导致人员伤害和（或）健康损害、财产损失、工作环境破坏、有害的环境影响的根源、状态、行为或其组合。在职业健康安全管理体系中"危险源"是指可能导致伤害和健康损害的来源。

  注：危险源可包括可能导致伤害或危险状态的来源，或可能因暴露而导致伤害和健康损害的环境。考虑到中国安全生产领域现实存在的相关称谓，本标准视"危险源"和"危害因素"同义［据《职业健康安全管理体系 要求及使用指南》（GB/T 45001—2020）的3.19］。

在本书中也将同时等同采用危险源和危害因素两个术语，但会更多采用危害因素这个术语，以适应在石油系统内部的更为大家习惯和熟悉的叫法。

两个术语的英文单词完全一样，"hazard"，英文词典的解释为"a source of danger"，是危险的来源，也是导致事故发生的原因。从定义的内容上看，两者唯一的区别只是危害因素在中国石油内部使用还包括了可能导致环境破坏的"环境因素"，其他内容都是完全一样的。定义中的"根源"是指可能造成事故的各类能量（动能、电能、热能等）和危险物质（硫化氢、硫酸等），这些根源是无法消除的，只能将其风险控制在合理并尽可能低的范围内；"状态"是指导致能量和危险物质失控的各种因素物的不安全状态、人的不安全行为、环境的不良和管理上的缺陷等四个方面。

在中国石油现行HSE管理体系标准中把"危险源"和"环境因素"统称为"危害因素"，OHS管理体系中所说的危险源和HSE管理体系中所说的危害因素的区别在于后者还包括了环境因素。但在大多数中国石油下属企业中，出于习惯与方便管理，通常分开称为"危害因素"和"环境因素"。如除去环境因素，危险源和危害因素的内涵是完全一样的，都指的是可能是一件设备、一处设施、一项操作、一个行为、一处环境、一项管理或一个系统中存在危险的一部分。

（二）危险有害因素

在传统安全管理中，为了区别客体对人体不利作用的特点和效果，还存在着"危险、有害因素"这种说法。"危险因素"是指能够对人造成伤亡、或对物造成突发性损害的因素（强调突发性和瞬间作用），涉及生产安全方面的因素较多；"有害因素"是指能够导致疾病、或对物造成慢性损害的因素（强调在一定时间范围内的积累作用），涉及职业健康方面的因素较多。通常情况下，二者不加区别统称为"危险、有害因素",其内涵也基本等同于危险源和危害因素。

(三) 重大危险源

在《危险化学品重大危险源辨识》(GB 18218)及我国传统安全管理中存在一个"重大危险源"的概念。这里的"重大危险源"(major hazard installations)是指长期或临时地生产、储存、使用和经营危险化学品,且危险化学品的数量超过或等于临界量的单元。这种定义只适应于危险化学品的生产、使用、储存和经营等各企业和组织,对于核设施、放射性物质、采矿业、海上石油开采、军事设施、危险物质的运输等领域不合适。

其定义中的"危险化学品"(hazardous chemicals)是指具有毒害、腐蚀、爆炸、燃烧、助燃等性质,对人体、设施、环境具有危害的剧毒化学品和其他化学品。"临界量"(threshold quantity)是指某种或某类危险化学品构成重大危险源所规定的最小数量。若单元中的危险化学品数量等于或超过该数量,则该单元定义为重大危险源。"单元"(unit)是指涉及危险化学品的生产、储存装置、设施或场所,分成生产单元和储存单元。

由此可能看出,GB 18218 的重大危险源是指长期或临时地生产、储存、使用和经营危险化学品,且危险化学品的数量超过或等于构成重大危险源所规定的最小数量的生产、储存装置、设施或场所,分成生产单元和储存单元。这里的重大危险源明显有别于 OHS 管理体系中所说的危险源,在实际工作中千万不能将二者混淆起来。虽然有些企业在体系管理工作中也将具有重大风险的危险源称为重大危险源,但为了避免不必要的概念混淆,在双重预防机制建设和 HSE 管理体系工作中不要再采用"重大危险源"而采用"重大风险"这一术语。

(四) 危险源与重大危险源的区别

这里要特别强调的是,GB 18218 中的"重大危险源"和 GB/T 45001 中的"危险源"虽然都叫危险源,但无论从其英文术语还是从中文定义中,都可以看出其内涵上的本质区别。危险源(hazard)英文术语可直译成"危害",而重大危险源(major hazard installations)的英文术语可直译成"主要危害装置"。

再从其中文定义来看，危险源是指一种"可能导致事故的根源或状态"，而重大危险源是指"危险物质的数量等于或超过临界量的单元"，一个是根源或状态，另一个是生产单元和储存单元。在实际运用中这两个定义和术语千万不能混为一谈。

虽然危险源和重大危险源所指危险源在内涵上有着本质区别，但其正如大家所熟知的，在国内很多贯标企业中，在风险分级的时候大多还是采用了重大危险源这一术语，但这里的重大危险源内涵已不是 GB 18218 中的重大危险源的内涵了。既然这样为什么还要称其为重大危险源呢？这可能是由于安全工作中大家习惯了重大危险源的称谓，也可能受《环境管理体系 要求及使用指南》（GB/T 24001）中"环境因素"和"重要环境因素"称谓的影响，把重大危险源这个术语套用在了职业健康安全管理体系当中。那么在 GB/T 45001 和《健康安全环境管理体系 第 1 部分：规范》（Q/SY 08002.1）中是没有重大危险源这一概念的，仅在标准条款中要求规定风险分级，而没有指出如何描述分级的结果。

二、风险与危险

（一）风险

"风险"一词的由来，最为普遍的一种说法是，在远古时期，以打鱼捕捞为生的渔民们，每次出海前都要祈祷，祈求神灵保佑自己能够平安归来，其中主要的祈祷内容就是让神灵保佑自己在出海时能够风平浪静、满载而归。他们在长期的捕捞实践中，深深体会到"风"给他们带来的无法预测无法确定的危险，他们认识到，在出海捕捞打鱼的生活中，"风"即意味着"险"，因此有了"风险"一词的由来。

在管理体系中"风险"是指不确定性的影响。

注：影响是指对预期的正面的或负面的偏离。不确定性是指对事件及其后果或可能性缺乏或部分缺乏相关信息、理解或知识的状态。通常风险以潜在"事件"和"后果"或两者的组合来描述其特性，以某事件的后果及其发生的"可能性"的组合来表述［据《职业健康安全管理体系 要求及使用指南》（GB/T 45001—2020 的 3.20）］。

风险是指与工作相关的危险事件或暴露发生的可能性与由危险事件或暴露

而导致的伤害和健康损害的严重性的组合。

在 HSE 管理体系中，"风险"是指某一特定危害事件发生的可能性，与随之引发的人身伤害或健康损害、损坏或其他损失的严重性的组合。在《危险化学品安全生产风险分级管控技术规范》（GB/T 45420—2025）的 3.1.1 中，把风险定义为发生不期望安全事件的可能性和后果严重性的综合性度量。通过上述两个风险定义可以看出风险是事件发生可能性和后果严重性的组合，是事件发生的概率与可能导致后果的函数，风险是一个二维概念，风险以损失发生的概率和损失的大小两个指标进行衡量。风险大小可以用 R 来衡量，等于事故发生的可能性即概率 P 与后果的严重程度 D 的乘积，$R=f(P, D)$。

在传统的风险评价中由于事故概率难于取得，通常用事故频率代替事故概率，这时上式可表示为：危险度 = 事故次数/单位时间 × 事故损失/事故次数 = 事故损失/单位时间。单位时间，可以是系统的运行时间，也可以是一年或几年；事故损失可以用死亡人数、损失工作日或经济损失等；风险就可以表示为百万工时事故死亡率、损失率等。

《危险化学品安全生产风险分级管控技术规范》（GB/T 45420—2025）中，还提到了固有风险、残余（剩余）风险和可接受风险等风险相关的概念，"固有风险"是指装置设施在未采取风险管控措施时的初始风险。"残余（剩余）风险"是指风险控制措施成功实施后的现有风险，风险大小具有动态变化的特性。"可接受风险"是指按当今社会价值取向在一定范围内可以接受的风险，可接受风险包括低风险和满足最低合理可行（ALARP）原则的一般风险。

（二）危险

"危险"是指可能导致事故的状态［在《系统安全性通用大纲》（GJB 900-90）中的定义］。危险也有另一种定义是可能导致意外事故的现有或潜在的状况［在美国军用标准 MIL-STD-882A 中的定义］。无论哪个说法都是指事物所处的一种不安全状态，是可能发生事故的征兆。系统的危险性由系统中的危害因素决定，危害因素与危险之间具有因果关系，来自某种危害因素造成人员伤害或物质损失的可能性叫作危险，危险表征潜在的危害因素造成伤害或损失的机会，可以用概率来衡量。

可以看出危险是指某一系统、产品、或设备或操作的内部和外部的一种潜在的状态，其发生可能造成人员伤害、职业病、财产损失、作业环境破坏的状态。危险的特征在于其危害的可能性大小与安全条件和概率有关。危险概率则是指危险发生（转变）事故的可能性。危险的严重度则是指每次危险发生导致的伤害程度或损失大小。

比如说"在这里滑冰危险，千万别为好玩冒这个风险"，所说的"这里"是指一个系统，这个系统是指由冰、水和人及人要进行的活动（滑冰）构成的，而所说的"危险"是指这个系统中人易受到伤害的状态，"风险"是指由冰、水、人及人的活动构成的系统中存在的冰突然破裂，人掉到水中的可能性和受伤害的严重性。

（三）风险点

风险点是指风险伴随的设施、部位、场所和区域，以及在设施、部位、场所和区域实施的伴随风险的作业活动，或以上两者的组合。这里所说的风险点指存在风险的设施、部位、场所、区域，以及在其中实施的作业活动。风险点的识别和划分是开展危害因素辨识的准备，是确定的开展危害因素辨识与风险评估和控制的工作对象。

风险点即基于现有安全知识、安全经验、法规及标准要求、事故教训等，运用"头脑风暴法"确定的伴随较大风险的部位、设施、场所、区域等的物理实体、作业环境或空间。如原油罐区、液氨站、泵房、井场、压缩机、配电室、锅炉、危化品仓库、冷凝器、换热器等。

识别风险点的目的是确定企业实施风险管理的重心，即由于存在易燃易爆危化品、易发火灾、电气设备集中、工艺复杂、作业环节多、现场作业人员集中、对作业人员安全要求高、行业或自身已有事故教训等因素，而应被企业确定为风险管控重点的部位、设施、场所、区域等的物理实体、作业环境或空间。

风险点划分应当遵循"大小适中、便于分类、功能独立、易于管理、范围清晰"的原则。如储存罐区、装卸站台、生产装置、作业场所等。但对于规模较大、工序复杂的企业，应对生产装置或生产车间按照工艺特点或工序要求进一步细分，为危害因素辨识确定合适的范围。

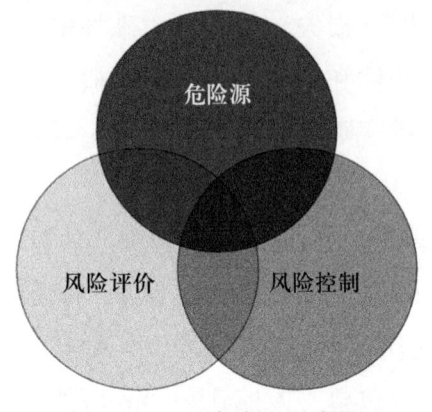

图 2-6　风险管理示意图

三、风险管理

风险管理是指通过危害因素辨识、风险评价与风险控制，用最经济的方法来综合处理风险，以实现最佳安全生产保障的科学方法。风险管理的基本范畴应包括危害因素辨识、风险评价和风险控制三要素。风险管理的内容及相互关系用图 2-6 和图 2-7 进行说明。下面主要介绍其他的相关术语。

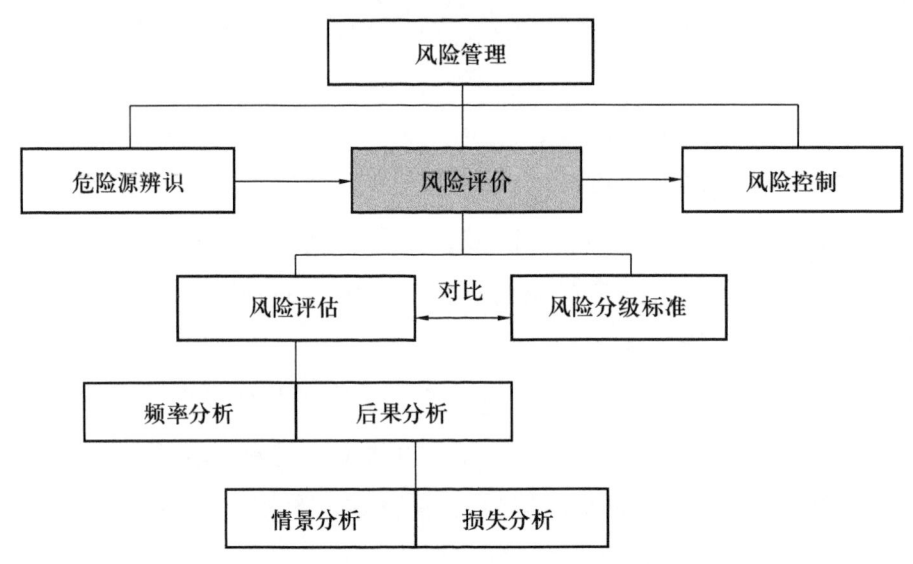

图 2-7　风险评价内容及相互关系图

（一）风险评价

"风险评价"是指评估风险程度，考虑现有控制措施的可行性和充分性，以及确定风险是否为可接受风险的全过程。风险评价主要包含两个阶段：一是对风险进行分析评估其发生事故的可能性 P 值，以及事故所造成的损失即后果的严重性 D，危害事件的风险 R 是该事件发生可能性 P 和后果严重性 D 的函数：即 $R=f(P, D)$。二是将得出的风险值与事先确定的风险分级标准和可接受许值相对照，确定风险的等级及是否可接受。风险分级标准和可接受值的界定不是一成不变的，需根据企业实际情况、法规要求、技术进步等方面的要求综合来确定和调整。

(二) 风险评估

"风险评估"是指分析特定危害事件发生的可能性和后果的严重性,从而确定风险的大小。风险评估不能等同于风险评价,它只是风险评价其中的一部分,风险评估包括频率分析和后果分析。

(1) 频率分析 (frequency analysis):分析特定危害事件发生的频率或概率。

(2) 后果分析 (consequence analysis):分析特定危害事件在一定环境条件下可能导致的各种事故后果及其可能造成的损失,后果分析又包括情景分析和损失分析。

(3) 情景分析 (scenario analysis):分析特定危害事件在环境条件下可能导致的各种事故后果。

(4) 损失分析 (loss analysis):分析特定后果对其他事物的影响;进一步得出其对某一部分的利益造成的损失,并进行定量化。

通过上述风险分析,得到特定系统中所有危险的风险估计。在此基础上,需要根据相应的风险标准判断各类风险是否可以接受,是否需要采取进一步的控制措施,就是风险评价。

(三) 风险控制

"风险控制"是指对生产过程中的不可接受风险通过采取风险消除、转移或新增风险消减措施,实现残余风险可接受的过程〔据《危险化学品安全生产风险分级管控技术规范》(GB/T 45420—2025) 的 3.1.7〕。风险控制是利用工程技术、教育和管理手段消除、削减和控制危害因素,防止危害因素导致事故、造成人员伤害和财产损失的过程。危害因素辨识、风险评价是风险管理的基础,风险控制才是风险管理的最终目的。风险控制就是要在现有技术、能力和管理水平上,针对生产安全风险采取消除、替代、工程控制、管理控制和个体防护等管控措施,以及实施风险监测、跟踪与记录的过程。

风险管控措施是为将风险降低至可接受程度,采取的相应消除、隔离、控制的方法和手段,以最少的消耗达到最优的安全水平。其控制目标包括降低事故发生频率、减少事故的严重程度和事故造成的经济损失程度。风险分级管控按照风险不同级别、所需管控资源、管控能力、管控措施复杂及难易程度等因素而确定不同管控层级的风险管控方式。

风险控制技术有微观控制技术和宏观管理技术两大类。微观控制技术以具体的危害因素为控制对象，以系统工程原理为指导，对风险进行控制。所采用的手段主要是工程技术措施和具体管理措施，随着辨识、评价与控制对象不同，方法措施也不同。宏观管理技术以整个研究系统为控制对象，运用系统工程原理对风险进行有效控制。采用法制手段（政策、法令、规章）、经济手段（奖、罚、惩、补）和教育手段（长期的、短期的）。

从某种意义上讲，双重预防机制建设就是上述微观和宏观管理技术的结合运用。微观控制与宏观管理互相依存、互为补充、互相制约、缺一不可。在危害因素辨识时，针对每一项实际的危害因素都要明确相应的现有控制措施和建议的控制措施，这就是微观控制技术。在风险评价时，针对评价出的每一项重大风险都应明确相应的管理控制方式，如通过制订管理方案、强化运行控制、人员培训、应急准备等方式进行控制，这就是宏观管理技术。双重预防机制建设过程中要充分利用这两种手段，两手都要抓，两手都要硬。

（四）本质安全设计

风险管控的终极目的就是通过一系列措施，不断消除或降低风险，最终实现系统或设备的本质安全，从源头上杜绝事故的发生，而不是仅仅依靠事后的补救措施或附加的安全装置来控制风险。当实现本质安全时，系统或设备自身就具备了内在的、固有的安全性，这是风险管控所追求的最高目标。

本质安全是指通过设计等手段使生产设备或生产系统本身具有安全性，即使在误操作或发生故障的情况下也不会造成事故。一些化工生产过程中，采用无毒或低毒的原材料替代高毒原料，从源头上降低了中毒风险，这就是本质安全理念的体现。

本质安全设计是指采用最小化、替代、减缓、简化等技术与手段，使工艺过程、设备设施具有从根本上防止不期望安全事件发生的内在特性。本质安全设计是在工程设计阶段，运用本质安全的理念和方法，对系统、设备、工艺等进行设计，以实现本质安全的目标。

本质安全设计包括消除危险有害因素、降低风险程度、采用可靠的工艺和设备、设置合理的操作流程等方面。例如，在设计工厂布局时，合理规划设备间距，便于操作和维护，减少人员接触危险区域的机会；在电气设备设计中，采用本质安全型电气设备，限制电路中的能量，防止产生电火花引发爆炸等。本质安全设计是一种预防性的安全措施，能够从根本上提高系统的安全性，减少事故发生的可能性和后果的严重性，降低安全管理成本，具有显著的经济效益和社会效益。

对于危险化学品企业应按照本质安全要求做好研发、设计阶段的风险管控，确保正式投用前装置设施的安全风险处于可接受水平，主要遵循以下原则：当新工艺新技术涉及重点监管危险化工工艺、重点监管的危险化学品或重大危险源时，宜在研发阶段开展本质安全化评估，制订本质安全设计、工程技术措施、个人防护及操作程序等风险控制措施，将风险降至可接受水平。在满足现有的法律、法规、标准规范基础上，装置设施应实施本质更安全和基于风险的设计。

四、正确认识几种关系

（一）风险与危险

危险是风险的前提，没有危险也就无所谓风险。风险由危害事件出现的概率与后果严重程度两个部分组成，如果将这两部分的量化指标综合，就是危险的表征，风险是衡量危险性的指标。危险是客观存在、无法改变的。而风险却在很大程度上随着人们的意志而改变，亦即按照人们的意志可以改变危险出现或事故发生的概率，以及一旦出现危险由于改进防范措施从而改变后果的严重程度。

在通常情况下，"风险"的概念往往与"危险"的概念相联系。危险是与安全相对立的一种事故潜在状态，人们有时用"风险"来描述与从事某项活动相联系的危险的可能性，即风险与危险的可能性有关，它表示某事件产生事故的概率。事件由潜在危险状态转化为伤害事故往往需要一定的激发条件。风险与激发事件的频率、强度及持续时间的概率有关。

严格地讲，风险与危险是两个不同的概念。危险只是意味着一种现在的或潜在的不希望事件状态，危险出现时会引起不幸事故。而风险用于描述未来的随机事件，它不仅意味着不希望事件状态的存在，更意味着不希望事件转化为事故的渠道和可能性。

因此，有时虽然有危险存在，但并不一定要冒风险。例如，人类要应用核能，就有受辐射的危险，这种危险是客观存在的。但在生活实践中，人类采取各种措施使自己受辐射伤害的风险小些，甚至可与之隔离。尽管存在受辐射的危险，但由于无发生的渠道，所以人们并没有受到辐射的风险。这说明人们更应该关心的是"风险"，而不仅仅是"危险"，因为直接与人发生联系的是"风险"，而"危险"是事物客观的属性，是风险的一种前提表征。在客观危险性很大时，可以使实际承受的风险较小。

（二）危险源与事故

一起事故的发生是两类危险源共同起作用的结果。第一类危险源的存在是事故发生的前提，没有第一类危险源就谈不上能量或危险物质的意外释放，也就无所谓事故。另一方面，如果没有第二类危险源破坏对第一类危险源的控制，也不会发生能量或危险物质的意外释放，见图2-8。

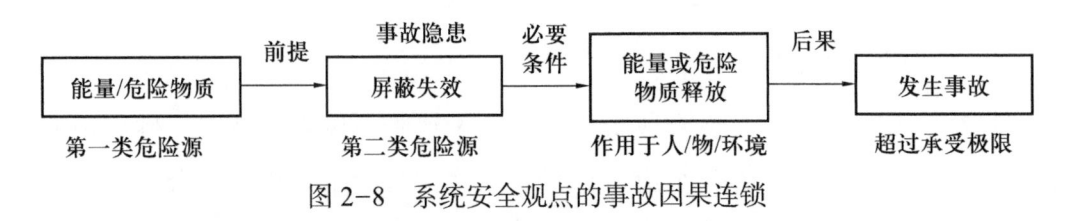

图 2-8　系统安全观点的事故因果连锁

第二类危险源的出现是第一类危险源导致事故的必要条件。在事故的发生、发展过程中，两类危险源相互依存，第一类危险源在事故时释放出的能量是导致人员伤害、财物损坏或环境破坏的能量主体，决定事故后果的严重性。第二类危险源出现的难易决定事故发生的可能性。两类危险源共同决定危险源的危险性，即风险的大小。如图2-8所示为系统安全观点的事故因果连锁，体现了两类危险源与事故之间的联系。

（三）危害因素和安全隐患

危害因素和安全隐患在概念的外延上基本上是一致的，都包括人的不安全行为、物的不安全状态、环境的不良和管理上的缺陷，但在两个概述的内涵上又有明显的区别。危害因素是指可能存在的导致事故的潜在的状态，安全隐患是已经存在的显性状态，必须立即采取有效措施对其进行治理，使之回到潜在状态，即把危害因素控制在隐患形成之前、把安全隐患消灭在事故前面。两者是可以相互转化的，见图 2-9。

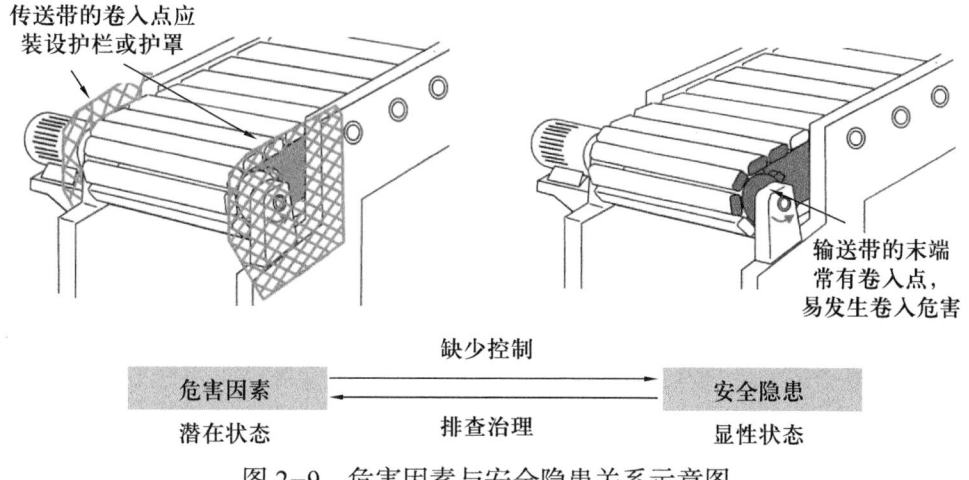

图 2-9　危害因素与安全隐患关系示意图

所有的显性安全隐患都是可以被消除的，但可能存在的潜在状态的危害因素却不能被消除，因为这种可能性永远存在，风险管控的核心就是不要将这种潜在状态转变成显性状态，以至于成了安全隐患。也就是说，潜在危害因素可以演变成显性的事故隐患，安全隐患来源于潜在危害因素的管控失效或弱化，隐患治理就是通过采取有效措施使显性状态转变为潜在状态，危害因素得到有效管控就不会出现安全隐患。

（四）安全风险与事故隐患

当危险暴露在人类的生产活动中时就成为安全风险。安全风险与事故隐患是一对既有区别也有联系的概念。安全风险是指人的活动场所、设备及设施的不安全状态，或者由于人的不安全行为和管理上的缺陷而可能导致人身伤害或者经济损失的潜在危险。事故隐患是指任何能直接或间接导致伤害或疾病、财产损失、工作场所环境破坏或其组合的对法规、程序、工作标准、实务、管理体系绩效等的偏离。风险、隐患、事故的关系如图 2-10 所示。

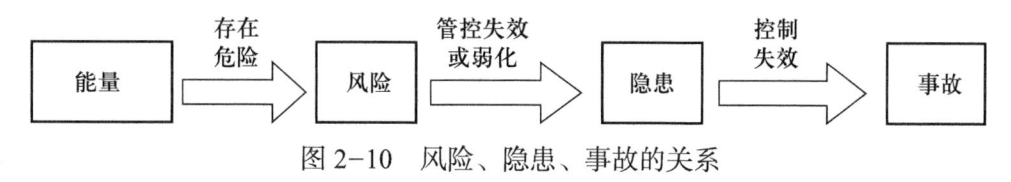

图 2-10　风险、隐患、事故的关系

安全风险具有客观存在性和可认知性，要强调固有风险，采取管控措施降低风险。事故隐患主要来源于风险管控的薄弱环节，要强调过程管理，通过全面排查发现隐患，通过及时治理消除隐患。但两者也有关联，事故隐患来源于安全风险的管控失效或弱化，安全风险得到有效管控就会不出现或少出现隐患。

相关链接：二拉平原则（ALARP）

"可接受风险"（acceptable risk）是指按当今社会价值取向在一定范围内可接受的风险。

注：可接受风险包括低风险和满足最低合理可行（ALARP）原则的一般风险［据《危险化学品安全生产风险分级管控技术规范》（GB/T 45420—2025）的3.1.5］。

对于企业可接受的风险，应是以法律法规和其他要求为最低标准，按照持续改进的要求，不断提高安全程度而逐步降低可接受风险的限值。为更好地理解可接受风险的概念，下面我们简单介绍一下"ALARP原则"，并将这一原则有效运用到双重预防机制建设当中。

最低合理可行ALARP（as low as reasonably practicable）原则是指风险削减程度与风险削减过程的时间、难度和代价之间达到平衡，达到合理实际并尽可能低的程度。任何工业系统中都是存在风险的，不可能通过预防措施来彻底消除所有风险；而且，当系统的风险水平越低时，要进一步降低就越困难，其成本往往呈指数上升。也可以这样说，安全改进措施投资的边际效益递减，最终趋于零，甚至为负值。如图2-11所示。因此，必须在风险水平和成本之间作出一个折中。为此，实际工作人员常把"ALARP原则"称为"二拉平原则"。ALARP原则可用图2-12来表示，其内涵包括如下。

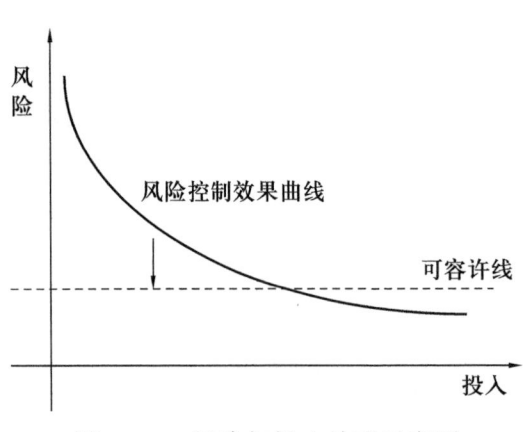

图2-11 风险与投入关系示意图

对危害因素进行定量风险评价，如果评价出的风险值在不可接受线之上，则落入不可接受区。此时，该风险是不能被接受的，应立即采取风险削减、控制和应急措施，使其逐步降低至可接受的程度，最终落入"可接受区"。如果评出的风险值在可忽略线和不可接受线之间，则落入"可接受区"，此时的风险水平符合"ALARP原则"。需要进行安全措施"投资成本－风险分析"（cost-risk analysis），如果分析发现进一步增加安全措施投入对风险水平降低贡献不大，则风险是"可接受的"，即可以允许该风险的存在，而且是员工在心理上愿意承受该风险，并具有控制该风险的信心和能力。但是"可接受"并不等同于"可忽略"，在经济合理的条件下尽可能地采取必要的预防和控制措施，力求做到合理实际并尽可能低。如果评出的风险值在可忽略线之下，则落入可忽略区。此时，该风险是可以被接受的，无须再采取安全改进措施。

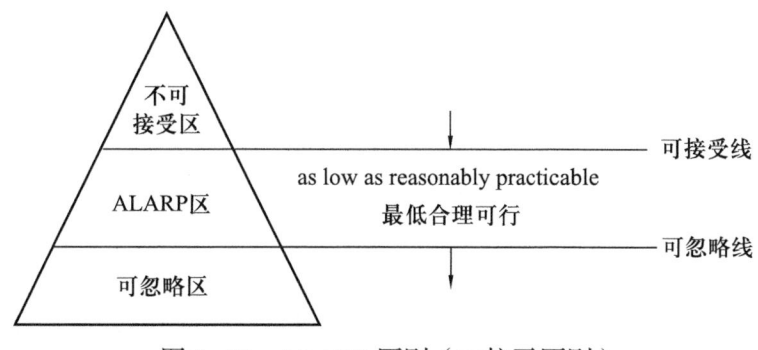

图 2-12　ALARP 原则（二拉平原则）

对于风险评价与风险控制，人们往往认为风险越小越好，实际上这是一个错误的概念。减少风险要付出代价，无论是采取措施降低其发生的可能性还是减少其后果可能带来的损失，都要投入资金、技术、时间和人力等各种资源。通常的做法是将风险限定在一个合理、可接受的水平上，根据影响风险的因素，经过优化，寻求最佳的解决方案。"风险与效益间要取得平衡""不接受不可接受的风险""接受合理的风险"等这些都是风险接受的原则。

第三章 安全风险分级管控

企业在开展安全风险分级管控工作时，要充分利用原有HSE管理体系、安全评价等工作的成果，对辨识出的危害因素认真梳理，在此基础上，进一步从不同的角度和层次充分挖掘可能存在的风险，拓展危害因素辨识的深度和广度，同时提高辨识准确性和效率。风险分级管控工作程序如图3-1所示。

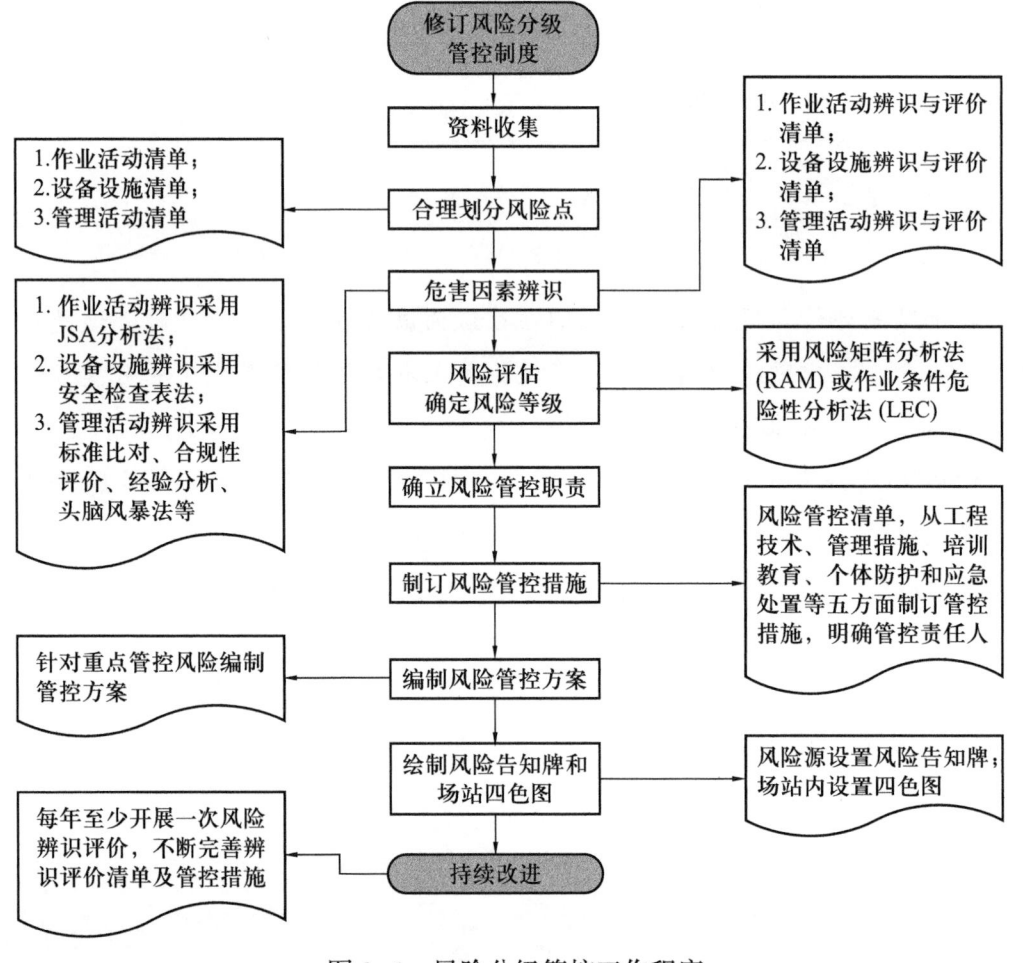

图 3-1 风险分级管控工作程序

第一节　危害因素的辨识

危害因素辨识是风险分级管控的前提和基础，其目的是识别出生产活动中存在的各种危害因素、可能导致的事故类型和潜在后果。为提高危害因素辨识的完整性和准确性，要充分调动员工的积极性和创造性，发动全体员工特别是一线作业人员参与危害因素辨识，利用岗位人员对作业活动熟悉的优势，对的作业活动、作业环境、设备设施、安全管理等方面进行全面的危害因素辨识。

一、确定辨识范围

企业应以场站、班组、岗位员工为核心，按照管理活动、作业活动和设备设施，分解、辨识危害因素，分析与评价风险，制订和完善风险控制措施，落实直线责任和属地责任。

（一）划分辨识单元

合理、正确划分辨识单元是顺利开展风险评估工作的前提，可以保证安全风险评估工作的全面性和系统性，避免出现遗漏。风险点的划分，应遵循大小适中、便于分类、功能独立、易于管理、范围清晰的原则。

基层单位辨识单元划分常用的方法有：

——按地理位置和生产区域划分。

——按生产工艺流程来划分。

——按生产设备设施来划分。

——按作业任务、生产活动来划分。

在单元划分的基础上，按生产（工作）流程的阶段、场所、装置、设施、作业活动或上述几种方法的结合等进行梳理，形成各类作业活动清单，如作业活动清单示例见表3-1，设备设施清单示例见表3-2。

（二）管理活动辨识

机关部门应组织开展生产管理活动风险管控工作，以规划计划、人事培训、生产组织、工艺技术、设备设施、物资采购、工程建设、安全管理等职能部门及组室为核心，根据部门和岗位职责、管理制度和业务流程，对管理活动进行分析和梳理，形成管理活动清单，见表3-3。

表 3-1　天然气母站作业活动清单示例

序号	区域	作业活动名称	岗位	活动频率	备注
1	调压计量橇装区	调压操作			
2		切换流程			
3		日常巡检、维护保养			
4		过滤器清洗、滤芯更换			
5		过滤器排污			

填表人：　　日期：　年　月　日　　审核人：　　日期：　年　月　日

表 3-2　天然气母站设备设施清单示例

序号	作业场所	设备名称	类别	是否特种设备	数量
1	加气区	加气机			
2		流量计			
3		电磁阀			
4		加气枪			
5		拉断阀			

填表人：　　日期：　年　月　日　　审核人：　　日期：　年　月　日

表 3-3　生产运行部管理活动清单示例

序号	管理活动内容	岗位	备注
1	设备设施管理		
2	生产运行管理		
3	生产计划管理		
4	操作规程管理		

填表人：　　日期：　年　月　日　　审核人：　　日期：　年　月　日

二、辨识危害因素

首先需要说明的是，对于特殊作业和非常规作业一般不包括在日常双重预防机制建设当中，而是应该按照作业许可管理要求，在每次作业前开展工作安全分析，每次作业结束后将JSA分析数据进行收集汇总，下次再做时提取相关信息进行必要的补充和完善，如此反复，逐步积累形成非常规作业JSA分析数据库。

（一）作业活动危害因素

采用工作安全分析（JSA）对常规作业活动每一步骤的危害因素进行辨识与评价，形成作业活动危害因素辨识与风险评价清单，详见表3-4。

表3-4 作业活动危害因素辨识及风险评价清单示例

序号	作业活动	作业步骤	危害因素	后果	L	S	R	级别	现有控制措施 建议改进措施	责任岗位
1	安全阀操作	更换	未关闭安全阀控制阀、正对阀门操作，操作不当安全阀意外滑落	物体打击人员中毒	3	1	3	低风险	（1）选择符合要求的安全阀，更换期间不得进行任何放空作业，更换人员在侧面进行操作；操作迅速平稳。（2）关闭待更换安全阀控制阀门，确保无内漏	
2		投运	未进行各连接部位验漏或验漏不全面，未保持常开状态	火灾爆炸	3	1	3	低风险	（1）缓慢打开安全阀控制阀；（2）进行验漏，确认各连接部位严密不漏；（3）用铅封封上安全阀控制阀手轮	

分析人： 年 月 日　　审核人： 年 月 日　　审定人： 年 月 日

（二）场所设备危害因素

采用"安全检查表法"（SCL）对工作场所、设备设施等方面的危害因素进行辨识，形成场所和设备危害因素辨识与风险评价清单，见表3-5。安全检查表法是依据相关的标准、规范，对工程、系统中已知的危险类别、设计缺陷及与一般工艺设备、操作、管理有关的潜在危险性进行判别检查，是系统安全工程的一种最基础、最简便、广泛应用的危害因素辨识方法。

表 3-5 设备设施危害因素辨识及风险评价清单示例

序号	作业场所	设备设施	检查项目	危害因素	后果	风险矩阵 L	S	R	管控级别	现有控制措施 建议改进措施	责任岗位
1	泵房区	消防泵	泵体	法兰螺栓松动、密封垫渗漏	火灾、爆炸	3	1	3	低风险	确认启泵后检查法兰连接处有无跑冒滴漏	
2				密封盒破损、渗漏	火灾	3	1	3	低风险	启泵后检查密封盒完好无渗漏,定期紧固密封盒	
3				密封盒压盖过松	火灾	3	1	3	低风险	确认检查泵头压盖漏失量符合要求	
4			配电柜	电缆绝缘层破损、金属裸露	触电	3	1	3	低风险	确认检查绝缘部件完好无破损,如有老化、松动、脱落等情况,应立即整改	
5				防爆密封圈破损、螺栓缺失	火灾、爆炸	3	2	6	一般风险	确认检查防爆配件完好无缺失,如有老化、缺失等情况应立即整改	
6				无开关标识、缺失	触电	3	1	3	低风险	确认检查开关标识正确无缺失	

(三) 管理活动危害因素

应采用标准比对、合规性评价、经验分析、头脑风暴法等方法对生产管理活动危害因素进行辨识,形成管理活动危害因素辨识与风险评价清单,见表 3-6。生产管理活动风险分析中应关注的内容包括但不限于:

表 3-6 管理活动危害因素辨识及风险评价清单示例

序号	管理活动	危害因素	后果	风险矩阵 L	S	R	管控级别	现有控制措施 建议改进措施	责任岗位
1	职业健康管理	未及时安排岗前、离岗后职业健康体检	引发纠纷	4	3	12	较大风险	应及时安排岗前、岗中、复岗、离岗后职业健康体检,避免岗后引起劳动纠纷	
2		未定期对有毒有害场所进行检测	操作人员中毒	4	3	12	较大风险	应定期对有毒有害场所进行检测,并建立有毒有害场所或岗位人员台账	

——部门业务存在不符合法律法规、标准规范和政府等部门要求的情况。
——安全生产组织机构或岗位设置不健全、人员配置不合理。
——业务管理流程不畅、职责不清，安全生产责任制未落实。
——安全生产管理规章制度、操作规程不完善、不落实。
——安全生产投入不足。
——承包商安全管理存在的问题。
——新技术、新工艺、新设备、新材料安全管理存在的问题。
——管理体系审核发现的问题。
——对照先进管理发现的安全生产薄弱环节。
——其他安全生产管理存在的缺陷。

第二节 风险评估与分级

风险评估是指评估风险大小及确定风险是否可接受的全过程，可见这里的风险评估包括两步，一是评估风险的大小，即确定某一特定危害事件的可能性和后果的严重性；二是与确定的判别准则相对照，确定风险的等级，针对不同等级的风险确定不同的控制方法，采取有效的措施加以消除、削减和控制，以预防事故的发生，持续改进企业健康安全与环境绩效。当然对于那些可接受的风险，可样也要按照 ALARP 的原则加以有效控制。目前各企业最常用的风险评价方法的有 LEC 分析法和风险矩阵法，从简洁实用性的角度，更推荐使用风险矩阵法。

一、风险评估矩阵

风险评估矩阵（RAM 法）是一种以危害事件发生后果发生可能性与严重性叠加来表示风险的图表，是一种在国际石油企业内被广泛应用的评价方法，也是本书推荐使用的方法。风险评估矩阵中后果的严重性是从人员、财产、环境和声誉等方面评估，后果的可能性是基于过去事故的经验、事故案例等来评估，形成的五横五纵的矩阵。用危害事件发生的对应的可能性与严重性作图画出折线，其所导致的风险等级相对应，再分别用不同的阴影区域表示。详见表 3-7。

表 3-7 风险评估矩阵（RAM）

严重性 S	后果				可能性 L				
	人员	财产	环境	声誉	在行业内听说过	行业内每年超过一次	在本企业内发生过	在本企业内每年发生多次	在基层经常发生
	P	A	E	R	1	2	3	4	5
1	轻微伤害	轻微损失	轻微影响	轻微影响	低风险 1	低风险 2	低风险 3	低风险 4	一般风险 5
2	较小伤害	较小损失	较小影响	较小影响	低风险 2	低风险 4	一般风险 6	一般风险 8	较大风险 10
3	中度伤害	中度损失	中度影响	中度影响	低风险 3	一般风险 6	一般风险 9	较大风险 12	较大风险 15
4	较大伤害	较大损失	较大影响	较大影响	低风险 4	一般风险 8	较大风险 12	较大风险 16	重大风险 20
5	重大伤害	重大损失	重大影响	重大影响	一般风险 5	较大风险 10	较大风险 15	重大风险 20	重大风险 25

注：纵轴表示的危害事件后果严重性的渐增，考虑人员伤害、财产损失、环境影响、声誉影响（PAER）方面，横轴表示危害事件结果可能性的渐增。矩阵的格子表示风险的级别，从左上方到右下角风险级别逐渐增加，分别用蓝色、黄色、橙色、红色区域表示由低到高四个风险等级。本书用灰度由浅至深代表由低到高四个风险等级。

（一）后果可能性

在 PAER 中人员（people）、财产（assets）、环境（enviroment）、声誉（reputation）的后果严重性从 1 到 5 在表 3-8 中已被定义。

表 3-8 事故后果影响程度分级表

	对人的影响	P 定义
1	轻微伤害	对个人继续受雇和完成目前劳动没有损害，如限工、医疗和急救箱事件
2	较小伤害	对完成目前工作有影响，如某些行动不便或需要一周以内的休息才能恢复，如导致一周以内损工事件
3	中度伤害	导致对某些工作能力的永久丧失或需要经过长期恢复才能工作，如导致损工一周以上的轻伤事故

续表

对人的影响		P 定义
4	较大伤害	导致 3 人以下重伤，或者 3 人以上 10 人以下轻伤；或不可逆转的健康损害，如长期伤残，感受上的、噪声相关的疾病，包括：听力丧失、慢性劳损、反复拉扭伤等。重伤指个人永久丧失全部工作能力
5	重大伤害	导致 3 人以下死亡，或者 3 人以上 10 人以下重伤，或者 10 人以上轻伤，以及职业病导致的结果
对财产的影响		A 定义
1	轻微损失	对使用没有妨碍，只需要少量的修理费用（低于 1000 元）；或者低于 1000 元以下的直接经济损失
2	较小损失	给操作带来轻度不便，需要短暂停工修理（估计修理费低于 1 万元），或者 1000 元以上 1 万元以下直接经济损失
3	中度损失	设施部分组件损坏，停工不超过一周，修理后可以重新开始（估计修理费低于 10 万元）；或者 1 万元以上 10 万元以下直接经济损失
4	较大损失	设施部分功能丧失，停工一周以上（或估计修理费低于 100 万元）；或者 10 万元以上 100 万元以下直接经济损失
5	重大损失	设施全部功能丧失，无法修复，长时间停工和广泛损失（估计修理费大于 100 万元）；或者 100 万元以上 1000 万元以下直接经济损失
对环境的影响		E 定义
1	轻微影响	事故影响仅限于生产区域内，没有对周边环境造成影响。例如：在生产操作区的小量漏失或在易于挥发的农耕区漏失
2	较小影响	较小的环境影响，但没有持续影响。例如：场地外的渗入土地的小量漏失，来自当地居民的不满投诉低于 10 个个体
3	中度影响	将要持续的或需要清理的有限环境的影响。例如：需要移走或处理大量的土壤或沙土的管线泄漏。观察到的场地外的影响或破坏，比如鱼的死亡或植被破坏，场地外的地下水污染。来自当地居民的不满投诉超出 10 个个体
4	较大影响	需要采取大量措施去恢复环境功能的严重环境破坏。例如：场地以外超大面积的地下水污染，来自当地居民或当地政府的大量不满投诉
5	重大影响	导致经济损失、改造的运用或大面积的自然资源损失的持续严重的环境破坏。例如：原油泄漏结果导致大部分的河道污染和大范围的清理和补救措施
对声誉的影响		R 定义
1	轻微影响	负面信息在企业内部传播，且有蔓延之势，具有在行业范围内部传播的可能性
2	较小影响	负面信息尚未在媒体传播，但已在行业范围内部传播，且有蔓延之势，具有媒体传播的可能性

续表

对声誉的影响		R 定义
3	中度影响	（1）引起地（市）级领导关注，或地（市）级政府部门领导做出批示。 （2）引起地（市）级主流媒体负面影响报道或评论。或通过网络媒介在可控范围内传播，造成或可能造成一般社会影响。 （3）媒体就某一敏感信息来访并拟报道。 （4）引起当地公众关注
4	较大影响	（1）引起省部级或行业主管领导关注，或省级政府部门领导作出批示。 （2）引起省级主流媒体负面影响报道或评论。或引起较活跃网络媒介负面影响报道或评论，且有蔓延之势，造成或可能造成较大社会影响。 （3）媒体就某一敏感信息来访并拟重点报道。 （4）引起区域公众关注
5	重大影响	（1）引起国家领导人关注，或国务院、相关部委领导作出批示。 （2）引起国内主流媒体或境外重要媒体负面影响报道或评论。极短时间内在国内或境外互联网大面积爆发，引起全网广泛传播并迅速蔓延，引起广泛关注和大量失控转载。 （3）媒体来访并准备组织策划专题或系列跟踪报道。 （4）引起国际或全国范围公众关注

（二）RAM 的特点

RAM 法最大的特点就是危害发生的可能性最好确定，它是用过去该危害发生的频率来衡量现在同样危害发生的频率，简单易行、可靠性高、而且可重复性较强，不同人评价得出的结果会基本相同。该方法中后果的严重性是考虑了人员伤亡、财产损失、环境影响和声誉破坏等四个方面的内容，为了能相对准确地判定后果的严重程度，表 3-8 中给出了各类后果严重程度的分级定义（标准），以便提高风险评价结果的可操作性和可重复性。

当然同一危害事件的发生，有时不可能对人、财产、环境和声誉都产生影响，或通常四个方面影响程度不会正好在同一个严重性的等级上，为简便起见，通常会把这可能造成的几个方面后果中最严重的那一方面的影响等级作为这一事件的后果严重性等级。同样，后果严重程度的分级标准企业可根据自身的情况进行调整和改进。

因为 RAM 方法优点较为突出，这是本书首先推荐使用的方法。运行评价方法其实主要是领会各种方法的基本的工作思路，结合企业自身的特点对评价方法中的各类定义与分级进行适当的调整，制订出最合适企业实际的方法，这里没有统的一的标准。要再次强调的是评价人员的能力和经验比任何方法更重要，评价方法要在简洁、易学、易懂、易会的基础上，再求尽可能地准确和结合实际。不要一味追求评价方法的精确、复杂，再精确的方法如果企业员工学不会、掌握不了，方法再好也是没有什么实际意义的。

(三) 风险分级

1. 重大风险

危害因素多且难以控制，如发生事故，将会造成重大经济损失或者群死群伤后果。评估结果为重大风险时，作业活动必须停工，并通过工程和/或管理、技术上的专门措施，限期整改，把风险降低到较大风险或以下。

值得注意的是当区域风险评估结果为重大风险时，并不是机械地理解为风险是不可接受的，必须停工进行处理，而是需要本单位领导和员工加以重视，在单位资金、培训、管理等方面投入时应该予以倾斜。

2. 较大风险

危害因素较多，管控难度较大，如发生事故，将会造成较大经济损失或者多人伤亡事故后果。评估结果为较大风险时，应当通过工程和/或管理、技术上的控制措施，在一个具体的时间段内整改完成，把风险降低到一般风险或以下。在彻底整改前，应采取针对性安全措施，并制订应急措施。

3. 一般风险

在控制措施落实的条件下可以容忍的风险，风险处在受控范围内，如发生事故，将会造成一般经济损失或者人员伤亡后果。评估结果为一般风险时，应当对现有控制措施的充分性进行评估，检查并确认控制程序和措施已落实。依据合理实际并尽可能低的（ALARP）原则，可行时，可进一步采取必要的控制措施。

4. 低风险

在受控范围内，如发生事故，将会造成较小经济损失或者人员伤害后果。评估结果为低风险时，不需要采取进一步措施降低风险，可维持现有管控措施，但应对管控措施的执行情况进行检查。

二、风险管控要求

风险管控指对生产过程中可能出现的安全风险进行识别、分析、评价、控制和动态监控的一系列活动［据《危险化学品安全生产风险分级管控技术规范》（GB/T 45420—2025）的3.1.9］。风险分级管控坚持"属地管理，突出重点、注重实效"的原则，分级、分层、分类、分专业进行管理，明确各级风险的责任主体，确定岗位、场站、单位各级重点管控的各类风险，明确各等级安全风险相对应的单位、场站和岗位人员分级管控的范围和责任，将责任分解到与生产过程相关的部门、场站和岗位。

风险分级管控应遵循风险越高管控层级越高的原则，对于操作难度大、技术含量高、风险等级高、可能导致严重后果的作业活动应重点进行管控。上一级负责管控的风险，下一级必须同时负责管控，并逐级落实具体措施。风险管控层级可进行增加或合并，各级组织应根据风险分级管控的基本原则，结合本单位机构设置情况，合理确定各级风险的管控层级。

企业应根据风险评估结果，结合重点领域、关键装置、要害部位，以及承包商、变更管理等方面，确定本单位重点管控的各类风险。各厂、场、站应当根据辨识出的危害因素进行风险评估，结合每项生产作业活动的生产组织、设备设施和关键作业等方面，确定管控的各类风险。

建立风险分级管控工作制度，重点关注和管控较大以上安全风险，对于重大风险和较大风险应实施多级联合管控，确保管控措施落实到位。加强岗位风险管控，员工进入作业岗位时，必须对岗位的安全风险状况和各项管控措施进行安全确认，并进行岗位危险预知、设备检查等活动，消除不规范行为，做到任务到人、责任到岗、管控到位。

相关链接：风险控制的层次

危害因素辨识、风险评价是风险管控的基础，风险控制才是风险管控的最终目的。风险控制就是要在现有技术、能力和管理水平上，以最少的消耗达到最优的安全水平。在选择风险控制措施时，应考虑控制措施的优先顺序。首先考虑的是如何消除风险，不能消除的情况下考虑如何降低风险，不能降低的情况下考虑采取个体防护，图 3-2 为风险控制措施优先次序示意图。当然，所采取的有些风险控制措施会带来新的风险，其中有些甚至是致命的。因此，在制订措施时要充分考虑到这一点。

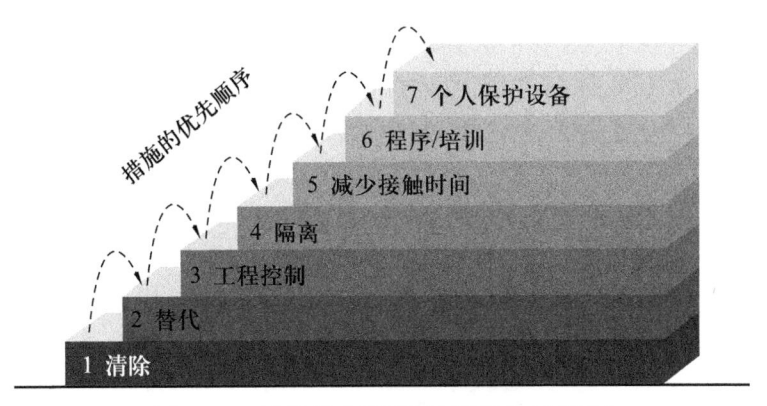

图 3-2　风险控制措施选择优先次序图

一、清除

从根本上清除危害因素，这是风险控制的最优选择。如果可能，应完全消除危害或消灭风险的来源。该工作任务必须做吗？对于存在严重危害因素的场所，是否可以用机械装置、自动控制技术取代手工操作？如使用机器人进行清罐作业。

二、替代

当危害因素无法根除时，可以用其他替代品来降低风险，如使用低压电器替代常压电器，使用冷切割代替气割，用安全物质取代危险物质，使用危害更小的材料或者工艺设备，减低物件的大小或重量等。

三、工程控制

通过危险最小化设计减少危险或者使用相关设施降低风险。

——局部通风：对拟进入的受限空间进行常规通风或者强制通风。

——安全防护：去除粗糙的棱边、锐角、尖端和降低出现缺口、破裂表面的可能性，即可大大防止皮肤割破、擦伤和刺伤类事故。

——替换：在填料、液压油、溶剂和电绝缘等类产品中使用不易燃的材料，即可防止发生火灾；用气压或液压系统代替电气系统，就可以防止电气事故。

——设置薄弱环节：利用薄弱组件，使危害因素未达到危险值之前就预先破坏，以防止重大破坏性事故，如保险丝、安全阀、爆破片。

——联锁：以某种方法使一些组件相互制约以保证机器在违章操作时不能启动，或处在危险状态时自动停止。如起重机械的超载限制器和行程开关。利用液面控制装置，防止液位过高或溢出等。

——锁定：锁定是指保持某事件或状态，或避免人、物脱离安全区域。例如在螺栓上的保险销就可防止因振动造成的螺母松动。

——危害告知：运用组织手段或技术信息告诫人员避开危害，或禁止进入危险或有害区域。如向操作人员发布安全指令，设置声、光安全标志、信号。

四、隔离

隔离是最常用的一种安全技术措施。当根除和减弱均无法做到时，则对已识别能量、危险物质等，在空间上与人分离，使之无法对人造成伤害。如对能量上锁挂牌，避免交叉作业，设置安全罩、防护屏、盲板、安全距离、防护栏、防护罩、隔热层、防护网、外壳、警示带、防护屏、盖板、屏蔽间、护板和栅栏等，将无关人员与危害源分开。

五、减少接触时间

使人处在危害因素作用的环境中的时间缩短到安全限度之内。限制接触风险的人员数目，控制接触时间，通过合理安排轮班减少员工暴露于噪声、辐射或者有害化学品挥发物的机会。在低活动频率阶段进行危险性工作，如周末、晚上。

六、程序/培训

是否可以用来规定安全工作系统，减低风险？如工作许可、主动测量、检查单、操作手册、防护装置的维护、施工作业方案、工作安全分析、工艺图等。员工是否知道这些危害？是否了解这些相关程序？是否接受过相关技能和知识培训？

七、个人保护设备（PPE）

对于个人保护设备的使用，只有在所有其他可选择的控制措施均被考虑之后，才可作为最终手段予以考虑。员工通常都需要使用劳保用品，即便是使用了劳保用品，危害还是存在，即并不能消除危害，只能降低其对员工身体造成的伤害。

另外，如果某些危害因素的后果比较严重，则应考虑制订相应的应急处置措施，将应急反应作为其中一个控制措施，比如：在进入受限空间时准备好救援设备及救援人员；在进行动火作业时，安排经验丰富的监督员，准备好消防设备。

在以上的风险控制措施选择优先次序中，控制风险的可靠性在依次减弱。因此，对于后果严重的风险，必须选择可靠性高的措施，至少应当选择隔离措施。上述这些措施可以单独采用，但更多的时候是综合应用。在实际工作中，还要考虑生产效率、成本及可行性等问题，应针对生产工艺或设备的具体情况，综合地加以分析考虑。但对于风险较大的危害因素，仅仅依赖于管理措施或者在操作说明中予以叙述和强调，而不采取可行的工程技术手段，是绝对不可取的。

第三节　风险管控措施落实

针对辨识出的每一项风险，要从工程技术、安全管理、教育培训、个体防护和应急处置等方面综合考虑，通过消除、终止、替代、隔离等工程技术措施削减风险或采用监控管理手段监控风险，确保每一项安全风险控制在可接受范围内。在风险评价和风险等级判定的同时，应对每一项风险的现有控制措施进行评审，确定其是否有效可行，及时整改或提出改进措施，降低风险。

企业安全风险分级管控应遵循以下原则：按照固有风险大小，确定企业风险管控的重点对象，实施分级管控。根据装置设施、作业活动特性，以及国家法律法规要求，制订适宜的风险管控行动，包括本质安全提升、风险评估与隐患排查治理、工艺平稳管理、设备完整性管理与预防性维修、监测预警、应急管理与人员培训等，并配置合理的资源与管理力量，确保固有风险高的装置设施及作业活动处于风险可控状态。

一、风险管控措施要求

企业应当根据风险评估结果，针对不同级别的风险采取相应的管控措施。健全完善规章制度、操作规程和应急处置程序，制订岗位培训矩阵，将生产安全风险管控工作融入各级管理流程和操作活动中。根据基层岗位培训矩阵对员工进行培训，使其具备风险管控能力和应急处置救援能力。重点管控的生产安全风险，应当明确风险管控责任，确定分层管控责任部门和负责人，制订和落实风险控制措施和风险动态监控，见图3-3。风险动态监控是对残余风险的动态变化情况进行监测，并根据变化情况采取风险应对措施的过程。

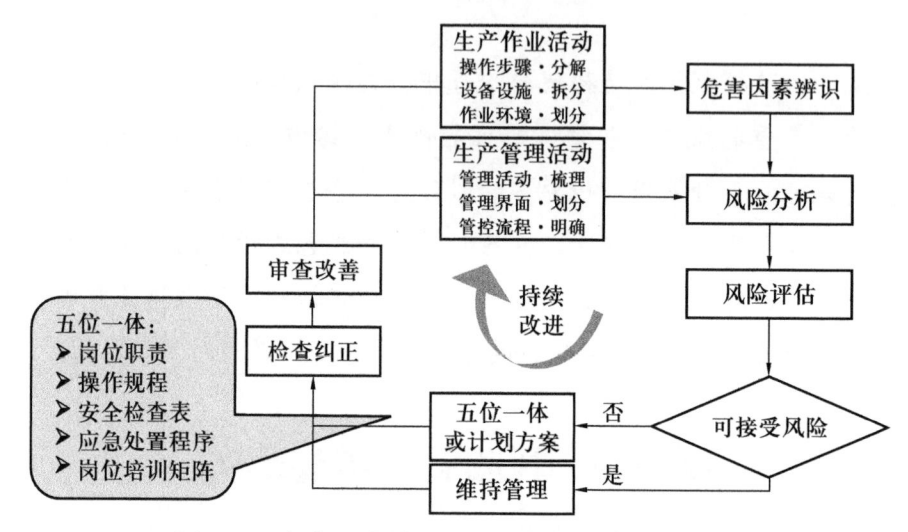

图 3-3　危害因素辨识、风险评估与控制流程图

根据工作实际要求和职责分工，每月对安全风险管控措施和责任落实情况进行检查，在日常管理中对相关单位、责任人通过查阅相关记录、抽样检查、现场访谈等方式，对其安全风险管控认知、岗位风险识别、管控措施落实等方面进行检查，确保各项风险管控措施落到实处，避免出现重形式、轻实效的问题。对检查结果进行考核，并督促受检查单位对发现问题进行整改。

安全风险分级管控的管理模式就是分层管理、分级管控。要根据风险大小与管理层级结合、与行政责任挂钩，确保每项生产经营活动落实风险管控责任层级，并按照"一岗双责"的要求，具体到人。在风险评价和风险等级判定的同时，应对每一项风险的现有控制措施及负责人进行评审，确定措施是否可行责任是否明确，及时整改或提出改进措施。风险管控措施从工程技术、管理措施、培训教育、个体防护、应急处置五个方面，针对辨识出的后果，结合本单位实际情况编制风险管控措施。制订风险控制措施优先次序见图3-4。

消除 → 替代 → 削减 → 隔离 → 程序 → PPE → 警告

图 3-4　风险控制措施优先选择次序

（一）生产活动风险管控

企业应组织开展定期和动态生产作业活动和设备设施风险管控工作，以车间（站队）、班组、岗位员工为核心，按照生产作业活动分解和设备拆分、辨识危害因素、分析与评估风险、制订和完善风险控制措施、落实属地管理责任的程序，持续完善开展包括但不限于以下工作内容：

——进行生产作业活动分解和设备拆分、危害因素辨识、风险分析和风险评估。

——对照现有控制措施，进一步制订、补充和完善风险控制措施。

——依据风险评估结果，完善岗位操作规程。

——完善基层岗位安全检查表。

——编制、完善现场应急处置预案和岗位应急处置程序（处置卡）。

——完善岗位安全培训矩阵的培训内容。

——制订、完善和落实岗位安全生产责任清单。

（二）管理活动风险管控

企业应组织开展生产管理活动风险管控工作，以各管理层级规划计划、人事培训、生产组织、工艺技术、设备设施、物资采购、工程建设、安全管理等职能部门为核心，根据业务流程，按照生产管理活动梳理、分析与评估风险、制订风险管控流程、落实分级管控责任的程序，持续开展包括但不限于以下工作内容：

——进行生产管理活动梳理、危害因素辨识、风险分析和风险评估。

——对照现有管理措施，进一步制订、补充和完善风险管理措施。

——依据风险评估结果，完善风险管控流程，确定各管理层级重点管控风险。

——完善企业安全生产管理规章制度。

——健全企业应急预案体系，完善应急预案。

——完善各管理层级安全培训矩阵的培训内容。

——制订、完善和落实各管理层级安全生产责任清单。

二、安全风险告知

企业应建立完善的安全风险公告制度，风险辨识评价完成后，要及时公布本场站的主要风险点、风险类别、风险等级、管控措施和应急措施，让每名员工都了解风险点的基本情况及防范、应急对策。

（一）风险告知牌（卡）

各场站应对主要风险点在醒目位置设置安全风险告知牌（卡），标明风险点名称、危害因素、风险等级、事故类别或后果、管控措施、管控层级、责任人，以及应急处理方式、应急电话等内容，如图 3-5 示例。

在各岗位悬挂安全风险告知牌（卡）或职业病危害告知牌，明确本岗位主要危害因素、可能的后果、事故预防及应急措施、报告电话等内容，便于员工随时进行安全风险确认，指导员工安全规范操作，如图 3-6 示例。

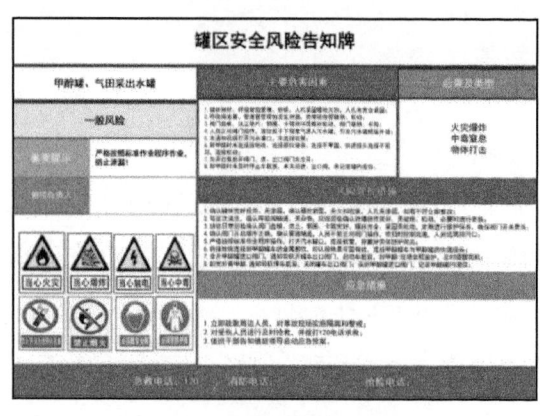

图 3-5　场所风险告知牌

图 3-6　职业病危害告知卡

（二）风险分布四色图

作业场所安全风险分布四色图绘制，应按照国务院安委办《关于实施遏制重特大事故工作指南构建安全风险分级管控和隐患排查治理双重预防机制的意见》（安委办〔2016〕11号）的要求，综合考虑作业场所的存在各风险点的能量或危险物质的危险特性、数量及事故发生的可能性和后果严重性等因素，分为低风险、一般风险、较大风险、重大风险四个级别。

1. 区域风险等级确定

作业场所内各风险点的风险是指固有风险，主要是基于事故后果的考量。而针对各危害因素的风险评价则是基于过程的考量。两者有本质的区别，所以针对危害因素的评价方法，通常并不能用在各风险点的评价上面。对企业作业场所各区域的风险评价和分级，目前还没有特定的方法，企业可根据自身生产特点或风险特性选用如下推荐的几种简单方法。

——经验判定法。主要根据经验和直观判断能力对各区域内的工艺、设备、设施、环境、人员和管理等方面的状况进行定性风险评价，风险大小根据事先确定的风险直接判定标准确定，如按照区域内一旦发生事故可能导致的人员伤亡数量或财产损失来确定，可参照重大危险源分级、事故分级标准来确定。

——综合加权法。在确定了区域内每一项危害因素安全风险等级的基础上，按照短板原理（选择评估单元中安全风险的最高等级作为该评估单元的安全风险等级）或综合加权的方法确定各生产区域的安全风险等级。关于各类风险的权重系数，企业可根据后果的严重程度结合企业自身的实际自行确定。

企业应将装置设施作为一个风险点进行固有风险评价，按照风险准则对装置设施的具体风险事件进行评价，在确定每一项安全风险等级的基础上，采用最大固有风险表征装置设施的固有风险等级。

2. 风险四色图的绘制

装置设施固有风险等级应从大到小依次分为一级、二级、三级、四级，在空间上分别采用红、橙、黄、蓝四色表示，在风险等级上分别对应重大风险、较大风险、一般风险和低风险。

各基层单位在确定安全风险清单，制订安全风险管控措施之后，对本场站所辖区域内各类生产、办公和生活等基本单元进行固有风险等级划分，在各场站平面布置图基础上纸上绘制"红橙黄蓝"风险四色图。

场站安全风险分布四色图更强调区域的概念，如分离器区应将分离器本体及所在区域纳入同一等级进行绘制；如一个区域内含有多个设备，应将该区域设备或操作的最高风险等级作为该区域的风险等级。

现场安全风险四色图绘制时应结合场站原有平面图，需标明方向图标、逃生路线及紧急集合点等。一般情况下图例位于四色图的右下角，但也可以根据四色图实际绘制情况，选取合适位置，确保四色图整体简洁、美观，如图 3-7 所示。

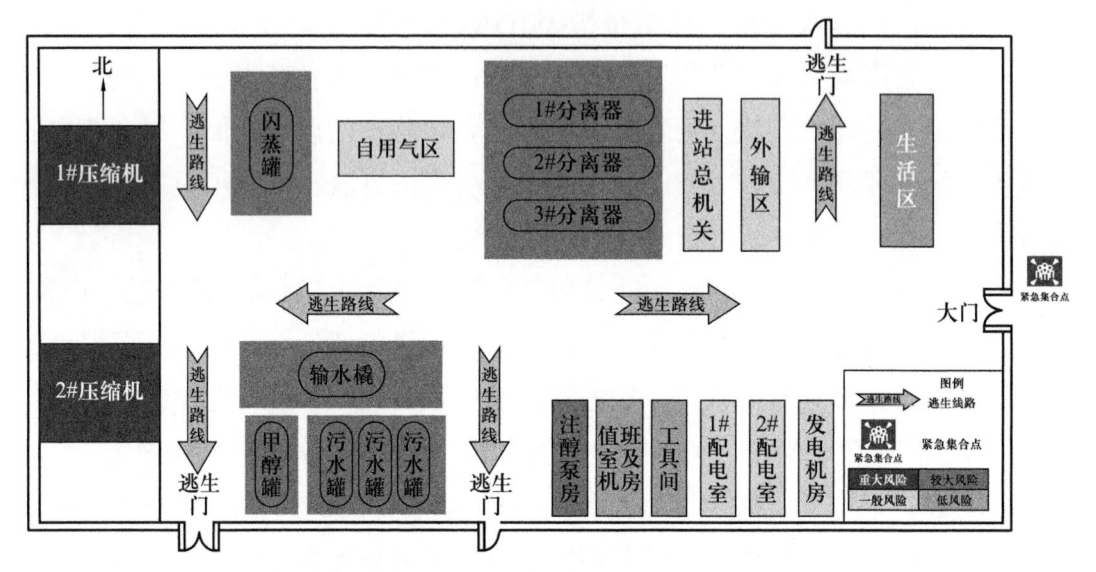

图 3-7 某集气站安全风险分布四色图

三、风险动态监控

企业应采取风险控制措施有效性监测、关键安全参数监测等技术手段，对装置设施具体风险事件的风险实施监控。特殊作业宜使用电子作业票、视频智能分析、人员定位、移动式气体泄漏检测、能量隔离等技术手段及其组合，对作业风险进行监控。较大以上固有风险装置设施应作为重点对象进行风险动态监控。

（一）控制措施有效性监测

企业应结合双防机制建设要求，将风险控制措施有效性监测融入隐患排查治理体系。企业应按照岗位责任制借助在线排查、定期检验检测活动等技术手段对风险控制措施有效性进行排查。

（二）风险动态监测预警

危险化学品企业宜根据风险清单，确定装置设施关键安全参数。关键安全参数包括以下类型：导致火灾爆炸或人员死亡工艺参数，高危设备的监控参数，可燃、有毒有害气体泄漏检测参数，安全联锁投用状态参数，油气储存设施特殊参数等。

（三）异常监测与分级预警

较大风险以上固有风险装置设施宜建立关键安全参数异常分级推送与处置机制，一般风险以下固有风险装置设施可根据自身情况建立分级推送与处置机制。企业也可根据风险可接受准则建立分级标准。接到异常信息的人员，应及时响应，将关键参数恢复到正常状态。对于泄漏异常信息，应判断形势，及时启动相关应急预案。

（四）装置设施风险动态监测

工艺参数异常引起的风险变化可根据参数偏离程度、管控措施完好性、潜在事故后果等因素，进行工艺风险动态监测。

设备状态参数异常引起的风险变化可利用设备腐蚀监测系统、大型机组及泵群状态监测系统、振动分析系统、密封监测系统等状态监测系统，进行设备风险动态监测。

泄漏事件引起的风险变化宜考虑物料危险性、泄漏速率、持续时间、气象条件、周边人口环境等因素进行后果影响（CEA）动态模拟分析。在无法取得相关数据时，可采用泄漏实时浓度指标、影响范围指标、持续时间指标等关键指标综合判断泄漏事件风险变化。

四、风险管控方案

为进一步加强和规范生产安全风险管控工作，有效遏制各类事故发生，企业应针对本单位重点管控风险编制安全风险管控方案，通过方案的编制、实施、评审和持续改进，落实责任、完善制度、健全管理，实现重点管控风险全过程、动态化管理，有效控制和减少事故的发生。

风险管控方案编制要注重系统性和可操作性，做到与上级管理部门风险管控方案相衔接、与本单位专项应急预案相衔接。各企业风险管控方案要与生产经营管理活动紧密结合，与现有安全管理制度进行对接，与深化QHSE管理体系建设和安全环保履职能力评估、基层站队标准化建设、提升应急处置能力等工作有机融合，适应企业安全管理现状，为企业生产经营安全平稳运行提供保障。风险管控方案内容如下。

（一）风险描述

描述企业生产安全风险，说明方案针对的具体风险类型和存在的区域、部位、地点或装置设备名称，以及事故发生的可能性、严重程度及影响范围等。

（二）管控目标

描述风险管控方案，具体说明要管控的企业生产安全风险及所达到的预期控制结果。目标要具体、可衡量、可分解、可实现。

（三）组织机构

根据具体的风险类型，描述风险管控组织机构及人员的具体职责。风险管控组织机构可以与相关专项应急预案中的应急指挥机构为同一机构。

（四）流程与责任

描述具体风险的管控流程，纵向上按照组织架构描述企业、基层单位、车间（站队）等各管理层级风险管控责任，横向上按照风险管控业务流程描述关键环节和节点的主管部门、配合部门及其风险管控职责，落实直线责任，做到责任归位。

（五）管控措施

根据风险管控需要，在制订管控措施时首先要采取消除风险措施，在不能消除的情况下采取降低风险措施，不能降低的情况下采取个体防护，从制度、技术、工程、管理措施及风险失控导致突发事件时的应急措施等方面制订并落实风险管控措施。

——制度措施。描述用于控制该风险的管理制度、管理程序、管理标准、作业指导书、操作规程等制度措施。

——技术措施。描述采用的监测预警、自动化控制，紧急避险、自救互救等信息化、自动化安全生产技术，以及用于降低风险的技术、工艺、设备、材料等。

——工程措施。描述风险管控所需采用的消除、隔离、防护等用于提升生产条件本质安全性和消除事故隐患的措施和手段。

——管理措施。描述用于管控非常规作业、变更管理、承包商等活动风险而采取的教育培训、作业许可、目视化管理、上锁挂牌、能力评估、监督检查、专项审核及个人劳动防护用品用具配备使用等管理措施，要明确措施实施的主管部门、配合部门及相关要求。

——应急措施。描述在风险失控且导致突发事件时，报告的程序、处置的方法及专项应急预案，要与企业现行应急预案衔接。

（六）实施保障

——明确风险管控方案实施所需资金、设备设施、管理及技术人员等资源，满足数量、质量和时间要求，保证风险管控方案的有效实施。

——明确风险管控方案实施的具体步骤、方式方法、时间进度等，并落实主管和配合等有关责任部门。

——要建立风险管控信息沟通交流机制，明确沟通交流的内容、方式、频次等。建立风险管控联席会议制度，牵头部门要定期组织召开相关部门和单位人员参加的专题会议，汇报工作开展情况、沟通相关信息、研究讨论实施过程中发现的问题。

——明确监督检查和持续改进的要求，以保证风险管控方案有效实施并达到预期目标。每年至少组织一次危害因素再辨识、风险管控能力再评估，同时组织重大危险源辨识和事故隐患排查，评审风险管控方案的可行性、适宜性，及时修订完善。

五、安全生产责任保险

安全生产责任保险是指保险机构对投保的生产经营单位发生的生产安全事故造成的人员伤亡和有关经济损失等予以赔偿，并且为投保的生产经营单位提供生产安全事故预防服务的商业保险。不影响参保的生产经营单位从业人员依法请求工伤保险赔偿的权利。

煤矿、非煤矿山、危险化学品、烟花爆竹、交通运输、建筑施工、民用爆炸物品、金属冶炼、渔业生产等高危行业领域的生产经营单位应当投保安全生产责任保险。安全生产责任保险的保费由生产经营单位缴纳，不得以任何方式摊派给从业人员个人。

(一) 投保与承保

生产经营单位投保安全生产责任保险的保障范围应当覆盖全体从业人员。安全生产责任保险的保险责任包括投保的生产经营单位的从业人员人身伤亡赔偿，第三者人身伤亡和财产损失赔偿，事故抢险救援、医疗救护、事故鉴定、法律诉讼等费用。

承保安全生产责任保险的保险机构应当具有相应的专业资质和能力，根据实际需要，鼓励保险机构采取共保方式开展安全生产责任保险工作。保险机构可以开发适应各类生产经营单位安全生产保障需求的个性化保险产品。

(二) 事故的预防

保险机构应当建立生产安全事故预防服务制度，在安全生产责任保险合同中约定具体服务项目及频次，鼓励安全生产社会化服务机构为保险机构开展生产安全事故预防提供技术支撑。协助投保的生产经营单位开展以下工作：

——安全生产和职业病防治宣传教育培训。
——安全风险辨识、评估和安全评价。
——安全生产标准化建设。
——生产安全事故隐患排查。
——安全生产应急预案编制和应急救援演练。
——安全生产科技推广应用。
——其他有关事故预防工作。

保险机构开展安全风险评估、生产安全事故隐患排查等服务工作时，投保的生产经营单位应当予以配合，并对评估发现的生产安全事故隐患进行整改；对拒不整改重大事故隐患的，保险机构可在下一投保年度上浮保险费率，并报告安全生产监督管理部门和相关部门。

(三) 理赔与激励

保险机构应当严格按照合同约定及时赔偿保险金，建立快速理赔机制，在事故发生后按照法律规定或者合同约定先行支付确定的赔偿保险金。生产经营单位应当及时将赔偿保险金支付给受伤人员或者死亡人员的受益人，或者请求保险机构直接向受害人赔付。生产经营单位怠于请求的，受害人有权就其应获赔偿部分直接向保险机构请求赔付。

同一生产经营单位的从业人员获取的保险金额应当实行同一标准，不得因用工方式、工作岗位等差别对待。各地区根据实际情况确定安全生产责任保险中涉及人员死亡的最低赔偿金额，每死亡一人按不低于30万元赔偿，并按本地区城镇居民上一年度人均可支配收入的变化进行调整。对未造成人员死亡事故的赔偿保险金额度在保险合同中约定。

安全生产监督管理部门应当将安全生产责任保险投保情况作为生产经营单位安全生产标准化、安全生产诚信等级等评定的必要条件，作为安全生产与职业健康风险分类监管，以及取得安全生产许可证的重要参考。

相关链接：定置管理

定置管理起源于日本，是以生产现场物品的位置为主要研究对象，使现场管理手段具体化和目标化。定置管理是高效率地组织运用空间和时间，使生产有条不紊、作业环境秩序井然的好方法。事实证明，定置管理是确保生产安全和提高现场安全管理水平的重要措施。

一、定置管理的目的

定置管理的目的是使生产者在尽量短的时间内，用尽量小的力气和最简单的动作，以尽可能低的投入制造出尽量多的质量较高的产品，而且不出人身伤亡事故。"定置"就是对一切物品都应合理地确定其固定位置。在工业生产中，定置就是对生产现场的人、机、物、环境的结合状态，进行作业分析和动作研究，使这些物品按照工艺和安全的需要，科学地固定在一定的位置。

"定置管理"就是对生产、作业现场的物品，进行科学的分析、设计、组织实施、调整，使生产作业现场的物品管理达到科学化、规范化、标准化的全过程，使人的操作定型，使物品放置定位。力求标准化，创造良好的劳动环境和条件，就会大大减少人的误动作，保证生产过程中的工作效率、产品质量和操作者的人身与设备安全。

改善生产现场中人、机、物的结合状态，实现企业管理科学化、规范化、系统化，向科学管理要安全、要质量、要效率、要效益。这种状态不但效率高，工作质量好，且人会处于一种动作规律化、标准化的状态，大大减少了出现误操作的可能性，从而人身伤害事故也就不易发生。

二、定置管理的对象

定置管理研究对象是生产过程中的人、机、物、作业环境及四者在生产活动中的相互关系，人（制造者）、机（机器设备）、物（原材料或半成品）、环（作业环境）结合得是否合理，主要取决于人、机、物三者在作业现场中所处的状态：

——A状态，表现为人与物处于能够立即结合并发挥效能的状态。例如，操作者使用的各种工具，由于摆放地点合理而且固定，当操作者需要时能立即拿到或做到得心应手。

——B状态，表现为人与物处于寻找状态或尚不能很好发挥效能的状态。例如，一个操作者由于现场杂乱或忘记了工具放在何处，结果因寻找而浪费了时间；又如，由于半成品散放在地上，加工时每次都需弯腰捡起来，既影响了工时，又提高了劳动强度。

——C状态，是指人与物没有联系的状态。这种物品与生产无关，不需要人去同该物结合。例如，生产现场中存在的已报废的设备、工具、模具，生产中产生的垃圾、废品、切屑等。这些物品放在现场，必将占用作业面积，而且影响操作者的工作效率和安全。

定置管理就是要根据工艺规程和人与机、物在生产现场的关系，通过作业分析、方法研究，深化工艺现场管理和安全生产现场管理，使生产的四要素（人、机、物、环）有机地结合，具体有以下任务：对生产现场中处于C状态的物品彻底清除；对B状态的物品进行整理，改善放置位置，使其达到A状态；使A状态的物品永久保持下去。

三、定置管理的原则

定置设计过程，就是工序分析、作业研究和方法研究的过程。使定置的机、物与操作者结合合理，使用方便，安全顺利。因此，生产过程中的定置设计应体现以下原则：

——作业场所的面积、安全通道、照明、通风条件、温度、湿度、人员密度和人与人、人与物、物与物的相互影响等，均应达到满足人的生理需要和生产需求的最佳状态。

——物品的定置应使操作最方便，使操作者的疲劳程度减小到最低限度并保证安全。

——消除作业者与物的结合处于寻找状态的状况，缩短或消除寻找物品的停滞时间。

——放置的物品要满足作业标准化的要求，做到有物必有区，有区必有牌。

——按生产工艺流程及顺序将零部件、工具、工位器具等可移物品进行定置。

——物品的定置要使环境给人以舒适、和谐、整齐的感觉，使操作者心情舒畅地进行工作。

总之，定置管理方法，以消除人的无效劳动和避免生产中不安全因素为主，达到安全生产、提高生产效率和产品质量的目的。

四、定置管理的技法

现场物品的定置不是把物拿来定一下位置就行了，而是要进行详尽的现场分析，进行作业研究和动作研究之后，才能对工作现场所有物品进行定置。主要通过如下技法调整物品的位置，改善作业环境，改善人与物、人与场所、物与场所的相互关系，达到人、机、物、环的有机结合。

——方法研究。对生产、工作、工序的全过程进行分析、研究，从而确定合理的工艺路线、搬运路线，实现人、机、物、环一体化。

——作业研究。通过对作业者的分析、班组作业的分析、人和机器匹配的分析，研究作业者的工作效率，去掉作业中的不合理状态，消除人和物结合不紧密的状态，确定物品定置标准化，使人与物紧密结合。

——动作研究。研究作业者的动作、操作方式，分析人与物的结合状态，把动作分解到细微阶段，取消操作者不合理的动作，实现合理的人、机、物结合，使作业标准化，使物品定置标准化。

——开展各工序分析。搬运的分析，包括搬运的方法、搬运的手段和搬运的条件；停滞的分析，包括储藏、保管、停滞的状态，保管手段（容器的配置、货架配置），有无积压等；对人的分析，迟慢状态原因，人有何不适宜动作并加以改善；质量分析，包括返修品、废品、不良品与加工品关系的分析，有无混淆现象；场所分析，研究环境能否满足生产对象和人的生理需要，并加以改善，防止能量突发转移造成事故。

五、定置管理的设计

定置管理设计，就是对各种场地（厂区、车间、仓库）及物品（机台、货架、箱柜、工位器具等）如何科学、合理定置的统筹安排。定置管理设计主要包括定置图设计和信息媒介物设计。

定置图设计。定置图是对生产现场所在物进行定置，改善场所中人与物、人与场所、物与场所相互关系的综合反映图。其种类有区域定置图，车间定置图，各操作区定置图，仓库、资料室、工具室、计量室、办公室等定置图和特殊要求定置图（如工作台面、工具箱内，以及对安全、质量有特殊要求的物品定置图）。定置图绘制的原则有：

——现场中的所有物均应绘制在图上，准备清理的无用之物不得在图上出现。

——定置图绘制以简明、扼要、完整为原则，物形为大概轮廓、尺寸按比例，相对位置要准确，区域划分清晰鲜明；

——定置图应按定置管理标准的要求绘制，定置物可用标准信息符号或自定信息符号进行标注，随着定置关系的变化而进行修改。

信息媒介物设计包括信息符号设计和示板图、标牌设计，以便人们形象地、直观地分析问题和实现目视化管理。各个企业应根据实际情况设计和应用有关信息符号，如有国家规定的（如安全、环保、搬运、消防、交通等）应直接采用国家标准。其他符号企业应根据行业特点、产品特点、生产特点进行设计，设计符号应简明、形象、美观。定置示板图是现场定置情况的综合信息标志。标牌是指示定置物所处状态、标志区域、指示定置类型的标志。它们都是实现目视化管理的手段。示板图和标牌的底色宜选用淡色调，图面应清洁、醒目且不易脱落。

六、定置管理的实施

定置实施是理论付诸实践的阶段，也是定置管理工作的重点。其包括以下三个步骤。

（一）清除与生产无关之物

生产现场中凡与生产无关的物，都要清除干净。清除与生产无关的物品应本着厉行节约的精神，能转变利用便转变利用，不能转变利用时，可以变卖，化为资金。

（二）按定置图实施定置

各车间、部门都应按照定置图的要求，将生产现场、器具等物品进行分类、搬、转、调整并予定位。定置的物要与图相符，位置要正确，摆放要整齐，贮存要有器具。可移动物，如推车、电动车等也要定置到适当位置。

（三）放置标准信息名牌

放置标准信息名牌要做到牌、物、图相符，设专人管理，不得随意挪动。要以醒目和不妨碍生产操作为原则。总之，定置实施必须做到有图必有物，有物必有区，有区必挂牌，有牌必分类，按图定置，按类存放，账（图）物一致。

第四章　事故隐患排查治理

企业是安全环保隐患排查治理的责任主体，应当统筹发展和安全，坚持"以人为本、质量至上、安全第一、环保优先"的管理理念，保障生产作业人员、装置设备设施、物料介质、生产作业环境、管理制度规程等满足国家法律法规和标准规定的安全环保条件，依法依规履行安全环保隐患排查和治理的主体责任和义务。

第一节　基本原则与职责

任何组织和个人发现事故隐患，均有权向各级安全管理部门和相关部门报告。各级安全管理部门接到事故隐患报告后，应当按照职责分工立即组织核实并予以处理；对于及时发现、上报、处置事故隐患，避免事故发生的组织和个人应予以适当奖励。隐患治理的完成情况与各部门和单位绩效挂钩，严格考核与兑现。构成重大、较大隐患的按如下相关规定和要求进行问责。追究事故隐患排查治理过程中履职不力、失职失责的领导干部、管理人员和岗位员工的领导责任、监管责任、属地责任。

一、遵循基本原则

安全环保隐患排查治理应当坚持以下原则。

（一）源头预防

从生产经营计划和作业任务部署、资源配置、组织管理，以及项目和设备设施布局选址、设计论证、标准选用、法规适用、材质和设备选型、质量控制、"三同时"、运行维护等方面全面落实风险和隐患的预防措施，提高本质安全水平、清洁生产能力和风险防范能力。

（二）系统排查

对照法律法规和相关标准规范及管理要求，全面系统排查各类生产设备设施、工艺技术、作业行为、管理活动和制度程序方案等方面的安全环保隐患，并建立隐患清单。

（三）综合治理

对排查出的隐患综合采取管理、技术、工程等治理措施，及时控制风险、消除隐患、严防隐患导致事故。把隐患治理不及时不到位按照重大隐患对待。

（四）统筹投入

坚持投入优先，统筹使用成本费用、专项费用、折旧等资金，统筹使用资本化和费用化方式治理隐患，统筹使用隐患治理投资和业务投资治理隐患，优先并全面保障隐患治理投入到位。

（五）分级督办

结合隐患危害程度和治理难度、隐患治理项目级别等，各级单位分别对有关隐患治理工作进行分级督办，确保隐患治理进度和效果。

企业应当通过数字化、智能化等技术手段及时预防和发现各类安全环保隐患，将安全环保风险监测预警和隐患排查治理等功能融入数字化建设和智能化发展相关生产运行管理系统，"一体两面"统筹推进，系统实施。

二、相关安全职责

（一）企业安全职责

企业是本单位安全环保隐患排查治理的责任主体，主要履行以下职责：

——落实国家安全环保隐患排查治理要求和安全环保隐患排查治理制度，建立健全隐患排查治理管理制度，落实全员隐患排查、报告、处置和有关奖励工作机制。

——定期与不定期开展隐患排查，及时预防、发现、监控并消除隐患，如实记录、统计、分析、通报、报告隐患排查和治理情况。

——编报年度隐患治理项目投资建议计划，负责权限范围内隐患治理项目界定、审查、审批、治理实施、效果评价、验收、销项和项目后评价工作。坚持投入优先，统筹使用年度业务投资、隐患治理投资和有关费用化资金，优先保障隐患治理投入到位。

——负责隐患治理项目的过程管理，保障治理项目符合有关质量健康安全环保、工作进度、治理目标等管理要求，及时报告、更新项目进展信息。

（二）其他安全职责

企业主要负责人是本单位安全环保隐患排查治理工作的第一责任人，负责组织建立并落实隐患排查治理工作机制，坚持安全投入优先，对本单位因隐患治理不及时、投入不足导致的后果承担责任。

企业应当明确本单位规划计划、财务预算、生产运行、工艺技术、机动设备、工程建设和安全环保等职能部门的安全环保隐患管理工作职责，落实隐患排查治理的直线管理责任和综合监督管理责任。

企业将建设（工程）项目、场所、设备设施、土地等进行外包、出租时，应当在安全生产（HSE）合同或者有关合同条款中明确各相关方的隐患排查和治理责任、投入方式和治理方案等，并监督管理承包、承租单位的隐患排查治理工作。不得出租、承租存在重大隐患的设备设施、场所等。

第二节　隐患排查和评估

生产安全事故隐患（以下简称"安全隐患"）是指不符合安全生产法律法规、规章、标准、规程和安全生产管理制度等规定，或者因其他因素在生产经营活动中存在可能导致事故发生或者导致事故后果扩大的物的不安全状态、人的不安全行为和管理上的缺陷。对于未形成安全隐患但存在危害发生可能性和后果的安全风险，按照生产安全风险管控管理要求执行。

一、隐患分级标准

依据国家有关规定并结合企业实际，按照危害大小、治理难度、影响程度等因素，安全隐患分为重大隐患、较大隐患和一般隐患三级。

（一）安全隐患分级

（1）重大隐患，是指危害大、可能直接导致生产安全亡人事故、着火爆炸事故，或者间接导致较大及以上生产安全事故且治理难度大，需要全部或者局部停产停业或者监控运行且需经过一定时间专项治理的安全隐患。包括因系统性管理缺陷所形成的安全隐患，省级及以上政府或者国家部委通报或者总部督办的安全隐患，长期未得到有效治理的安全隐患，以及危害大的安全生产违法违规和违章行为。

（2）较大隐患，是指存在较大危害，可能直接导致生产安全事故（包括人身伤害、危险介质泄漏、火灾爆炸等，下同），或者间接导致生产安全亡人事故、着火爆炸事故，治理难度较大或者无法及时治理的安全隐患。包括因专业管理缺陷所形成的安全隐患，地方政府有关部门通报或者专业公司督办的安全隐患，以及危害较大的安全生产违法违规和违章行为。

（3）一般隐患，是指隐患发生部位较为单一，危害不大，一般不会直接导致生产安全事故，且发现后能够及时完成治理并予以消除的安全隐患，包括危害不大的个别不安全行为或者管理缺陷。

重大隐患按照国家行业主管部门有关重大隐患具体判定情形确定或者有关行业管理要求认定，较大隐患按照有关较大隐患具体判定情形确定或者有关管理要求认定。没有具体判定情形的安全隐患按照隐患级别定义进行认定。

（二）环保隐患分级

环境安全隐患（以下简称"环保隐患"），是指可能导致或引发突发环境事件和生态环境违法违规事件的不合规的行为、管理上的缺陷、生产工艺和设施的不完善或者危险状态。环保隐患分为重大生态环境隐患和一般生态环境隐患。

（1）重大生态环境隐患：是指危害或者影响较大，可能引发一般A级及以上突发环境事件或者生态环境违法违规事件的隐患，包括中央生态环境保护督察、全国人大或者国务院及其相关部委专项检查发现的问题或者其他由集团总部督办的隐患；情况复杂，短期内难以完成治理并可能造成环境危害的隐患；长期未得到整改的一般生态环境隐患。

（2）一般生态环境隐患：是指危害较小，不足以构成一般A级以上环境事件的隐患，或者无须专门立项或者在本单位即可自行解决的隐患。

二、隐患排查要求

隐患排查是对风险管控措施落实的有效性和生产过程中产生的隐患进行检查、监测、分析的过程。企业应当定期开展安全环保事故隐患排查工作，对排查出的事故隐患进行登记、评估，按照事故隐患等级建立事故隐患信息档案，并按照职责分工实施监控治理。

（一）隐患排查形式

安全环保隐患排查形式包括日常隐患排查、专项（专业）隐患排查和综合性隐患排查，以及重点时段排查、事故事件类比排查、外聘专家诊断式排查和抽查等。其中专项（专业）安全隐患排查、综合性安全隐患排查应当制订工作计划或者实施方案，明确人员和组织方式，并对发现的隐患建立清单。

日常隐患排查应当涵盖所有基层岗位，可与日常管理、岗位责任落实相结合；专项（专业）隐患排查应当针对具体业务、专业领域、生产场所、特定风险等开展；综合性隐患排查应当涵盖所有主要生产经营业务（场所）和重点风险领域，可与QHSE管理体系审核或者安全环保检查等工作相结合。

（二）隐患排查方法

安全隐患排查应当对照有关法律法规、标准规范和管理制度，结合实际选用现场观察沟通与验证、安全检查表（隐患排查表）、工作前安全分析（JSA）、危险与可操作性分析（HAZOP）、故障树分析（FTA）、事件树分析（ETA）等方式方法。

环保隐患排查应当对照国家和地方有关生态环境保护法律法规、标准规范，以及《生态环境隐患排查治理实施规范》（Q/SY 08015）等要求，采取对标方式进行排查。

（三）隐患排查频次

开展安全隐患排查应当至少满足以下频次：

（1）基层岗位员工应当开展上岗前安全检查和日常巡检巡查，严格按规程生产作业，预防并及时发现、报告安全隐患。

（2）基层班组应当至少每周开展一次综合性或者专业（专项）隐患排查。

（3）基层站队（车间）应当至少每月组织一次综合性或者专业（专项）隐患排查。

（4）下属二级单位、相关业务主管部门每季度至少组织一次综合性或者专业（专项）隐患排查。

（5）企业至少每半年开展一次企业级综合性隐患排查。

（6）对"两重点一重大"装置、工艺和特种设备等按照法定周期或者特定频次组织专项（专业）隐患排查。

（四）针对性隐患排查

发生下列情况之一时，企业应当及时开展针对性的安全隐患排查：

（1）国家颁布与所属单位业务相关的法律法规、标准规范，国家行业主管部门出台有关重大隐患判定标准、管理制度，或者原有适用法律法规、标准规范、管理制度重新修订后。

（2）区域位置、物料介质、工艺技术、设备、电气、仪表、公用工程或者操作参数、外部环境等发生重大变化时。

（3）夏季、汛期、冬季等时段或者所在地区发生重大气候变化时，以及特殊敏感时段、重要节日前和复工复产前。

（4）发生事故事件或者获取与本单位业务相关的事故事件信息后。

（5）国家或者地方出台与本单位业务相关的安全生产专项整治任务，以及开展重点领域安全生产专项整治时。

（6）企业进行重大改革调整、组织机构发生重大变化时。

（7）企业将存在安全风险的设备设施物料场所等对外出租、出借、出售前，或者租用、借用、收购外部设备设施物料场所等用于生产经营活动时。

（五）环保隐患排查

环保隐患排查频次按《生态环境隐患排查治理实施规范》（Q/SY 08015）执行。发生下列情况之一的，所属单位应当及时开展环保隐患排查：

（1）国家和地方颁布新的生态环境保护法律法规、标准规范，或原有适用法律法规、标准规范重新修订。

（2）国家和地方出台新的生态环境保护重大决策、重点任务及工作要求。

（3）排污许可证证载内容发生变更。

（4）有新建、改建、扩建项目的。

（5）突发环境事件风险物质发生重大变化导致突发环境事件风险等级发生变化。

（6）生产废水系统、雨水系统、清净下水系统、事故排水系统发生变化。

（7）废水总排口、雨水排口、清净下水排口与水环境风险受体连接通道发生变化。

（8）周边大气和水环境风险受体发生变化。

（9）季节转换或者发布气象灾害预警、地质地震灾害预报。

（10）生态环境事件发生后或者本地区其他同类企业发生突发环境事件。

（11）发生火灾爆炸或者危险化学品泄漏生产安全事故，或者发生自然灾害。

（12）复工复产前。

对于因季节性自然灾害可能导致安全环保事故事件的隐患，企业应当及时实施针对性隐患排查和管控、应急处置等措施；在接到有影响的自然灾害预报预警时，应当向相关单位和场所及时发出预警通知；发生自然灾害可能危及所属单位人员安全时，应当采取撤离人员、停止作业、强化监测等措施，并及时向地方政府和上级有关部门报告。

三、隐患告知监控

（一）建立隐患清单

各级单位对排查出的安全环保隐患应当结合隐患等级定义、具体情形判定标准和风险接受程度等因素进行综合评估，合理确定隐患等级，建立隐患清单，通告相关单位和人员，提出整改措施和建议。

（二）隐患报告统计

对发现的隐患应当及时告知有关岗位人员和相关方，并明确在紧急情况下采取的应急措施。安全生产重大隐患应当及时报告所属单位主要负责人和有关负责人，所属单位应当及时处理，并将有关情况按规定向政府负有安全生产监督管理职责的部门报告。

安全隐患清单、重大环保隐患清单应当及时录入 HSE 管理信息系统或者指定的有关信息系统。应当按月度、季度、年度等定期对本单位隐患排查治理情况进行统计分析，并按照有关规定进行报告。

（三）隐患监控措施

企业应当对排查发现的隐患及隐患形成的原因立即组织整改，并应在防范措施实施和隐患消除前落实隐患监控措施。隐患监控措施应当结合隐患等级制订，一般包括以下内容：

（1）存在隐患的生产装置、设备设施安全运行的条件。
（2）对存在隐患的生产装置、设备设施及关联设备设施的监测检查要求。
（3）针对潜在危害及影响的防范控制措施。
（4）紧急情况下的应急处置方案并实施演练。
（5）监控责任分工和现场巡查要求等。

企业应当对实施隐患监控的生产装置、设备设施、场所、区域、部位等采取必要的隔离措施，并设置明显的警示标志，标明隐患等级、危险程度、治理责任人、期限及应急措施等信息。

（四）分级监控原则

对安全隐患监控实行分级管理，基本分级原则如下：

（1）一般隐患应当立行立改，无法立即消除且可能造成升级的一般隐患，由隐患所在基层班组、站队负责监控，由基层单位负责督办落实。
（2）较大隐患由隐患所在基层单位负责监控，由二级单位负责督办落实。
（3）重大隐患由隐患所在二级单位负责监控，企业负责督办落实。

企业可结合隐患状态和管理实际进行隐患监控分级调整。

四、隐患治理要求

隐患治理是消除或控制隐患的活动或过程。隐患治理的方式方法是多种多样的，"白猫黑猫"方法在企业实际治理隐患的工作中是特别适用的，因为企业必须考虑成本投入，需要最小代价取得最适当（不一定是最好）的结果。很多情况下，隐患治理很难彻底消除隐患的存在，更多的是将其风险降低到企业可以接受的程度，当然前提必须是遵守法律法规和标准规范的规定。可以这样说，"最好"的方法不一定是最适当的，而最适当的方法一定是"最好"的。

（一）基本要求

企业对排查发现的所有隐患均应分析原因，及时采取适当的治理措施消除隐患，防止隐患酿成事故。在隐患消除前，应当采取管理、技术等防范措施降低隐患导致事故事件发生的风险。

对能直接威胁人员生命安全或者可能导致着火、爆炸、人员中毒、窒息、坠落、易燃易爆高温高压有毒有害介质泄漏等情况发生的安全隐患，必须立即停止人员进入现场，落实隔离、监控、整改等措施。

对于本单位拒不按要求及时采取防范、治理措施的安全生产重大隐患、较大隐患，各级安全生产管理人员和员工应当及时向有关上级单位报告，对安全生产重大隐患可以向政府负有安全生产监督管理职责的部门报告。

重大隐患全面受控或者消除前，任何个人和单位不得违规冒险指挥生产和作业。无法立即整改的重大隐患，应当及时调整生产和作业方案，通告相关风险，综合采取隔离限流、降压降荷、停产停工等防范措施。

对安全生产违法违规行为、人的不安全行为和日常管理缺陷形成的隐患应当立即予以纠正，经验证后予以销项。构成重大隐患的，应当制订并落实专项治理方案。

（二）治理措施

对物的不安全状态形成的隐患应当结合实际综合采取管理、技术、工程等治理措施。常用治理措施包括：

（1）管理措施，包括增加人员个体防护，减少人员接触，开展人员培训教育，增加巡检频次，优化运行状态，调整物料数量，调整作业工序，制订应急预案并强化应急准备等。

（2）技术措施，包括实施物理隔离和能量隔离，设置或者强化安全屏障，实施自动化生产、远程化作业，调整工艺技术参数，降低物料危险性，增加安全冗余和回路，实施监测监控、预警及连锁等。

（3）工程措施，通过实施安全环保技术改造、更新、替换等工程治理方式消除隐患。

（三）治理方案

根据隐患的危害及影响程度、治理难度和当前管控措施等综合因素，将安全环保隐患治理项目分为重大、较大和一般等三个等级。企业对重大隐患应当及时制订并落实治理方案。重大隐患或者重大项目的治理方案应当满足治理措施、责任、资金、时限和预案"五到位"要求。治理方案一般包括以下内容：

（1）隐患基本情况，包括隐患部位、现状、构成依据，当前应急措施和治理的必要性。

（2）治理的目标、任务和预期效果。

（3）治理采取的技术方法和措施。

（4）治理资金的来源和保障。

（5）负责治理工作的单位（部门）和负责人，督办人。

（6）治理的时限和要求。

（7）治理过程的主要安全风险及控制措施等。

（四）分级督办

企业应建立隐患治理项目分级督办工作机制，分级负责组织治理、督办和验收销项。隐患治理项目督办内容一般包括：

（1）项目实施前的风险防范措施落实情况。

（2）项目前期准备、有关"三同时"审批及落实情况。

（3）项目治理资金、投资计划等落实和实际使用情况。

（4）项目实施进展及进度。

（5）存在的主要问题和下步安排。

（6）治理效果验收及固定资产转资等。

费用化隐患治理项目（是指治理投入资金可一次性计入所属单位当期损益

的项目)应当及时开展、及时完成,一般不得跨年度,期限最长不得超过12个月。费用化安全隐患治理支出应当优先从计提安全生产费用中列支,不足部分从成本(费用)中列支。

(五)隐患销项

企业应当多渠道筹集隐患治理资金,统筹使用费用、投资等方式实施治理。对于突发性、紧急性的隐患治理和应急处置支出,可先安排资金,后履行有关程序。

严格落实隐患治理过程的安全生产监督管理责任,确保隐患治理过程安全风险受控。隐患治理项目实施完成后,由所属单位及时组织治理效果验收,验收通过后的项目应当在隐患治理项目清单中及时销项。项目竣工验收根据项目管理权限按照有关规定实施。

因重大隐患被地方政府责令停产停业治理的,所属单位应当组织治理效果评估,符合安全生产条件的,按规定向原作出处罚决定的行政机关提出隐患销项和恢复生产的书面申请,经批准后方可恢复生产经营。

五、资本化治理项目

资本化隐患治理项目是指通过工程、安全环保技术改造或者对存在隐患的生产设备设施进行更新等方式来消除隐患,并形成企业资产和资本性支出的隐患治理项目。

(一)基本要求

企业应当根据国家安全环保隐患排查治理重点要求、隐患危害及影响程度、当前防范措施及治理条件、项目准备情况等综合因素,合理统筹安排资本化隐患治理项目,分类分级建立并动态更新隐患治理项目清单。

资本化隐患治理项目应当针对具体装置、设备、设施、场所等具体隐患,明确隐患构成的原因和依据,确定治理内容,科学合理测算投资需求。资本化隐患治理项目按照投资管理相关规定履行相应的管理程序。

按照投资管理规定及时开展资本化隐患治理项目的前期准备,包括必要的风险评估、可行性研究、初步设计、治理方案等。对于突发性、紧急性的资本化隐患治理项目可先行治理，并及时报备有关部门，再补办有关手续。

资本化隐患治理项目应当落实治理资金来源，包括有关专项费用、折旧、贷款等。其中安全隐患治理项目优先使用计提安全生产费用资金。年度隐患治理投资计划应当专项使用，不得挪用，且当年有效、不结转至下年使用。

（二）适用范围

企业应当严格界定资本化隐患治理项目，不得以管控风险和治理隐患的名义，使用隐患治理投资开展业务投资和相关"搭车"项目。下列项目不应使用资本化隐患治理投资：

（1）费用化隐患治理项目。

（2）以提高产能、效益或者优化管理效能等为主要目的的新改扩建项目（工程）。

（3）以提高产能、效益或者优化管理效能等为主要目的的生产设备设施主体部件的更新购置、技术改造、升级换代。

（4）生产设备设施正常折旧或者达到使用年限强制报废而全部或者主体部件的更新购置、技术改造、升级换代。

（5）因国家产业政策调整或者技术标准升级导致的批量生产设备设施须限期完成的技术改造、升级换代、退出淘汰等。

（6）新改扩建项目（工程）的安全环保"三同时"设施，以及新改扩建项目（工程）投产3年内的资本化隐患治理。

（7）生产装置设施日常维护、保养和周期性大检修。

（8）楼堂馆所、专业技术用房和公共用房等房屋建筑的维修、改造等（燃气、危险化学品、消防、安全防护和应急等形成固定资产的专用设施的专项改造除外）。

（9）通过管理措施能够有效控制的安全风险，或者经评估不会直接导致生产安全事故、能够有效控制风险的隐患。

（10）无明确隐患构成依据或者与隐患无直接关联的项目。

为优化生产和管理效率、改善安全条件、提高风险管控能力等开展的有关改造、升级、更新、数智化建设等投资项目应当从业务发展总投资中统筹解决，以持续提高本质安全水平。

相关链接：小马过河的启示

一、小马过河的故事

马棚里住着一匹老马和一匹小马。有一天，老马对小马说："你已经长大了，能帮妈妈做点事吗？"小马连蹦带跳地说："怎么不能？我很愿意帮您做事。"老马高兴地说："那好哇，你把这半口袋麦子驮到磨坊去吧。"小马驮起麦子，飞快地往磨坊跑去。跑着跑着，一条小河挡住了去路，河水哗哗地流着。小马为难了，心想：我能不能过去呢？如果妈妈在身边，问问她该怎么办，那多好哇！

他向四周望望，看见一头老牛在河边吃草。小马嗒嗒嗒跑过去，问道："牛伯伯，请您告诉我，这条河，我能蹚过去吗？"老牛说："水很浅，刚没小腿，能蹚过去。"小马听了老牛的话，立刻跑到河边，准备蹚过去。突然，从树上跳下一只松鼠，拦住他大叫："小马，别过河，别过河，河水会淹死你的！"小马吃惊地问："水很深吗？"松鼠认真地说："深得很呢！昨天，我的一个伙伴就是掉进这条河里淹死的！"小马连忙收住脚步，不知道怎么办才好。他叹了口气，说："唉！还是回家问问妈妈吧！"

小马甩甩尾巴，跑回家去。妈妈问："怎么回来啦？"小马难为情地说："一条河挡住了，我……我过不去。"妈妈说："那条河不是很浅吗？"小马说："是啊！牛伯伯也这么说。可是松鼠说河水很深，还淹死过他的伙伴呢！"妈妈说："那么河水到底是深还是浅？你仔细想过他们的话吗？"小马低下了头，说："没……没想过。"妈妈亲切地对小马说："孩子，光听别人说，自己不动脑筋，不去试试，是不行的。河水是深是浅，你去试一试就会明白了。"

小马跑到河边，刚刚抬起前蹄，松鼠又大叫起来："怎么，你不要命啦！"小马说："让我试试吧。"他下了河，小心地蹚了过去。原来河水既不像老牛说的那样浅，也不像松鼠说的那样深。

二、带来的安全启示

从这则寓言故事中我们可以体会到，河水的存在挡住了小马的去路，这对小马来说是一种危害因素，是一种客观存在的、可能被河水淹溺的危险，蹚水过河的风险是否可接受，取决于不同动物的自身条件和主观判断，每种动物的大小不同，决定了它们对这种风险的可接受程度。老牛和松鼠的体形大小，决定了它们两个对过河风险大小认知的不同。

由此，大家可进一步去体会危害因素、危险与风险之间的区别和联系。危害因素和危险都是一种客观存在，可以用"有"和"无"判断；而风险对危害因素能量大小、管控程度的一种主观评价，可以用"高低"或"大小"来评判，风险具有不确定性，随时间、地点、环境、受体（人或物）等的不同而不同。

第三节　重大与较大隐患判定标准

为准确判定并及时整改生产安全事故隐患，有效防范生产安全事故，依据国家有关法律法规和标准规范，编制了中国石油《重大及较大生产安全事故隐患判定标准》，包括 1 个重大生产安全事故隐患判定标准、1 个较大生产安全事故隐患通用判定标准，以及石油天然气开采、炼化新材料、成品油销售、天然气销售、油田技术服务、工程建设等 6 个专业的较大生产安全事故隐患判定标准。

一、判定标准应用原则

各企业要认真对照国家和中国石油的生产安全事故隐患判定标准，组织开展隐患排查工作，按要求跟踪隐患整改进度，确保事故隐患按期完成整改销项。及时将隐患排查结果录入 HSE 信息系统隐患管理相应模块，路径：综合管理—监督检查管理—安全专项检查—安全专项检查记录。

（一）重大隐患判定标准

《重大生产安全事故隐患判定标准》共 20 条，是根据国家法律法规、相关行业重大事故隐患判定标准（准则、方法）及评估细则（指南）等文件，总结归纳形成的，主要包括资质管理、责任制、重点环节、管控措施等方面的通用内容，对于特种设备、防雷、火灾、交通等内容，因国家已发布相应重大事故隐患判定标准，未重复摘录到判定标准中。

对于重大生产安全事故隐患，首先要严格按照国家发布的相关行业重大事故隐患判定标准进行判定。在此基础上，按照中国石油《重大生产安全事故隐患判定标准》进行补充判定。

（二）较大隐患判定标准

《较大生产安全事故隐患判定标准（通用部分）》共12条，对照相关行业重大事故隐患判定标准进行了核对修改，主要包括责任规程、关键措施、处置疏散等方面的通用内容。

对于较大生产安全事故隐患，按照《较大生产安全事故隐患判定标准（通用部分）》和6个专业较大生产安全事故隐患判定标准配套使用。

（三）一般隐患判定标准

对于一般生产安全事故隐患，要认真对照国家、行业和中国石油相关事故隐患判定标准，依据规章制度和标准规范，修订完善本单位事故隐患判定标准。

各单位要及时搜集总结重大及较大事故隐患判定标准的使用经验并反馈意见建议，持续更新完善重大及较大事故隐患判定标准。要鼓励员工报告事故隐患、提出整改的合理化建议，建立并落实事故隐患报告奖励机制。各级组织应按照制度规定，加强对生产安全事故隐患排查治理工作的监督管理，对于不按规定开展隐患排查、治理不到位的有关单位和人员，按照事故隐患问责管理制度严肃问责。

二、重大隐患判定标准

依据国家有关安全生产法律法规、部门规章、标准规范，以及中国石油相关规定，以下情形应当判定为重大生产安全事故隐患：

（1）生产经营单位未取得安全生产许可证等有效许可证从事生产经营活动。

（2）主要负责人、安全生产管理人员未依法经考核合格、特种作业人员未持证上岗及其他未按法律法规要求取得有效资质证书。

（3）未建立与岗位相匹配的全员安全生产责任制；未建立安全风险分级管控和隐患排查治理双重预防工作机制；未建立重大危险源安全包保责任制。

（4）建设项目安全设施未按规定与主体工程同时设计、同时施工、同时投入生产和使用。

（5）将项目发包给不具备安全生产条件或相应资质的承包商；将承包的工程进行转包、违法分包；使用纳入"黑名单"的承包商。

（6）两个及以上生产经营单位在同一作业区域内进行可能危及对方安全的生产经营活动，未签订安全生产管理协议或未指定专职安全管理人员进行安全检查与协调。

（7）未建立作业许可管理制度；特殊作业未按规定办理作业许可，现场风险管控措施严重缺失，作业期间无监护人或者监护人未经专项培训合格。

（8）未建立变更管理制度；涉及重大危险源、重点监管危险化工工艺的生产装置和储存设施，原料、工艺路线等方面发生的变更未履行变更管理手续；储罐变更储存介质但未履行变更管理手续。

（9）涉及"两重点一重大"的生产装置、储存设施外部安全防护距离不符合国家标准要求。

（10）使用国家明令禁止或淘汰的工艺、设备；关键工艺控制指标不符合设计要求；未按照关键工艺控制指标操作；关键工艺指标的报警、联锁失效；关键工艺报警未及时处置。

（11）安全联锁摘除未履行审批手续；履行了手续但未进行安全风险分析、未制订落实安全风险管控措施；安全联锁摘除未及时恢复。

（12）涉及可燃和有毒气体泄漏的场所未按国家标准设置可燃气体探测、有毒有害气体探测、火灾探测等检测报警装置或者紧急关断系统，擅自关闭系统或者系统主要功能失效。

（13）构成一级、二级重大危险源的危险化学品罐区未实现紧急切断功能；涉及毒性气体、液化气体、剧毒液体的一级、二级重大危险源的危险化学品罐区未配备独立的安全仪表系统；紧急切断系统、安全仪表系统未投入使用。

（14）油气储罐超温、超压、超液位操作，泄压排放系统加盲板，向油气储罐或与储罐连接管道中直接添加性质不明或能发生剧烈反应的物质，内浮顶储罐运行中浮盘落底；储罐区防火堤出现塌陷，或管道穿过防火堤处，未使用非燃烧材料封实。

（15）涉及易燃易爆、剧毒介质的设备、管道及管件带"病"运行，管道壁厚腐蚀减薄至不符合设计要求继续运行；近 3 年管道线路因本体缺陷或腐蚀穿孔发生 2 次及以上泄漏情况未开展全面检测及整改的。

（16）未按国家标准分区分类储存危险化学品；超量、超品种储存危险化学品；相互禁配物质混放混存。

（17）液化烃、液氨、液氯、氟化氢等易燃易爆、有毒有害液化气体的充装未使用万向管道充装系统；液化烃、压缩天然气槽车充装系统未按标准安装紧急切断阀或防脱拉断阀；全压力式液化烃球罐未按国家标准设置注水措施。

（18）爆炸危险场所未按国家标准安装使用防爆电气设备。

（19）地区架空电力线路穿越危险化学品生产装置区、油气场站且不符合国家标准要求；化工生产装置未按国家标准要求设置双重电源供电；自动化控制系统、可燃和有毒气体检测报警系统未设置不间断电源。

（20）未制订生产安全事故应急救援预案，未定期组织演练。

各单位要在严格遵守国家发布的相关行业重大事故隐患判定标准的基础上，执行上述判定标准。

三、较大隐患判定标准（通用）

依据国家有关安全生产法律法规、部门规章、标准规范及中国石油相关规定，以下情形应当判定为较大生产安全事故隐患：

（1）业务部门未按照"管行业必须管安全、管业务必须管安全、管生产经营必须管安全"原则落实安全责任。

（2）操作规程未经审批发布，主要作业内容与实际不符或者缺失；未对岗位员工进行操作培训，未执行操作规程。

（3）工艺、设备、关键岗位人员变更未履行程序，且未构成重大隐患。

（4）对国家、地方政府和中国石油检查发现的事故隐患未按要求进行整改。

（5）非特殊作业的电气作业，未执行电气工作票和操作票制度，无票操作、无票作业、安全措施未落实和超范围作业。

（6）带压作业未进行测厚、无法有效阻止材料裂纹继续扩展、结构和材料的刚度及强度不满足安全要求、保障措施未有效落实等情况仍进行作业；在毒性程度为极度危害介质的设备、管线上进行带压作业。

（7）未执行工艺防腐规定或者未定期测厚检测。

（8）未及时获取化学清洗、钝化、防腐等作业过程中药剂的组分，危害识别不全。

（9）长输管道的输油站、输油管道未设置紧急停车系统；输油管道未设置超压保护、水击超前保护，且未构成重大隐患。

（10）未根据油气长输管道人员密集型高后果区识别结果、评价检验结论制订风险管控措施，高后果区未进行实时视频监控；油气长输管道交叉处或管道中心线两侧 5m 内的施工活动未纳入第三方施工管理程序，未按照要求办理施工手续，未签署管道保护协议，未与施工单位进行技术交底，施工时管道企业无人现场监护。

（11）未建立并落实异常工况安全处置管理制度；发现泄漏险情未及时报警、报告及处理；异常工况处置过程中，同一部位进行交叉作业，未按照人员最少化原则有效管控现场作业人员数量，无关人员进入现场。

（12）未按国家工程建设消防技术标准规定设置疏散楼梯、安全出口、指示标志、应急照明、防烟排烟、消防供电设施并保持功能完好。

四、各专业隐患判定标准

（一）石油天然气开采业务

根据国家有关安全生产法律法规、部门规章、标准规范和中国石油规定，以下情形应当判定为较大生产安全事故隐患：

（1）区域探井和高压、含酸性气体的区域、高产油气井钻（修）井作业开工前、钻开油气层或打（射）开目的层未落实设计规定的安全措施。

（2）采油（气）井的持续环空压力超过对应外层套管最小抗内压强度的 80%，未进行安全风险评估并采取有效控制措施。

（3）停产井井口装置、套管头、升高短节或井周地表存在可燃气体、硫化氢泄漏，距井口 1m 可燃气体浓度大于或等于最低爆炸浓度的 25%、硫化氢浓度超过 10ppm。

（4）停产井井口装置、套管头、升高短节实际承压超过当前实际承压能力的 80%。

（5）异常环空压力超过环空压力允许值且现场没有放喷泄压流程，或者有放喷泄压流程未及时处置。

（6）三级及以上石油天然气站场防火间距不符合要求，评估核算不满足抗爆标准且无有效措施。

（7）进出三级天然气站场的天然气管道截断阀不具备自动切断功能，截断阀前未设泄压放空阀。

（8）油气站场消防给水管网未布置成环状，或者供水干管少于两条，或者未采用易识别启闭状态的阀将管网分成若干独立段。

（9）作业项目的作业设计或方案文件未经作业者审核同意就从事海洋石油作业设施开展物探、钻完井、海上吊装、铺管等作业。

（10）石油人工岛和滩海陆岸石油设施岛体护坡护底有缺失、损坏，海底管道检测后发现管道悬空超过允许长度、缺陷尺寸与腐蚀速率超过设计要求，未进行安全风险评估并采取有效控制措施。

上述判定标准与《较大生产安全事故隐患判定标准（通用部分）》配套使用。

（二）炼化新材料业务

根据国家有关安全生产法律法规、部门规章、标准规范和中国石油规定，以下情形应当判定为较大生产安全事故隐患：

（1）装置开停工或者局部处理未进行条件确认和界面交接。

（2）未按规定对转动设备进行预热、试运；未对机组、重要设备的联锁系统进行信号报警联锁试验；机组未按规定进行超速试验。

（3）压力容器、压力管道年腐蚀速率大于或等于 0.25mm，未相关控制措施仍在使用，尚未构成重大隐患。

（4）关键机泵超设计参数运行、无有效监测监控措施、无特护管理；关键高危介质机泵未安装紧急切断阀。

（5）未编制电气保护计算书、未按规定周期进行电气试验；电气系统及设备未配置合理保护或保护未投用、电气设备超负荷运行。

上述判定标准与《较大生产安全事故隐患判定标准（通用部分）》配套使用。

（三）成品油销售业务

根据国家有关安全生产法律法规、部门规章、标准规范和中国石油规定，以下情形应当判定为较大生产安全事故隐患：

（1）未组织测算转输作业时低闪点油品安全流速，实际流速超过规定要求。

（2）未按规定设置警示牌、警戒线、能量隔离设施以及未采取监护措施从事电气作业、检维修作业，从事超职责、能力范围作业。

（3）强检类安全设备、设施过期未检定且仍在使用，未建立管理台账或台账与实际不符。

（4）盛装低闪点液体的内浮顶油罐落盘未履行审批手续、未采取有效风险防范措施。

（5）爆炸危险区域作业未规范着装（穿着防静电工作服、防静电鞋），使用非防爆工具。

（6）油库、加油（气）站接卸危险品作业不连接静电接地线或者连接失效；加油站以喷溅式装油方式直接向油罐车和油桶加注油品，灌装油品时容器未有效连接静电接地线。

（7）密封点密封失效且造成封闭空间油气浓度超过规定。

（8）充换电场站未设置紧急停止设备或者设备故障。

（9）加氢、加气站高压、低温管路或设备本体存在泄漏。

上述判定标准与《较大生产安全事故隐患判定标准（通用部分）》配套使用。

（四）天然气销售业务

根据国家有关安全生产法律法规、部门规章、标准规范和中国石油规定，以下情形应当判定为较大安全生产事故隐患：

（1）燃气经营单位与用户签订供用气合同未明确双方的安全责任和义务，或者未按规定开展用户安全用气宣传。

（2）燃气经营单位未向社会公布 24h 报修电话，未安排抢修人员 24h 在岗值班。

（3）液化石油气单位供应气瓶未安装可追溯系统，灌装不合格气瓶，气瓶灌装后未进行检漏，配送时未开展随瓶安检。

（4）燃气管道设施规格型号档案和走向图等关键信息缺失，对定期检验发现的问题未制订防范措施，未按期完成整改。

（5）在燃气管道及附属设施控制范围内从事爆破、取土等作业，倾倒、排放腐蚀性物质，放置易燃易爆物品，燃气企业未制订有效管控措施。

（6）对燃气用户进行安全检查时，发现有下列情形之一，未按规定采取书面告知用户整改或限期未整改且燃气公司未采取停（限）气等控制措施的：

① 热水器烟道出口设置未直通室外；

② 燃气灶具无熄火保护装置，连接软管的使用年限低于燃具的判废年限，未按规定采取书面告知用户整改；

③ 液化石油气钢瓶瓶阀不带自闭功能，使用50kg"气液双相"气瓶，使用可调节调压器，存瓶总重量超过100kg未设置专用气瓶间。

（7）未定期进行燃气加臭量检测并记录。

（8）燃气场站设置集中报警控制系统的场所，其可燃气体报警控制器未设置在有专人值守的消防控制室或值班室。

（9）燃气场站设置调压装置的建筑物或者露天设置的调压装置与周围建（构）筑物之间、燃气管道与建（构）筑物及其他管线之间的距离不符合国家规范规定。

（10）燃气场站内安全联锁装置、紧急切断装置等安全设施未按规定定期检测。

（11）全压力式液化石油气储罐的注水系统未处于应急备用状态。

（12）燃气管道存在露管、漂管、变形、腐蚀减薄，钢质埋地管道没有实施阴极保护或保护失效，未采取有效措施仍在使用。

上述判定标准与《较大生产安全事故隐患判定标准（通用部分）》配套使用。

（五）油田技术服务业务

根据国家有关安全生产法律法规、部门规章、标准规范和中国石油规定，以下情形应当判定为较大生产安全事故隐患：

（1）出现钻修井井架基础掏空、下陷（坐底式平台沉垫下掏空），但未采取有效控制措施。

（2）钻完井施工队伍未经过三评估三分级评估获得井控能力分级证书。

（3）未按施工地区井控实施细则要求进行申报、验收，擅自打开油气层；打开油气层后，未按规定落实坐岗要求；未及时发现溢流或发现溢流未及时关井。

（4）钻修井钻台、二层台栏杆缺失。

（5）井架有变形、严重伤痕或破损等情况未经检测合格继续使用的，或超承载能力使用。

（6）液压盘式刹车块（包括工作钳和安全钳）固定失效；刹车块与刹车盘间隙超标。

（7）起放井架大绳、钻（修）井大绳磨损未检测或者断丝超标未更换；死绳端、活绳端固定不合格。

（8）井架（井口）的防坠落装置、二层台逃生装置缺失或者失效。

（9）带压作业未按标准定期对带压作业装备的承压件、承载件、控制系统、仪表等进行检测；未配备卡瓦互锁装置，操作台未按照标准配套逃生装置。

（10）游车、大钩、吊环、吊钩、吊卡等吊具磨损超过允许值、经无损探伤质量达不到允许级别或存在其他影响安全使用且不能修复的缺陷。

（11）压裂车、固井水泥车柱塞泵超压保护装置缺失或者失效。

（12）压裂、测试作业地面流程管线、弯头等未按规定安装、固定、试压，或者经无损探伤质量达不到允许级别仍然在用，施工期间高压区未采取有效隔离措施。

（13）海上平台拖航就位作业中，拖轮或者气象海况不符合平台《操船手册》规定而进行作业。

上述判定标准与《较大生产安全事故隐患判定标准（通用部分）》配套使用。

（六）工程建设业务

根据国家有关安全生产法律法规、部门规章、标准规范和中国石油规定，以下情形应当判定为较大生产安全事故隐患：

（1）临时用电设备在5台以上（含5台）或设备总容量在50kW以上（含50kW）的，未制定专门的临时用电方案和应急预案。

（2）未经监理单位或建设单位批准擅自变更施工作业方案的，尚未构成重大隐患。

（3）使用试压方案规定以外介质进行试压作业。

（4）特殊作业环境（隧道、人防工程，高温、有导电灰尘、比较潮湿等作业环境）照明设备未按规定使用安全电压。

（5）脚手架未经验收合格即投入使用，或脚手架挂红牌仍在使用。

（6）地下洞库施工作业，未对洞内有毒有害气体进行检测、监测。

上述判定标准与《较大生产安全事故隐患判定标准（通用部分）》配套使用，上述判定标准适用于各业务的工程建设及检维修作业。

相关链接：瑞士奶酪模型

瑞士奶酪模型（swiss cheese model）由英国心理学家詹姆斯·瑞森（James Reason）于1990年在其著名的心理学专著《Haman Error》中提出，见图4-1。主要用于解释复杂系统中事故或错误的发生机制。其核心思想是：事故并非由单一因素导致，而是多重防御层的漏洞在特定条件下叠加的结果。奶酪模型在解释事故致因理论方面形象而生动，取得空前成功，不仅业内高度关注，而且广为非专业人士接受，风靡一时，奶酪模型发明人瑞森教授被称作"奶酪人"。

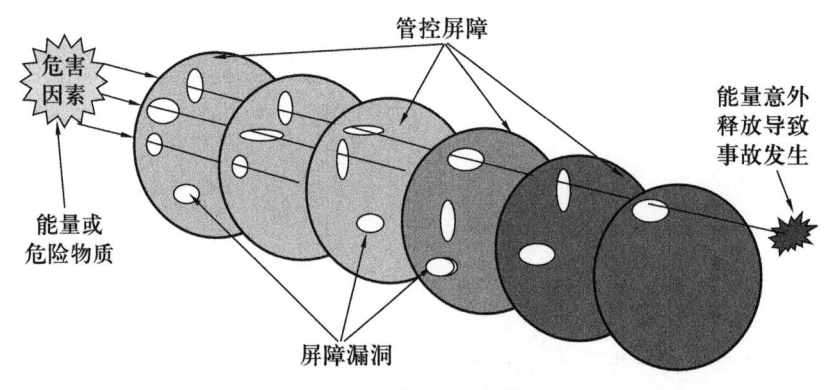

图4-1 瑞士奶酪模型

一、基本原理

任何风险防措施或防范屏障并非都是铁板一块，模型中的每一片奶酪代表一层风险管控措施，每片奶酪上存在的孔洞，代表管控措施中存在的漏洞或缺陷，这些孔的位置和大小都在不断变化。

事故发生机理。当每一片奶酪上的孔排列在一条直线上时，就形成了事故机会"洞道"，危险就会穿过所有的防护措施上的孔，导致事故发生。

多层防御机制。企业安全管理系统设计通常包含多层防护措施（如培训、流程、设备检查等），每一层被视为一片"瑞士奶酪"，而奶酪上的"孔洞"代表该层的潜在漏洞（如人为失误、设备故障、管理缺陷等）。

漏洞的动态性。漏洞可能因人为错误、技术缺陷、环境变化或管理疏漏产生，且位置和大小会随时间变化。不同层的漏洞通常是独立存在的。

事故触发条件。当多个防御层的漏洞在时间和空间上偶然对齐，危害因素（如错误、故障）便能穿透所有防御层，最终导致事故。而6片奶酪上的孔洞其大小和位置完全吻合的过程，就是隐患演变和累积并产生事故的过程。

二、模型作用

企业的风险管控活动可分为不同层面，每个层面都有漏洞，不安全因素就像一个不间断的光源，刚好能透过所有的这些漏洞时，事故就发生了。事故的发生有几个层面（奶酪）的漏洞，包括管理措施、工程技术、培训教育、个体防护、应急处置等多方面。

——事故分析与预防。帮助识别系统中各层防御的薄弱环节，而非仅归咎于直接操作者。强调系统性改进，如优化流程、加强培训或升级技术，以填补漏洞。

——促进全系统视角。避免"指责文化"，转向理解组织和管理层面的潜在风险（如资源不足、沟通不畅）。工业安全管理中应设置安全检查、设备维护、操作规范、员工培训等多重防御层。

——事故发生的系统观。认为事故发生的主要原因在于系统的缺陷。在一个企业中如果建立了多层次风险管控措施，各个层面的管控措施对于缺陷或漏洞互相拦截，系统就不会因为单一措施的失效而导致事故的发生，所以在风险管控时，应考虑设置多层次的管控措施，进而降低事故发生的概率，保障安全生产。

三、模型局限性

奶酪模型可能低估各层漏洞间的动态交互作用,简化了风险的复杂性;存在被动防御倾向,侧重已有防护措施,对主动风险评估(如预测新兴风险)关注较少;未充分纳入企业文化对安全的影响(如过度追求效率牺牲安全)。

瑞士奶酪模型通过"多层防御漏洞叠加"的隐喻,揭示了系统性风险的本质,强调事故预防需从组织、技术、人为等多层面入手。尽管存在局限,它仍是分析复杂系统安全的经典工具,推动行业从"追究个人责任"转向"系统性改进"。

第五章 危化品重大危险源

危险化学品重大危险源是长期或临时地生产、储存、使用和经营危险化学品，且危险化学品的数量等于或超过临界量的单元。这些单元可以分为生产单元和储存单元，生产单元根据切断阀来判断，储存单元储罐区以罐区防火堤为界限划分为独立的单元，仓库以独立库房（独立建筑物）为界限划分为独立的单元。从事危险化学品生产、储存、使用和经营的企业，应加强危险化学品重大危险源的辨识、评估、登记建档、备案、核销及其监督管理。危险化学品企业是本单位重大危险源安全管理的责任主体，其主要负责人对本单位的重大危险源安全管理工作负责，并保证重大危险源安全生产所必需的安全投入。

第一节 重大危险源评估

企业应当按照国家有关规定，自主或委托具有相应资质的安全评价机构开展重大危险源安全评估工作，确定重大危险源等级，形成重大危险源安全评估报告。重大危险源安全评估工作可以单独开展，也可以与本单位的安全评价一起进行，以安全评价报告代替重大危险源安全评估报告。

一、报告内容

重大危险源安全评估报告应当客观公正、数据准确、内容完整、结论明确、措施可行，包括但不限于下列内容：

（1）评估的主要依据。
（2）重大危险源的基本情况。
（3）事故发生的可能性及危害程度。
（4）个人风险和社会风险值（仅适用定量风险评价方法）。

（5）可能受事故影响的周边场所、人员情况。

（6）重大危险源辨识、分级的符合性分析。

（7）安全管理措施、安全技术和监控措施。

（8）事故应急措施。

（9）评估结论与建议。

企业以安全评价报告代替安全评估报告的，其安全评价报告中有关重大危险源的内容应当满足以上要求。

二、安全评估

重大危险源有下列情形之一的，企业应当委托具有相应资质的安全评价机构，按照有关标准的规定采用定量风险评价方法进行安全评估，确定个人和社会风险值：

（1）构成一级或者二级重大危险源，且各种毒性气体实际存在（在线）量与其临界量比值之和大于或等于1的。

（2）构成一级重大危险源，且各种爆炸品或液化易燃气体实际存在（在线）量与其临界量比值之和大于或等于1的。

通过定量风险评价确定的重大危险源的个人和社会风险值，不得超过相关标准规定的个人和社会可接受风险基准要求。超过个人和社会可接受风险基准要求的，应当采取相应的降低风险措施。几种危险化学品临界量见表5-1。

表5-1 常见危险化学品名称及其临界量

序号	危险化学品名称和说明	别名	CAS 号	临界量，t
1	氨	液氨，氨气	7664-41-7	10
2	二氧化氮		10102-44-0	1
3	二氧化硫	亚硫酸酐	7446-09-5	20
4	甲醛（含量>90%）	蚁醛	50-00-0	5
5	硫化氢		7783-06-4	5
6	氯	液氯，氯气	7782-50-5	5
7	煤气			20
8	2,4,6-三硝基甲苯	梯恩梯，TNT	118-96-7	5

续表

序号	危险化学品名称和说明	别名	CAS号	临界量，t
9	硝化甘油	硝化三丙醇	55-63-0	1
10	1,3-丁二烯	联乙烯	106-99-0	5
11	二甲醚	甲醚	115-10-6	50
12	甲烷，天然气		74-82-8 8006-14-2	50
13	氯乙烯	乙烯基氯	75-01-4	50
14	氢	氢气	1333-74-0	5
15	液化石油气	石油气（液化的）	68476-85-7 74-98-6 106-97-8	50
16	乙炔	电石气	74-86-2	1
17	乙烯		74-85-1	50
18	氧（压缩的或液化的）	液氧，氧气	7782-44-7	200
19	苯	纯苯	71-43-2	50
20	苯乙烯	乙烯苯	100-42-5	500
21	丙酮	二甲基酮	67-64-1	500
22	甲苯	甲基苯，苯基甲烷	108-88-3	500
23	甲醇	木醇，木精	67-56-1	500
24	汽油		86290-81-5	200
25	乙醇	酒精	64-17-5	500
26	……	……	……	…

三、重新评估

企业应当对重大危险源每三年进行一次辨识和安全评估，每年进行复核。有下列情形之一的，企业应当对重大危险源重新进行辨识、分级及安全评估：

（1）构成重大危险源的装置、设施或者场所进行新建、改建、扩建的。

（2）危险化学品种类、数量、生产、使用工艺或者储存方式及重要设备、设施等发生变化,影响重大危险源级别或者风险程度的。

（3）外界生产安全环境因素发生变化,影响重大危险源级别和风险程度的。

（4）发生危险化学品事故造成人员死亡,或者3人以上重伤,或者10人以上受伤,或者影响到公共安全的。

（5）有关重大危险源辨识和安全评估的国家标准、行业标准发生变化的。

第二节　备案及核销

企业新建、改建和扩建危险化学品建设项目,应当在建设项目竣工验收前完成重大危险源的辨识、安全评估和分级、登记建档工作,并向地方政府应急管理部门备案。

一、登记建档

企业应当对辨识确认的重大危险源及时、逐项进行登记建档,建立本单位重大危险源清单。重大危险源档案应当包括下列文件、资料:

（1）辨识、分级记录。

（2）重大危险源基本特征表。

（3）涉及的所有化学品安全技术说明书。

（4）区域位置图、平面布置图、工艺流程图和主要设备一览表。

（5）重大危险源安全管理规章制度及安全操作规程。

（6）安全监测监控系统、措施说明、检测、检验结果。

（7）重大危险源事故应急预案、评审意见、演练计划和评估报告。

（8）安全评估报告或者安全评价报告。

（9）重大危险源关键装置、重点部位的责任人、责任单位名称。

（10）重大危险源场所安全警示标志的设置情况。

（11）其他文件、资料。

企业应当按照有关规定将重大危险源信息填报录入全国危险化学品登记信息管理系统、HSE信息系统,并及时更新。

二、备案核销

（一）申请备案

企业在完成重大危险源安全评估报告或者安全评价报告后15d内，应当填写重大危险源备案申请表，连同重大危险源档案材料（或清单），报送地方政府应急管理部门备案。

重大危险源重新辨识、分级和安全评估的，所属企业应当及时更新档案，并向地方政府应急管理部门重新备案。

（二）申请核销

重大危险源经过安全评价或者安全评估不再构成重大危险源的，所属企业应当及时向地方政府应急管理部门申请核销。申请核销重大危险源应当提交下列文件、资料：

（1）载明核销理由的申请书。
（2）单位名称、法定代表人、地址、联系人、联系方式。
（3）安全评价报告或者安全评估报告。

第三节　安全包保责任制

企业应当实施重大危险源安全包保责任制，明确各重大危险源主要负责人、技术负责人、操作负责人，制订包保责任人及联系方式清单，及时录入全国危险化学品登记信息管理系统，并向地方政府应急管理部门报备。相关信息变更的，应当于变更后5d内在全国危险化学品登记信息管理系统中更新。

一、主要负责人

重大危险源的主要负责人，原则上由企业主要负责人担任，对所包保的重大危险源负有下列安全职责：

（1）组织建立重大危险源安全包保责任制并指定对重大危险源负有安全包保责任的技术负责人、操作负责人。

（2）组织制订重大危险源安全生产规章制度和操作规程，并采取有效措施保证其得到执行。

（3）组织对重大危险源的管理和操作岗位人员进行安全技能培训。

（4）保证重大危险源安全生产所必需的安全投入。

（5）督促、检查重大危险源安全生产工作。

（6）组织制订并实施重大危险源生产安全事故应急救援预案。

（7）组织通过全国危险化学品登记信息管理系统填报重大危险源有关信息，保证重大危险源安全监测监控有关数据接入危险化学品安全生产风险监测预警系统。

二、技术负责人

重大危险源的技术负责人，原则上由企业层面技术、生产、设备等分管负责人或者二级单位（分厂）层面有关负责人担任，对所包保的重大危险源负有下列安全职责：

（1）组织实施重大危险源安全监测监控体系建设，完善控制措施，保证安全监测监控系统符合国家标准或者行业标准的规定。

（2）组织定期对安全设施和监测监控系统进行检测、检验，并进行经常性维护、保养，保证有效、可靠运行。

（3）对于超过个人和社会可接受风险值限值标准的重大危险源，组织采取相应的降低风险措施，直至风险满足可接受风险标准要求。

（4）组织审查涉及重大危险源的外来施工单位及人员的相关资质、安全管理等情况，审查涉及重大危险源的变更管理。

（5）每季度至少组织对重大危险源进行一次针对性安全风险隐患排查，重大活动、重点时段和节假日前进行重大危险源安全风险隐患排查，制订管控措施和治理方案并监督落实。

（6）组织演练重大危险源专项应急预案和现场处置方案。

三、操作负责人

重大危险源的操作负责人，原则上由重大危险源生产单元、储存单元所在车间、单位的现场直接管理人员担任，例如车间主任，对所包保的重大危险源负有下列安全职责：

（1）负责督促检查各岗位严格执行重大危险源安全生产规章制度和操作规程。

（2）对涉及重大危险源的特殊作业、检维修作业等进行监督检查，督促落实作业安全管控措施。

（3）每周至少组织一次重大危险源安全风险隐患排查。

（4）及时采取措施消除重大危险源事故隐患。

企业应当明确重大危险源安全包保责任人职责，建立可查询、可追溯的安全包保履职记录，组织开展履职情况评估，并纳入本单位安全生产责任制考核与绩效管理。

危险化学品企业应当在重大危险源安全警示标志位置设立公示牌，如表5-2所示，写明重大危险源的主要负责人、技术负责人、操作负责人姓名、对应的安全包保职责及联系方式，接受员工监督。

表5-2 重大危险源安全包保公示牌（示例）

重大危险源安全包保公示牌			
（危险化学品名称）		主要负责人	（姓名）（手机号码）（在企业的职务）
（重大危险源级别）（最大数量，吨）		技术负责人	（姓名）（手机号码）（在企业的职务）
^		操作负责人	（姓名）（手机号码）（在企业的职务）
监督举报电话			（企业电话），（企业邮箱），12350
主要负责人职责		1.（包保责任原文） 2. 3.	
技术负责人职责		1. 2. 3.	
操作负责人职责		1. 2. 3.	

第四节　管理与技术措施

重大危险源所属企业需要从多方面采取安全管理、安全技术、工艺技术、安全监控和应急响应等多种措施，从各个环节保障重大危险源始终处于受控状态，降低事故风险，减少事故损失，保障安全生产。

一、安全管理措施

（一）制度与规程

企业应当建立健全安全风险分级管控和隐患排查治理双重预防工作机制，制定完善重大危险源安全管理规章制度和安全操作规程，每年对规程的适应性和有效性进行确认，并至少每三年组织评审和修订一次；当工艺技术、设备设施等发生重大变更时，应当及时修订规程。

（二）培训与能力

企业应当配备满足重大危险源安全生产要求的专业管理人员和操作人员，定期开展安全教育和操作技能培训，使其了解重大危险源的危险特性，熟悉有关安全管理规章制度和安全操作规程，掌握本岗位的安全操作技能和应急措施。

（三）公告与告知

企业应当通过电子公告牌或显示屏等方式，每天按规定时限向社会发布承诺公告重大危险源风险管控情况。

企业应当在重大危险源所在场所设置明显的安全警示标志、风险告知牌和重大危险源安全包保公示牌，包括重大危险源名称、级别、责任单位、安全包保责任人姓名和联系方式及职责、危害特性、紧急情况下的应急措施等内容。

企业应当建立安全风险警示公告制度，将重大危险源所涉及的危险化学品危险特性、可能发生的事故后果和应急措施等信息，以适当、有效的方式告知可能受影响的社区、单位及人员。

（四）隐患排查

企业应当采用综合检查、专业检查、季节性检查、日常检查等不同方式，对重大危险源的安全生产状况进行隐患排查，制订落实事故隐患监控和治理措施，及时消除事故隐患。

事故隐患难以立即排除的，应当制订风险管控方案，落实整改措施、责任、资金、时限和应急预案，并如实记录事故隐患排查治理情况，及时告知从业人员。

二、安全技术措施

企业应当按照下列要求，建立健全符合国家、行业标准要求的安全监测监控设备设施，完善控制措施：

（1）重大危险源配备温度、压力、液位、流量、组分等信息的不间断采集和监测系统及可燃气体和有毒有害气体泄漏检测报警装置，并具备信息远传、连续记录、事故预警、信息存储等功能，记录的电子数据的保存时间不少于30d。

（2）一级或者二级重大危险源罐区，具备紧急停车功能。

（3）重大危险源的化工生产装置装备满足安全生产要求的自动化控制系统；一级或者二级重大危险源，装备紧急停车系统。

（4）对重大危险源中的毒性气体、剧毒液体和易燃气体等重点设施，设置紧急切断装置；毒性气体的设施设置泄漏物紧急处置装置。涉及毒性气体、液化气体、剧毒液体的一级或者二级重大危险源，配备独立的安全仪表系统（SIS）。

（5）重大危险源中储存剧毒物质的场所或者设施，设置视频监控系统。

企业应当按照国家有关规定，定期对重大危险源的安全设施和安全监测监控系统进行检测、检验，并进行经常性维护、保养，保证重大危险源的安全设施和安全监测监控系统有效、可靠运行。维护、保养、检测应当做好记录，并由有关人员签字。企业不得关闭、破坏直接关于生产安全的监控、报警、防护、救生设备、设施，或者篡改、隐瞒、销毁其相关数据、信息。

三、工艺技术措施

企业应当根据构成重大危险源的危险化学品种类、数量、生产、使用工艺（方式）或者相关设备、设施等实际情况，采用有利于提高重大危险源安全保障水平的先进适用的工艺、技术、设备及自动控制系统。

企业应当建立健全危险化学品安全生产风险监测预警机制，将重大危险源监测监控信息接入地方政府安全生产风险监测预警系统和HSE信息系统。在装置开停工、试生产、设备设施检维修等特殊情况时，提前做好监测预警系统的报备工作。

四、安全监控系统

危险化学品重大危险源安全监控系统是指用于危险化学品重大危险源安全监控的软硬件设施。根据《危险化学品重大危险源安全监控技术规范》（GB 17681—2024），危险化学品重大危险源安全监控系统包括基本过程控制系统、安全仪表系统、气体检测报警系统、电视监视系统、雷电预警系统、接地电阻监测系统中的一个或多个。

（一）系统基本要求

危险化学品重大危险源安全监控系统（以下简称"系统"）应满足适用标准规范要求，保障安全性和可靠性。系统应与危险化学品重大危险源主体工程同时设计、同时施工、同时投入生产和使用。

系统应具备各类监控参数的信息采集、实时展示、操作控制、连续记录、报警预警、信息存储等功能，支持查询各类监控信息的实时数据、历史数据、报警数据，视频图像信息储存时间不应小于90d，其他监控信息储存时间不应少于1年。系统应有人值守。

系统应具备通过标准通信协议、接口规范、数据编码共享监控信息的功能，并保障网络安全和信息安全。BPCS、SIS、GDS控制器的供电回路至少一路应采用UPS供电，UPS的后备电池组应在外部电源中断后提供不少于30min的供电时间。

系统应满足安装场所的防火、防爆、防雷电、防静电、防腐蚀、防振动、防干扰、防水、防尘等方面要求。系统的设置与危险化学品重大危险源事故应急预案应相互适应。

(二) 一般设计要求

系统应具备长期稳定运行的能力，保证监控数据的连续性和完整性，系统的维护和升级不应影响安全运行，系统应提供直观、易操作的人机交互界面，各系统之间应保持时钟同步。

1. 生产单元监控要求

应根据物料特性、工艺过程、操作条件及过程危险性分析的结果，确定生产单元需要监控的关键工艺参数，如物位（液位、料位、界位、气柜高度）、温度、压力、流量或特定介质浓度等。报警值应满足生产安全控制要求。全联锁应根据生产过程、工艺特点、过程危险性分析和风险评估结果设置，并考虑对上下游装置安全生产的影响。并能显示安全联锁投用状态。

2. 储存单元监控要求

储罐应设置液位、温度检测仪表。低压储罐、氮封常压储罐、压力储罐、全冷冻式储罐应设置压力测量就地指示仪表和压力远传仪表。压力仪表的安装位置应保证在最高液位时能测量气相压力并便于观察和维修。

储罐进出物料管道上应设置远程控制的开关阀。易燃易爆介质装车和卸车场所防静电接地装置、防溢液装置报警信号应联锁停止物料装车和卸车，并应远传至控制室，同时应能在现场发出声光报警。

应将远程控制的开关阀开关状态信号远传至控制室显示，系统应具有判断开关状态正确与否的功能，并对错误状态予以报警。气柜应设上下限位报警装置，设有进出口管道自动切断装置的应与限位报警信号联锁。

3. 仪表自控

生产单元、储存单元应配备满足安全生产要求的基本过程控制系统（BPCS），BPCS 应具备对危险化学品重大危险源的温度、压力、流量、物位、组分浓度等过程变量的连续测量、监视、报警、控制和联锁功能，并应同时具备连续记录、生成数据报表、数据远传通信、信息存储和信息集成等功能。

安全仪表系统：涉及有毒气体、液化气体、剧毒液体的一级或二级危险化学品重大危险源的生产单元、储存单元（仓库除外）应配备安全仪表系统

（SIS）。其他危险化学品重大危险源的生产单元、储存单元（仓库除外）应根据SIL评估结果确定是否配备SIS，当SIL定级报告确定该生产单元、储存单元（仓库除外）具有SIL1及以上的SIF时，应配备符合SIL要求的SIS。

气体检测报警系统：在使用或产生有毒气体、甲类可燃气体或甲类、乙A类可燃液体的重大危险源生产单元、储存单元内，应按区域控制和重点控制相结合的原则，设置气体检测报警系统（GDS）。

——具有可燃气体释放源，释放时空气中可燃气体易于积聚且浓度有可能达到报警设定值的场所，应设置可燃气体探测器。

——具有有毒气体释放源，释放时空气中有毒气体易于积聚且浓度有可能达到报警设定值并有人员活动的场所，应设置有毒气体探测器。

——既属于可燃气体又属于有毒气体的单组分气体释放源存在的场所，应设置有毒气体探测器。

——可燃气体和有毒气体同时存在的混合释放源场所，释放时当空气中可燃气体浓度可能达到报警设定值，而有毒气体不能达到报警设定值时，应设置可燃气体探测器。

——释放时当空气中有毒气体可能达到报警设定值，而可燃气体浓度不能达到报警设定值时，应设置有毒气体探测器。

——释放时当空气中的可燃气体浓度和有毒气体浓度可能同时达到报警设定值时，应同时设置可燃气体探测器和有毒气体探测器。

过程检测仪表：生产单元、储存单元应配备满足安全生产要求的过程检测仪表。仪表选型应根据工艺要求的操作条件、设计条件、精确度等级、工艺介质特性、检测点环境、配管材料等级规定及安全环保要求等因素确定，并满足工程项目对仪表选型的总体技术水平要求。仪表选型应安全可靠、技术先进、经济合理。

气象监测仪：危险化学品重大危险源企业每个厂区应至少配备1套气象监测设施，监测风速、风向、大气压、环境温度和环境湿度等参数，采样频次不应少于1次/h。气象监测仪应安装在距地面5～15m高处、空气清洁且流动良好、便于安装维护的非爆炸危险场所。气象参数报表中应能统计并记录当日、当月、当年各气象参数的最大值、最小值和平均值。

4. 电视监视系统

电视监视系统应采用独立的网络结构，具有与其他系统进行联网的接口，应能联动显示报警区域的图像。具有智能分析功能的电视监视系统，应能识别人员侵入、值班室脱岗、初期火灾等异常，电视监视系统摄像机获取的火灾报警信息应接入火灾自动报警系统。

电视监视系统应支持检索图像记录，并具有逐帧回放及防篡改功能，显示及记录的图像应附带时间、监控区域的位置信息。摄像机的设置个数和位置，应根据现场的实际情况而定。

5. 雷电预警系统

大型油气储存企业、地属多雷区或强雷区的二级以上石油库应设置雷电预警系统。雷电预警系统不能替代雷电保护装置。雷电预警系统应由雷电探测模块、数据处理模块和应用终端等组成。当采用电涌保护器时，应实时监测电涌保护器及其后备保护装置的运行状态。

注：大型油气储存企业是指单罐罐容不小于100000m^3且总库容不小于1000000m^3的原油库；单罐罐容不小于5000m^3且总库容不小于50000m^3的成品油库；单罐罐容不小于10000m^3且总库容不小于100000m^3的液化天然气接收站；单罐罐容不小于1000m^3且总库容不小于10000m^3的液化石油气储存企业。

6. 接地电阻在线监测系统

土壤腐蚀严重地区或强雷区储存单元的易燃易爆介质地上储罐，应设置接地电阻在线监测系统，实时监测每座储罐的接地点接地电阻值，接地电阻值不应大于10Ω。由接地电阻检测仪、通信网络系统、监控系统及连接线缆等部分组成。当被测回路电阻出现异常时，系统应报警。

（三）运行与检维修

——应建立系统台账，内容包括设备设施基本信息、运行和检维修记录等。

——应制定系统管理制度，内容涵盖运行、巡检、维护、检定、检维修等。

——系统投用前应根据标准规范、设计文件、设备使用说明书等资料编制操作规程。

——应对系统管理和操作人员进行培训，掌握操作技能。操作、维修、维护人员应按照规定取得相应的特种作业资格证书。

——不应未经审批停用危险化学品重大危险源安全监控、报警设备设施，不应破坏、停用采集设备，不应无故停电、断网、离线，或者篡改、隐瞒、销毁其相关数据、信息。

——系统停用与恢复、改变控制逻辑、增加删除监控参数、调整工艺参数报警阈值和联锁阈值、联锁的摘除与恢复均应执行变更管理。不应摘除或旁路系统联锁以强制维持设备或装置运行，联锁触发后应及时查明原因，并逐一消除联锁触发条件，不应强行复位。经审批后安全联锁临时摘除不应超过1个月，期间应采取有效措施确保安全。

——应定期对系统进行检测、检验，并进行经常性维护、保养，保证系统有效、可靠运行。维护、保养、检测应做好记录，并签字确认。

——查验设计文件、操作规程、系统实时参数、维修保养记录等，证实满足本章要求。

（四）报警管理与优化

——应对报警进行分级管理，各级别的报警在报警声音和画面显示方面进行区分设置。

——应建立报警处置流程，及时响应报警，查明原因，采取措施管控风险。不应未经确认关闭报警信号。

——应统计分析报警数据，根据报警频率、持续时间等建立报警管理指标，查找和分析高频报警原因，优化报警管理。

——查验操作规程、报警分析处置记录、系统历史数据等，证实满足相关要求。

五、应急准备与演练

企业应当针对重大危险源可能发生的泄漏、火灾、爆炸、中毒、窒息等事故，编制相应的应急预案和应急处置程序，开展定期评估并及时修订。

（一）应急准备

企业应当建立应急救援组织或者配备应急救援人员，配备必要的防护装备及应急救援器材、设备、物资，并保障其完好和方便使用。

（1）对存在吸入性有毒、有害气体的重大危险源，所属企业应当配备便携式浓度检测设备、空气呼吸器、化学防护服、堵漏器材等应急器材和设备。

（2）涉及剧毒气体的重大危险源，还应当配备两套以上（含本数）气密型化学防护服。

（3）涉及易燃易爆气体或者易燃液体蒸气的重大危险源，还应当配备一定数量的便携式可燃气体检测设备。

（二）应急演练

企业应当制订重大危险源事故应急预案演练计划，并按照下列要求进行事故应急预案演练：

（1）重大危险源综合或专项应急预案，每一年至少开展一次。

（2）重大危险源现场处置方案，每半年至少开展一次针对重点岗位或重要设施的应急演练。

（3）新制订或修订的重大危险源生产安全应急预案应当及时组织演练。

应急预案演练结束后，所属企业应当对应急预案演练效果进行评估，撰写应急预案演练评估报告，分析存在的问题，对应急预案提出修订意见，并及时修订完善。

第五节　危险与可操作性分析

危险与可操作性分析方法（hazard and operability analysis，HAZOP）是一种对工艺过程中的危险因素实行严格的审查和控制的技术。它以系统工程为基础，通过引导词和标准格式寻找工艺偏差，审查新设计或已有工厂的生产工艺和工程总图，以辨识因装置、设备的个别部分的误操作或机械故障引起的危险因素，并根据其可能造成的影响大小确定防止危险发展为事故的对策。

一、相关术语

危险与可操作性分析是通过指导语句和标准格式寻找工艺偏差，以辨识系统存在的危险源，并确定风险控制的对策。表 5-3 中列出了 HAZOP 分析中经常遇到的术语及定义。

表 5-3 常用 HAZOP 分析术语

项目	说明
工艺单元或分析节点	具有确定边界的设备（如两容器之间的管线）单元，对单元内工艺参数的偏差进行分析；对位于 PID 图上的工艺参数进行偏差分析
操作步骤	过程的不连续动作，或者是由 HAZOP 分析组分析的操作步骤，也可能是手动、自动或计算机自动控制的操作，过程每一步使用的偏差可能与连续过程不同
工艺指标	确定装置如何按照希望的操作而不发生偏差，即工艺过程的正常操作条件；采用一系列的表格，用文字或图表进行说明，如工艺说明、流程图、管道图、PID 图等
引导词	用于定性或定量设计工艺指标的简单词语，引导识别工艺过程的危险
工艺参数	与过程有关的物理和化学特性，包括概念性的项目如反应、混合、分离、浓度、信号、pH 值及具体项目如流量、时间、频率、温度、压力、电压、速度、液位、黏度、组成、相数及流量等
偏差	分析组使用引导词系统地对每个分析节点的工艺参数（如流量、压力等）进行分析发现的一系列偏离工艺指标的情况（如无流量、压力高等）；偏差的形式通常是"引导词＋工艺参数"
原因	指发生偏差的原因；一旦找到发生偏差的原因，就意味着找到了对付偏差的方法和手段，这些原因可能是设备故障、人为失误、不可预见的工艺状态（如组成改变），来自外部的破坏（如电源故障）等
后果	指偏差所造成的结果（如释放出有毒物质）；分析组常常假定发生偏差时已有安全保护系统失效；不考虑那些细小的与安全无关的后果
安全保护	指设计的工程系统或调节控制系统，用以避免或减轻偏差发生时造成的后果（如报警、联锁、操作规程等）
措施或建议	修改设计、操作规程，或者进行进一步分析研究（如增加压力报警、改变操作步骤的顺序）的建议

二、分析对象

HAZOP 分析的对象是指工艺或操作的特殊点（称为"分析节点"），可以是工艺单元，也可以是操作步骤。HAZOP 分析组通过分析每个工艺单元或操作步骤，识别出那些具有潜在危险的偏差，这些偏差通过引导词（也称为"关键词"）引出。常用的引导词及其意义，见表 5-4。

表 5-4 HAZOP 分析引导词及其意义

引导词	意义	说明
空白/否 NONE	设计或操作要求的指标和事件完全不发生	如无流量，无催化剂等
过量/多 MORE	同标准值相比，数值偏大	如温度、压力、流量等数值偏高等
减量/少 LESS	同标准值相比，数值偏小	如温度、压力、流量等数值偏高等
伴随/而且 AS WELL AS	在完成既定功能的同时，伴随多余事件发生	如物料在输送过程中发生组分及相变化
部分 PART OF	只完成既定功能的一部分	如组分的比例发生变化，无某些组分等
相逆/相反 REVERSE	出现和设计要求完全相反的事或物	如流体反向流动，加热而不是冷却，反应向相反的方向进行等
异常/其他 OTHER THAN	出现和设计要求不相同的事或物	如发生异常事件或状态、开停车、维修、改变操作模式等

引导词是用于定性或定量设计工艺指标的简单用语，引导识别工艺过程中的危险，使用引导词系统地对每个分析节点的工艺参数（如流量、压力等）进行分析发现的一系列偏离工艺指标的情况（如无流量、压力高等），偏差形式通常是"工艺参数+引导词"。工艺分析常用分析参数见表 5-5。

表 5-5 常用的 HAZOP 分析工艺参数

流量	时间	次数	混合
压力	组分	黏度	副产（副反应）
温度	pH 值	电压	分离
液位	速率	数据	反应

引导词用于两类工艺参数，一类是概念性的工艺参数如反应、混合；另一类是具体的工艺参数如压力、温度。对于概念性的工艺参数，当与引导词组合成偏差时，常发生歧义。因此，应拓展引导词的外延和内涵，如：对"时间"引导词，"异常"就是指"快"或"慢"；对"位置""来源""目的"引导词，"异常"就是指"另一个"；对"液位""温度""压力"引导词，"异常"就是指"高"和"低"。当工艺指标包括一系列的相互联系的工艺参数时（如温度、压力、反应速度、组成等），最好是对每一个工艺参数使用所有的关键词，即"引导词+工艺参数"方式。HAZOP 分析工艺参数、偏差及可能原因举例见表 5-6。

表 5-6　HAZOP 分析工艺参数、偏差及可能原因

工艺参数	偏差	可能原因	工艺参数	偏差	可能原因
流量	过量	泵的能力增加 进口压力增加 换热器管程泄漏 未安装流量限制孔板 系统互串 控制故障 控制阀进行了调整 启动了多台泵	液位	减量（相当于低）	无进入流体 泄漏 出口流量大于进口流量 控制故障 液位计故障 容器已放空 压力湍动 腐蚀
流量	减量	堵塞 输送线路错误 过滤器堵塞 泵损坏 容器、阀门、孔板堵塞 密度或黏度发生变化 气蚀 排污管漏 阀门未全开	压力	过量（相当于高）	堵塞问题 连接到高压设备 气体进入 设置的放空压力不对 安全阀被封死 因加热而超压 控制阀因故障打开 沸腾 冻结
流量	空白	输送线路错误 堵塞 单向阀装反 管道或容器破裂 大量泄漏 设备失效 错误隔离 压差不对	压力		化学击穿 发泡 沉淀 气体释放 起爆、爆炸 爆聚 外部着火 天气条件
流量	相逆	单向阀失效 虹吸现象 压力差不对 双向流动 紧急放空 误操作 泵的故障 泵反转	压力	减量（相当于低）	形成真空、冷凝 气体溶解在液体中 泵或压缩机管道受到限制 未检测到泄漏 容器向外排物 气动调节阀堵塞 沸腾、气蚀 结冻、化学击穿 闪蒸、沉淀
液位	减量（相当于低）	气体释放 天气条件 黏度或密度发生变化 结构、起泡 起爆、爆炸 爆聚 着火条件	黏度	过量（相当于高）	物质或组成不对 温度不对 固体含量高 浆料沉降
			黏度	减量（相当于低）	物质或组成不对 温度不对 加入溶剂

三、准备工作

准备工作对成功地进行 HAZOP 分析是十分重要的，准备工作的工作量由分析对象的大小和复杂程度决定。

——确定分析的目的、对象和范围。

——分析的目的、对象和范围必须尽可能明确。由装置或项目的负责人确定并得到 HAZOP 分析组的帮助，应当考虑存在的危险后果。

——成立分析组，危险分析组最少由 4 人组成，包括组织者、记录员、两名熟悉过程设计和操作的人员。

——搜集必要的资料，最重要的资料就是各种图纸，包括 P&ID 图、PFD 图、布置图等，此外，还包括操作规程、仪表控制图、逻辑图、计算机程序等，有时还应提供装置手册和设备制造手册。

——编制分析表格并拟定分析顺序，对连续过程，工作量最小；对间歇过程来说，准备工作量非常大。分析这些操作程序是间歇过程 HAZOP 分析的主要内容。分析组的组织者通常在分析会议开始之前要制订详细的计划，根据特定的分析对象确定最佳的分析程序。

——分析次数和时间，一般来说每个分析节点平均需要 20～30min。最好把装置划分成几个相对独立的区域。逐个区域分析讨论。对于大型装置或工艺过程，可以考虑组成多个分析组同时进行。

——HAZOP 分析方法培训，在 HAZOP 分析工作开始前，分析小组主持人应对小组人员进行 HAZOP 分析相关知识培训，培训内容包括：HAZOP 分析原理和方法、HAZOP 分析工作计划、分析工作相关纪律和要求等。

四、分析程序

（一）确定分析范围

HAZOP 分析工作开始前，新、改、扩建项目委托方或在役装置委托方应与 HAZOP 分析小组主持人明确所要分析的项目或装置的物理界区范围及边界工艺条件。

（二）划分节点

节点的划分一般按工艺流程进行，主要考虑单元的目的与功能、单元的物料、合理的隔离/切断点、划分方法的一致性等因素。连续工艺一般可将主要设备作为单独节点，也可以根据工艺介质性质的情况划分节点，工艺介质主要性质保持一致的，可作为一个节点。HAZOP分析节点范围一般由小组主持人在会前进行初步划分，具体分析时与分析小组成员讨论确定。

（三）描述节点的设计意图

选择划分好的一个节点，将节点的序号及范围填写入记录表。由熟悉该节点的设计人员或装置工艺技术人员对该节点的设计意图进行描述，包括对工艺和设备设计参数、物料危险性、控制过程、理想工况等进行详细说明，确保小组中的每一个成员都知道设计意图。

（四）确定偏差

在HAZOP分析中可先以一个具体参数为基准，将所有的引导词与之相组合，逐一确定偏差进行分析；也可以一个具体引导词为基准，将所有的参数与之相组合，逐一确定偏差进行分析。HAZOP分析常见偏差示例见表5-7。

表5-7 常见偏差示例

引导词	偏大	偏小	无	反向	部分	伴随	异常
流量	流量过大	流量过小	无流量	逆流	间歇性	杂质	错误物料
温度	温度过高	温度过低					
压力	压力过高	压力过低	无	真空			
真空度	真空度过高	真空度过低		正压			
液位	液位过高	液位过低	无				
腐蚀量	腐蚀量过大				不均匀腐蚀		
反应	过快、剧烈	过慢、活性低	终止	逆反应	不完全反应	副反应	催化剂中毒
时间	过长	过短	缺步骤	顺序颠倒			
泄放排放	排放过大	排放过小	无法排放	倒吸		排放介质异常	故障

（五）分析偏差导致的后果

分析小组对选定的偏差分析讨论它可能引起的后果，包括对人员、财产和环境的影响。讨论后果时不考虑任何已有的安全保护（如安全阀、联锁、报警、紧停按钮、放空等），以及相关的管理措施（如作业票制度、巡检等）情况下的最坏后果。讨论后果不应局限在本节点之内，而应同时考虑该偏差对整个系统的影响。

（六）分析偏差产生的原因

对选定的偏差从工艺、设备、仪表、控制和操作等方面分析讨论其发生的所有原因，原则上应在本节点范围内列举原因。

（七）列出现有的安全保护

在考虑现有的安全保护时，应从偏差原因的预防（如仪表和设备维护、静电接地等）、偏差的检测（如参数监测、报警、化验分析等）和后果的减轻（如联锁、安全阀、消防设施、应急预案等）三个方面进行识别。记录的安全保护必须是现有并实际投用或执行的。

（八）评估风险等级

评估后果的严重程度和发生的可能性，根据企业的风险矩阵确定风险等级。

（九）提出建议措施

分析小组根据确定的风险等级及现有安全保护，决定是否提出建议措施，建议措施应得到整个小组成员的共同认可。

（十）分析记录

分析记录是 HAZOP 分析的一个重要组成部分，也是后期编制分析报告的直接依据。小组记录员应将所有重要意见全部记录下来，并应当将记录内容及时与分析小组成员沟通，以避免遗漏和理解偏离。

循环上述分析过程，直至该装置的所有节点的全部工艺参数的全部偏差都得到分析。HAZOP 分析工作结束后，对分析记录结果进行整理、汇总，形成 HAZOP 分析报告初稿。

五、后续工作

在 HAZOP 分析结束后，分析小组应将 HAZOP 分析报告初稿提交委托方进行沟通和交流，向委托方说明整个 HAZOP 分析过程和所提出建议措施的依据，征询委托方方面的意见，并对 HAZOP 分析报告初稿进行进一步修改、完善。

HAZOP 分析报告初稿修改完善后，项目委托方应组织 HAZOP 分析报告评审会，评审的主要内容包括：分析小组人员组成是否合理、分析所用技术资料的完整性和准确性、分析方法的运用是否正确，以及建议措施的明确性与合理性、分析报告的准确性和可理解程度。

委托方应对 HAZOP 分析报告中提出的建议措施进行进一步的评估，根据风险管理的合理实际并尽可能低的原则和可接受风险要求，作出书面回复，对每条具体建议措施选择可采用完全接受、修改后接受或拒绝接受的形式。

相关链接：蝴蝶效应（butterfly effect）

蝴蝶效应（butterfly effect）是一个混沌理论的概念，它描述的是在一个动态系统中，初始条件的微小变化能够带动整个系统长期的、巨大的连锁反应。它揭示了事物发展的复杂性和不可预测性。

一、由来与发现

1960 年，美国麻省理工学院教授洛伦兹研究"长期天气预报"问题时，在计算机上用一组简化数据模拟天气的演变，原本是想利用计算机的高速运算来提高天气预报的准确性。但是，事与愿违，多次计算表明，初始条件的极微小差异，会导致错误的结论。

洛伦兹发现了微小差异导致的巨大反差，他用一个形象的比喻来表达这个发现："一只小小的蝴蝶在巴西上空振动翅膀，它扇动起来的小小漩涡与其他气流汇合，可能在一个月后的美国得克萨斯州会引起一场风暴。"这就是混沌学中著名的"蝴蝶效应"。意思即一件表面上看来毫无关系、非常微小的事情，可能带来巨大的改变。

二、西方的民谣

可以用在西方流传的一首民谣对此作形象的说明。这首民谣说：

丢失一个钉子，坏了一只蹄铁；

坏了一只蹄铁，折了一匹战马；

折了一匹战马，伤了一位骑士；

伤了一位骑士，输了一场战斗；

输了一场战斗，亡了一个帝国。

马蹄铁上一个钉子是否会丢失，本是初始条件的十分微小的变化，但其"长期"效应却是一个帝国存与亡的根本差别。这就是军事和政治领域中的所谓"蝴蝶效应"。

三、现实的体现

个人决策：一个人在某个时刻做出的一个小决定可能会对他的未来产生巨大的影响。比如，一个人选择学习一门新技能，可能会因此获得一个更好的工作机会。

环境变化：自然环境中的小变化，如某地的森林砍伐，可能会对全球气候产生影响，比如导致某些地区的气候异常。

健康习惯：日常生活中的一个小习惯，比如坚持每天运动，长期下来可能会对个人的健康状况产生积极影响。

教育影响：讲师在课堂上的一个小鼓励，可能会激发员工的学习兴趣，对他们的工作和未来职业发展产生重要影响。

安全工作：安全无小事，一个企业在安全管理方面的任何小的疏漏和隐患，都可能演变成巨大的事故和灾难，在隐患管理方面我们一定做到见微知著、防微杜渐，不要把小隐患拖成大隐患，更不将隐患演变成事故。

四、启示与意义

蝴蝶效应是一个具有深刻内涵和广泛应用的概念，它揭示了事物发展的复杂性和不可预测性，对我们认识世界和做出决策具有重要的启示意义，学会在不确定的环境中做出最佳的决策。蝴蝶效应提醒我们，即使是最微小的行为和决策也可能带来意想不到的长远影响。因此，我们应该更加谨慎地对待我们的选择和行为，以避免不良后果的发生。

第六章　生产安全事件事故

为了能更加有效地防范各类事故事件的发生,以及事故发生时,能够及时有效地实施应急和营救,尽量避免和减少事故的人员伤亡和财产损失,对于高危的石油石化企业来说,必须规范事故事件与应急管理。生产安全事故事件管理包括事故事件报告、调查、处理和统计等工作,应当实事求是,坚持及时准确、科学严谨、依法依规、真实完整的原则,查清事故事件的原因,查明事故事件性质,总结事故教训,制订整改措施,以防止事故事件的再次发生。

生产安全事件与事故管理应当坚持实事求是、预防为主、全员参与、属地管理的原则。企业应当按规定报告生产安全事件事故信息,按照直线管理责任组织有关人员分析事件事故的发生原因,及时制订防范措施并跟踪落实。

第一节　安全与价值观

安全是指免除了不可接受的损害风险的状态,是指客观事物的危险程度能够为人们普遍接受的状态,明示了安全的最基本、最主要的内涵。还有一种具有代表性且被广泛引用的传统说法是：不发生导致死亡、伤害、职业病、设备和财产损失的状况。安全是相对性的,当将系统的危险性降低到某种程度时,该系统便是安全的,而这种程度即为人们普遍接受的状态。另有一句话"无危为安,无损为全"也许更能概括安全的这些含义。

一、安全

安全（safety）至少由6个单词的第一个大写字母组成,即 S、A、F、E、T、Y。它包含着丰富的安全哲理和安全内容,靠多种因素协调、配合才能完美地进入理想的安全境地。国内外的专家、学者曾对英文的 safety 一词做过认真的考证和研究，主要有如下见解。

"S"是英文 sense 的第一个字母，其含义是：感觉、意识、见识、知觉、概念等。它表明要保障安全，首先要靠人自身的能力，靠人的敏感、知觉、见识；靠人对周围环境的直觉反应和判断；靠人具有的安全知识、安全经验；靠人的安全意识和安全的应急能力及敏锐性；靠人的正确思维和采取的自我保护行为。

"A"是英文 attiude 的第一个字母，其含义是：态度。它表明安全与人对安全的认识及所持的态度直接相关。因为积极的态度就会产生主动而灵活的保障安全的行动，有了严肃、认真、警惕、预防的态度，才会有科学、自律的行动，才会真正树立起"安全第一，预防为主"的思想。

"F"有其十分丰富的含义，至少有三方面的内容，人要保障安全必须有以下最基本的素质。

——第一个含义是：合适、协调、恰到好处。是英文 fit 的第一个字母，它表明人在从事任何活动时都要重视和保障安全。在工作和生活中要保障人的安全与健康，就要保持和维护一种安全、健康、协调、舒适、无害的环境和状态。

——第二个含义是：有远见、有先见之明、深谋远虑。是英文 foresight 的第一个字母，它表明人在从事任何活动时，对保障其安全与健康要有预见性，采取任何行动都要三思而行，不要凭一时冲动、凭意气、凭感情处理问题，在采取行动前，要防患于未然，提前明确防备、对策和措施。

——第三个含义是：熟悉、精通、熟练、有把握。是英文 familiarity 的第一个字母，它表明人在从事任何活动中，要熟悉安全知识，精通技能，对所使用的工具、设备及操作规程要了如指掌，运用自如，一旦有意外情况，能果断排除，化险为夷。

这三个"F"就是指人在从事任何活动中必须有正确的安全思维方式，要有丰富的安全知识和熟练的安全技能，要时时处处做到科学、和谐、自如、协调地保障人的安全与健康，从人的安全文化素质提高的角度来考虑，要求每个人都必须具有正确的安全观点、安全思维、安全道德、安全行为，才能真正实现人们追求的安全目标。

"E"是英文 education 的第一个字母，其含义是：教育、训导、教化、熏陶、培养等。它强调教育、教化、训练的重要性。必须通过教育的途径和手段向人们传播、培养、熏陶安全知识、安全技能，不断提高人们的安全文化素质，形成安全的意识、安全的思维、安全的行为、道德规范和安全的价值观。

"T"至少表示两方面的内容，一方面是要有计划、有准备、保持有条不紊、精力充沛、时间充分地从事各项活动；另一方面是要注意交流，包括交谈、信息和思想三种形式。

——其中一个"T"是英语的一句话，即 Take the time to do it right，这句话的意思是：从容不迫地把工作做好。说明做好安全工作或保障人从事活动时的安全，必须要有切实可行的计划和时间表，充沛的精力，有效的技术、充足的后援、富裕的时间，以及自动监测和应急设备，保证万无一失，或一旦有所失误也能胸有成竹地调整到安全状态。

——另一个"T"的含义是英文的 talk，是交流、协商、讨论之意。它表明要保障安全必须做好信息交流，全体员工及大众对安全信息要经常讨论、协商、交流观点和看法，从说、谈、商讨的方式中取得经验、办法和对策。通过安全信息的反馈可以纠正或调整人们的不安全行为和物的不安全状态，控制和避免伤亡事故的发生。真正做到充分地把握时间、利用时间、合理分配时间，保障安全、高效、有序、稳定的运行，同时具有消灾避难，对付事故的应急措施，以安全信息为传媒，调整人的行为和活动，实现人们从事任何活动时的安全。

"Y"是 you 的第一个字母，意为你、你们，泛指人、人群，指每个人、每个群体、每个单位、每个部门、任何集团，说明安全是每个人的事，是全民、全员的事，从上到下、从老到幼都与安全休戚相关，没有安全就没有社会的文明与进步。安全需要人人关心、人人献力、人人力行，遵章守纪、自爱自律是实现安全的基础，提高全员的安全文化素质，是促进企业和社会的和谐发展。

"安全生产"是指在生产过程中消除或控制危险和有害因素，保障人身安全健康、设备完好无损及生产顺利进行。在安全生产中，消除危害人身安全和健康的因素，保障员工安全、健康、舒适地工作，称之为"人身安全"；消除损坏设备、产品等的危险因素，保证生产正常进行，称之为"设备安全"。总之，安全生产就是使生产过程在符合安全要求的物质条件和工作秩序下进行，以防止人身伤亡和设备事故及各种危险的发生，从而保障劳动者的安全和健康，以促进劳动生产率的提高。

安全（safety）与危险（danger）是一对互为存在前提的术语，是一对相对的概念，是一对此消彼长的矛盾双方。危险是绝对存在的，而绝对的安全是不存在的，安全只是相对的，是一种模糊概念，按模糊数学的论点，危险性是对安全的隶属程度，当危险性降低到某一程度时就定义为安全。设 S 代表安全性，危险性 $D=f(F, C)$，F 代表事故可能性，C 代表事故严重性，则二者的关系可表示为：$S=1-D$。

大多数人认为或能接受的相对安全的危险性就成了当代社会可接受的安全水平，无知者才无畏，安全是把危险性控制在"合理实际尽可能低"（ALARP）的水平上，是安全还是危险是由当代科学进步、经济基础和安全心理素质来判断和决定的，随着社会的不断步，社会允许的安全限度就会越来越低，人们识知和面对的危险就会越来越多，见图6-1由A阶段到B阶段的推进过程。

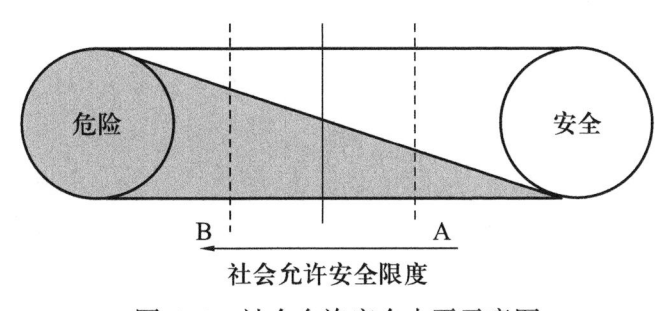

图 6-1 社会允许安全水平示意图

综上所述，随着人们认识的不断深入，安全的概念已不是传统的职业伤害或疾病，也并非仅仅存在于企业生产过程之中，安全科学关注的领域涉及人类生产、生活、生存活动中的各个领域。我的安全就是你的安全，你我的安全就是我们的安全，我们的安全就是社会的和谐发展。民族的繁荣、社会的进步、国家的兴盛，都离不开安全，只有每个人都安全了，社会才能真正的和谐。因此，安全是构建和谐社会的保证，是民族振兴之根本，是人民的守护神。

二、本质安全

"本质安全"（intrinsic safety）这一术语源于20世纪60年代的电子工业，

用于指电子系统的自我保护功能。后来这一概念被工业安全所接纳并推广。"本质安全"是指通过设计等手段使生产设备或生产系统本身具有安全性，即使在误操作或发生故障的情况下也不会造成事故的功能。通过本质安全化的手段、方法，达到无损无害。也就是通过提高工艺过程、机械设备的本质安全性，即使当人出现操作失误，其本身的安全防护系统能自动调节和处理，以保护设备和人身安全。

本质安全是指从一开始和从本质上实现了安全化，可从根本上消除事故发生的可能性，从而达到预防事故发生的目的。广义的本质安全包括人的本质安全和物的本质安全。但也有人认为人的本质安全根本不存在，只有物的本质安全，物又分为物料和设备设施，物料的本质安全说的是无毒无害的物料。

人的本质安全相对于物方面的本质安全而言，具有先决性、引导性、基础性地位。人的本质安全是一个可以不断趋近的目标，同时又是由具体小目标组成的过程。人的本质安全既是过程中的目标，也是诸多目标构成的过程。本质安全型的员工可通俗地解释为：想安全、会安全、能安全。即具备自主安全理念，具备充分的安全技能，在可靠的安全环境系统保障之下，具有安全结果的生产管理者和作业者。

人们通常所说的本质安全是狭义的本质安全，也就是专指设备、设施或技术工艺含有内在的能够从根本上防止发生事故的功能，具体地讲，包含两个方面的内容：

——失误-安全（fool-proof）功能。指操作者即使操纵失误也不会发生事故和伤害，或者说设备、设施具有自动防止或阻止人的不安全行为的功能。

——故障-安全（fail-safe）功能。指设备、设施发生故障或损坏时还能暂时维持正常工作或自动转变为安全状态。

上述两种安全功能应该是设备、设施本身固有的，即在它们的规划设计阶段就被纳入其中，而不是事后补偿的。本质安全就是从根本上消除和降低各类危害和影响，是防止事故发现最基本最有效的方法，是安全管理预防原理的根本体现，也是安全管理最高境界。

其实，本质安全化的含义也不仅局限于设备、设施的本质安全，而应扩展到诸如新设备、新技术、新工艺、新材料的应用，甚至包括人们日常生活等各个领域。本质安全型企业指在存在安全隐患的环境条件下能够依靠内部系统和组织保证长效安全生产。该模型建立在对事故致因理论研究的基础上，建立科学的、系统的、主动的、超前的、全面的事故预防体系，双重预防机制建设就是预防体系中一个重要的组成部分。

三、系统安全

"系统安全"（system safety）是在系统生命周期内应用系统安全工程和系统安全管理方法，辨识系统中的隐患，并采取有效的控制措施使其危险性最小，从而使系统在规定的性能、时间和成本范围内达到最佳的安全程度。系统安全是人们为解决复杂系统的安全性问题而开发、研究出来的安全理论、方法体系，是系统工程与安全工程结合的完美体现。

系统安全的基本原则就是在一个新系统的构思阶段就必须考虑其安全性的问题，制订并执行安全工作规划，属于事前分析和预先的防护，与传统的事后分析并积累事故经验的思路截然不同。系统安全活动贯穿于系统的全生命周期。系统安全强调的是系统全生命周期的安全性，而绝非仅仅是某个阶段的安全性。

所谓"全生命周期"是指系统的设计、试验、生产、使用、维护直至报废各个阶段的总称。作为系统的设计者，应当在设计阶段就对系统生命周期各阶段的风险进行全面的分析评价，并通过设计或管理手段保证系统总体风险的最小化。应当使系统在符合性能、时间及成本要求的条件下达到最佳安全水平，而非一味追求安全，忽视经济效益，使安全与效益相脱节。应使系统总体安全效果最佳，即使系统的总体风险最小化，而非仅仅消除系统局部的危险，这也是系统安全管理的最主要目的所在。

在事故归因理论方面，系统安全改变了人们只注重操作人员的不安全行为而忽略硬件的故障在事故归因中作用的传统观念，开始考虑如何通过改善物的系统的可靠性来提高复杂系统的安全性，从而避免事故。没有任何一种事物是绝对安全的，任何事物中都潜伏着危险。通常所说的安全或危险只不过是一种主观的判断。不可能根除一切危险，但可以减少来危险程度，宁可减少总的危险性而不是彻底去消除几种选定的危险。双防工作的目标就是控制风险，努力把事故发生概率减到最低，即使万一发生事故时，把伤害和损失控制在较轻的程度上。

四、安全价值观

价值观是基于人的一定的思维感官之上而作出的认知、理解、判断或抉择，也就是人认定事物、辩定是非的一种思维或取向，从而体现出人、事、物一定的价值或作用。价值观是指个人对客观事物及对自己的行为结果的意义、作用、效果和重要性的总体评价，是对什么是好的、是应该的总看法，是人认定事物、辩定是非的一种思维或价值取向，是推动并指引一个人采取决定和行动的原则、标准。价值观决定、调节、制约个性倾向中的需要、动机、愿望等，使人的行为带有稳定的倾向性，是人的动机和行为模式的统帅。

安全价值观（safety values）是被企业的员工群体所共享的、对安全问题的意义和重要性的总评价和总看法。价值观是了解员工的态度和动机的基础，反映出了人们对"安全重要性"的认识。这种认识是多维的，从不同角度有不同认识。例如，从生命观角度，人们认识到"安全就是生命"；从道德观角度，人们认为"忽视安全等于谋财害命"；从人生幸福观角度，人们认识到"安全就是幸福"；从经济角度，"安全就是效益"；从政治角度，"安全才能构建和谐社会"。几种最为重要的安全价值观如下。

（一）"安全第一"的哲学观

"安全第一"是一个相对的概念，树立起辩证的"安全第一"哲学观，才能处理好安全与生产、安全与效益的关系，对做好企业的安全工作起着至关重要的作用。"安全第一"可以说是安全管理的基本原则，任何企业都要努力提高经济效益，但必须服从安全第一的原则。"安全第一"就是要求在进行生产和其他活动的中把安全工作放在一切工作的首要位置。当生产和其他工作与安全发生矛盾时，要以安全为主，生产和其他工作服从安全，这就是安全第一。

贯彻"安全第一"原则，就是要求一切企业的管理者要高度重视安全，把安全工作当作头等大事来抓，要把保证安全作为完成各项任务、做好各项工作的前提条件。在决策、计划、布置、实施、考核等各项工作时首先要想到安全，预先采取措施防止事故发生。该原则强调必须把安全生产作为衡量各级企业工作好坏的一项基本内容，作为一项有"否决权"的指标。发展决不能以牺牲人的生命为代价，这必须作为一条不可逾越的红线，各级领导干部要牢固树立安全发展理念,始终把人民群众生命安全放在第一位。

"安全第一"的原则通过如下方式体现:在思想认识上,安全高于其他工作;在组织机构上,安全权威大于其他组织或部门;在资金安排上,安全的重视程度重于其他工作所需的资金;在知识更新上,安全知识学习先于其他知识培训和学习;在检查考评上,安全的检查评比严于其他考核工作;当安全与生产、经济、效益发生矛盾时,安全优先。安全既是企业的目标,又是各项工作(技术、效益、生产等)的基础。

(二)"预防为主"的科学观

要高效、高质量地实现企业的安全生产,必须走预防为主之路,必须采用超前管理、预防管理的方法,这是在生产实践证实的真理。任何工业事故无论从理论还是客观上讲,都是可预防的。因此,企业应该通过双重预防机制建设,采取各种合理的对策和措施,从根本上消除各类风险和隐患,把事故的发生率降低到最小限度。通过双重预防机制建设,变纵向单因素管理为横向综合管理;变事后处理为预先分析;变事故管理为隐患管理;变管理的对象为管理的动力;变静态被动管理为动态主动管理,实现本质安全,而预防为主的科学观是实现系统本质安全的必由之路。

(三)"综合治理"的系统观

"安全第一,预防为主,综合治理"在安全生产法中以法律形式确立为我国安全生产的基本方针。"综合治理"是保证安全生产的系统方式和措施,由于形成事故的多种危害因素相互联系、相互影响,所以安全生产工作的立足点,必须放在预防事故风险辨识和隐患治理上,而不是被动地应付事故,不要等到付出生命代价、有了血的教训后再去改进工作,而是要通过双重预防机制建设,从行政的、技术的、管理的、教育的等多种形式和手段进行综合治理。要牢固树立发展决不能以牺牲安全为代价的红线意识,以防范和遏制重特大事故为重点,坚持标本兼治、综合治理和系统建设,统筹推进安全生产领域改革发展。

(四)"以人为本"的情感观

安全维系人的生命安全与健康,"生命只有一次""健康是人生之本"。充分认识人的生命与健康的价值,强化"善待生命,珍惜健康"理念,是我们社会每一个人应该建立的情感观。不同的人应有不同层次的情感体现,员工安全情感主要是通过"爱人、爱己""有德、无违"来体现;作为一个企业更重要的是创造条件满足员工的各层次的需要。"以人为本"尊重与爱护员工是管理者应有的情感观:用"热情"的宣传教育激励员工;用"衷情"的服务支持安全技术人员;用"深情"的关怀保护和温暖员工;用"柔情"的举措规范员工安全行为;用"绝情"的管理爱护员工;用"无情"的事故启发众人。企业的"企",无"人"则"止",一个企业要发展,就要把企业的发展同人的价值结合起来。以人为本要体民情、解民忧,关心员工的衣、食、住、行,要为员工的安全操作创造条件,做员工的知心人、贴心人,把企业建成和谐之家,要为员工的个人发展、自我实现创造条件。

(五)"安全效益"的经济观

效益是指各种资源投入与产出的有效成果之比。随着生产技术的发展和事故严重性的增长,安全对于生产经济的作用日益明显,安全经济效益的概念得到了普遍接受。企业是因追求利润而存在的,没有效益企业就不可能发展。而企业的发展离不开安全生产,安全是生产的前提,是企业生存发展的奠基石,关系到企业的声誉、形象、地位和影响,安全生产是企业经济效益和社会效益的有力保障。实现安全生产,保护员工的生命安全与健康,不仅是企业的工作责任和义务,而且是实现经济效益的基本条件。安全不是消耗,而是一种能带来丰厚回报的战略投资,是企业取得优秀经营业绩的催化剂。"安全不仅能减损而且能增值",这是应建立的安全经济观。

没有效益的安全是没有意义的,没有安全的效益是暂时的。安全的投入不仅能给企业带来间接的回报,而且能产生直接的效益。对企业来讲,安全是"1",其余的都是"1"后边的"0",一旦失去了"1",那么后边的"0"就毫无意义,1000-1=0。安全就是效益,良好的安全业绩,可以避免因事故各类直接经济损失和数目更为巨大的间接经济损失,这些避免的损失就是效益的体现。减少生产过程的无益消耗和事故损失、保障和维护生产或价值的形成是安全的直接经济效益;对员工生理、心理能力的保护及其素质的提高,资源、环境的保护、产品的可靠与安全声誉及对社会稳定的贡献是其间接效益。

第二节　生产安全事件

生产安全事件是指在生产经营活动中，由于人为原因可能或已经造成人员伤害或经济损失，但未达到生产安全事故管理办法所规定事故等级的事件。鼓励员工及时报告生产经营活动中的生产安全事件，提高广大员工参与安全生产管理的积极性，营造企业安全文化氛围，进一步预防和避免生产安全事故。

一、事件分类

——工业生产安全事件：在生产场所内从事生产经营活动中发生的造成人员轻伤以下或直接经济损失小于1000元的情况；

——道路交通事件：企业车辆在道路上因过错或者意外造成人员轻伤以下或直接经济损失小于1000元的情况；

——火灾事件：在企业生产、办公以及生产辅助场所发生的意外燃烧或燃爆事件，造成人员轻伤以下或直接经济损失小于1000元的情况；

——其他事件：上述三类事件以外的，造成人员轻伤以下或直接经济损失小于1000元的情况。

二、事件分级

工业生产安全事件、道路交通事件、火灾事件及其他事件根据损害程度分为五级：

——限工事件：人员受伤后下一工作日仍能工作，但不能在整个班次完成所在岗位全部工作，或临时转岗后能在整个班次完成所转岗位全部工作的情况。

——医疗事件：人员受伤需要专业医护人员进行治疗，且不影响下一班次工作的情况。

——急救箱事件：人员受伤仅需一般性处理，不需要专业医护人员进行治疗，且不影响下一班次工作的情况。

——经济损失事件：在企业生产活动中发生，没有造成人员伤害，但导致直接经济损失小于1000元的情况。

——未遂事件：已经发生但没有造成人员伤害或直接经济损失的情况。

三、事件管理

事件发生后，现场有关人员应当视现场实际情况按规定启动应急处理程序，防止事件进一步扩大。

——事件当事人应当向现场负责人进行报告，并填写生产安全事件报告分析单，参考生产安全事件原因综合分析表进行原因分析可；事件发现者也可以向现场负责人进行报告。

——事件发生基层单位应当及时组织对生产安全事件报告分析单进行分析、制订防范措施并告知员工。

——企业及所属二级单位应当定期对上报的生产安全事件进行综合分析，发现规律并进行风险评估，形成预测分析报告，制订切实可行的整改措施，消除可能造成事故的危害因素。

——企业各级管理者应当对预测分析报告中整改措施的落实情况进行监督和跟踪。

——各级组织应当积极将典型的生产安全事件作为安全经验分享的重要资源，以各种方式进行共享，汲取经验教训。

——安全经验分享材料应当避免提及事件当事人的姓名或其他具有明显身份辨识作用的信息。

——事件发生在国内/外的，应当在事件发生后 5/10 个工作日内完成分析工作，并按照生产安全事件分类分级录入 HSE 信息系统，需后续整改的问题应当在整改工作完成后及时在系统中补充完善。

——企业应当将承包商发生的生产安全事件参照上述规定进行管理。

企业应当建立事件报告奖励制度，鼓励、发动员工发现和积极报告各类事件信息，对发现、报告各类事件信息的人员进行奖励。除严重违章行为外，企业一般不对事件有关人员进行处理，对不认真组织分析生产安全事件和落实整改措施的各级管理人员应当进行考核处理。

四、事件分享

事件是一种宝贵的资源。各企业应当积极将典型的生产安全事件作为安全经验分享的重要资源，以各种方式进行共享，汲取经验教训。各级管理者首先应转变观念，在意识上必须理解事件上报的意义和重要性，在行动上加以宣贯积极鼓励事件上报。同时，从制度层面加以完善和改进，在执行力上强化落实，突出分类与分级管理，结合具体事件认真分析原因，制订纠正和预防措施，并在一定范围内进行安全经验分享，教育员工避免类似事件再发生。

另外，对于事件上报工作，可通过正面激励进行引导，采取鼓励、奖励等方式给予推动，进而调动员工参与的热情，营造出一种良好的氛围。在对收集到的事件开展安全经验分享时，应注意不只是描述事件的过程，更重要的是分享自己的感受和心得，通过经验教训，提高安全意识，掌握正确的安全做法。安全经验分享材料应当避免提及事件当事人的姓名或其他具有明显身份辨识作用的信息。

重视对事件的原因分析，同样是一种危害因素辨识和隐患排查的方法，进而制订相应风险管控措施，这是当前和今后一段时间有效管控风险的绝佳途径。应进一步强化对事件上报、统计和分析管理，把这些未引起我们关注的事件的原因分析的结果，作为危害因素辨识的输入和补充，也是从另外一个角度来辨识危害因素。

第三节　生产安全事故

生产安全事故管理包括事故报告、调查、处理和统计等工作，应当实事求是，坚持及时准确、科学严谨、依法依规、真实完整的原则，查清事故原因，查明事故性质，认定事故责任，总结事故教训，制订整改措施，并对事故责任者提出处理意见。任何单位和个人不得迟报、漏报、谎报、瞒报生产安全事故，不得伪造、篡改统计资料。

一、分类与分级

（一）事故分类

生产安全事故，是指在生产经营活动中发生的造成人身伤亡或者直接经济损失的事故，包括工业生产安全事故和道路交通事故，生产安全事故类型见表6-1。

表 6-1 按事故严重程度的事故分级

等级	死亡人数	重伤人数	轻伤人数	直接经济损失
特别重大事故	30 人以上	100 人以上		1 亿元以上
重大事故	10 人以上 30 人以下	50 人以上 100 人以下		5000 万元以上 1 亿元以下
较大事故	3 人以上 10 人以下	10 人以上 50 人以下		1000 万元以上 5000 万元以下
一般 A 级	3 人以下	3 人以上 10 人以下	10 以上	100 万元以上 1000 万元以下
一般 B 级		3 人以下	3 人以上 10 人以下	10 万元以上 100 万元以下
一般 C 级			3 人以下	1000 元以上 10 万元以下

注：本表所称的"以上"包括本数，所称的"以下"不包括本数。

——工业生产安全事故是指在所属单位管理的场所范围内发生的，或者所属单位在属地外进行生产经营活动过程中发生的，或者因所管辖的设备设施原因导致的事故。

——道路交通事故是指所属单位在生产经营活动中所管理的自有或者租赁的机动车在公共道路上发生的交通安全事故。

（二）事故分级

根据生产安全事故造成的人员伤亡或者直接经济损失，将事故分为以下等级：

（1）特别重大生产安全事故，是指造成 30 人以上死亡，或者 100 人以上重伤（包括急性工业中毒，下同），或者 1 亿元以上直接经济损失的事故。

（2）重大生产安全事故，是指造成 10 人以上 30 人以下死亡，或者 50 人以上 100 人以下重伤，或者 5000 万元以上 1 亿元以下直接经济损失的事故。

（3）较大生产安全事故，是指造成 3 人以上 10 人以下死亡，或者 10 人以上 50 人以下重伤，或者 1000 万元以上 5000 万元以下直接经济损失的事故。

（4）一般生产安全事故，是指造成 3 人以下死亡，或者 10 人以下重伤，或者 1000 万元以下直接经济损失的事故。具体细分为三级：

——一般A级生产安全事故，是指造成3人以下死亡，或者3人以上10人以下重伤，或者10人以上轻伤，或者100万元以上1000万元以下直接经济损失的事故；

——一般B级生产安全事故，是指造成3人以下重伤，或者3人以上10人以下轻伤，或者发生有影响的着火爆炸，或者10万元以上100万元以下直接经济损失的事故；

——一般C级生产安全事故，是指造成3人以下轻伤，或者3人以上10人以下轻微伤，或者1000元以上10万元以下直接经济损失且未造成舆情的事故。

造成3人以下轻微伤，或者1000元以下直接经济损失且未造成舆情影响的生产安全事故，按照生产安全事件管理。

因火灾造成的工业生产安全事故和道路交通事故7d内发生的亡人数、其他工业生产安全事故30d内发生的亡人数，纳入事故总亡人数统计。重伤、轻伤、轻微伤按照国家有关鉴定标准确定。

注：在伤亡事故统计的国家标准《企业职工伤亡事故分类》（GB 6441）中，把受伤害者的伤害分成三类。

轻伤：指损失工作日为一个工作日（含一个工作日），105个工作日以下的失能伤害。

重伤：损失工作日为105个工作日以上（含105个工作日）的失能伤害，重伤的损失工作日最多不超过6000个工作日。

死亡：发生事故后当即死亡，包括急性中毒死亡，或受伤后在30d内死亡的事故。死亡损失工作日为6000个工作日。

造成3人以下轻微伤，或者1000元以下直接经济损失且未造成舆情影响的生产安全事故，按照生产安全事件管理。

（三）基本要求

生产安全事故的报告、调查、处理和统计工作应当实事求是，遵循科学严谨、依法依规、注重实效的原则。事故的报告应当及时、准确、完整，任何单位和个人不得故意瞒报、谎报、迟报或者漏报。

事故的调查处理应当及时准确地查清事故经过和事故原因，查明事故性质，认定事故责任，总结事故教训，提出纠正预防措施，并对事故责任者提出处理建议。

事故的统计应当准确、合规，不得伪造、篡改统计资料；对在统计工作中知悉的国家秘密、企业商业秘密和个人信息，应当予以保密。

任何单位和个人发现存在事故瞒报、谎报、迟报或者漏报等行为的，有权进行事故举报。事故举报应当事实清楚，并附带相关证据和调查线索。

企业应当公布电话、邮箱等事故举报途径，用于及时受理和处理事故举报信息。接到举报的部门应当及时查证和处理，并保护实名举报人员个人信息。

二、事故的报告

事故报告是安全生产工作中的一项十分重要的内容。事故发生后，及时、准确、完整地报告事故，对于及时、有效地阻止事故救援，减少事故损失，顺利开展事故调查具有十分重要的意义。

（一）报告基本要求

企业主要负责人是生产安全事故报告的第一责任人，发生事故后，事故单位应当第一时间报告事故信息。企业接到事故信息后，应当按规定及时、如实报告事故信息。

（1）较大及以上生产安全事故（包括可能升级到较大及以上的生产安全事故），由企业在事故发生后 30min 之内，向上级主管部门简要报告，1h 内以事故快报书面报告；紧急情况下可由基层单位或者现场直接向集团总部报告事故信息。

（2）一般 A 级工业生产安全事故、B 级工业生产安全事故中有影响的着火爆炸事故，由企业在事故发生后 1h 内，向上级主管部门报告和抄送，随后以事故快报书面报告。

（3）一般 B 级工业生产安全事故中可能危及生命安全的重伤事故，由企业在事故发生后 2h 内报告抄送上级主管部门，并在事故发生后 24h 内录入 HSE 信息系统。

（4）一般 B 级其他工业生产安全事故、一般 C 级工业生产安全事故、一般 A 级及以下道路交通事故，由企业或者事故单位在事故发生后 24h 内，通过录入 HSE 信息系统生产安全事故管理模块进行报告。

对生产经营和工作场所发生的无法及时界定事故类型、等级、性质的涉及亡人和重伤的事故，企业应当先按照生产安全事故进行报告和处置，再根据调查情况进行界定、处理和统计。

内部承包商发生的工业生产安全事故，由建设单位和内部承包商分别报告；外部承包商发生的工业生产安全事故，由建设单位负责报告。工业生产安全事故发生后，企业应当向事故发生地县级以上人民政府的有关部门报告。道路交通事故发生后，企业应当向事故发生地公安机关交通管理部门报告。

（二）书面报告要求

一般 A 级及以上生产安全事故书面报告应当包括以下内容：
——事故发生单位概况；
——事故发生的时间、地点、事故现场及周边环境情况；
——事故的简要经过；
——事故已经造成的伤亡人数、失踪人数、被困人数和初步估计的直接经济损失；
——已经采取的措施；
——媒体关注情况及舆情；
——其他应当报告的情况。

生产安全事故情况发生变化的，企业应当及时续报，续报采用书面的形式，主要内容包括：
——人员伤亡、救治和善后处置情况；
——现场处置和生产恢复情况；
——舆情监测和媒体沟通情况；
——次生灾害及处置情况；
——其他应当续报的情况。

工业生产安全事故伤亡人数自事故发生之日起 30d 内发生变化的，或者道路交通事故、因火灾造成的工业生产安全事故伤亡人数 7d 内发生变化的，企业应当及时补报。

（三）不得谎报或漏报

事故发生后，有关单位和个人应当严格按照规定报告，不得有下列行为：

（1）故意隐瞒已经发生的事故；

（2）谎报或者漏报事故发生的时间、地点、类别、伤亡人数、直接经济损失等内容；

（3）超过规定时限报告事故。

对于造成3人以下人员被困或者下落不明的事故，或者3人及以上涉险的事故，以及造成大量人员紧急疏散或危及重要场所和设施安全的事故，应当按照一般A级事故的规定报告，并组织抢险救援。

三、事故的应急

生产安全事故发生后，事故单位在上报事故的同时，应当立即启动应急预案，采取有效措施、组织抢险救援，防止事故扩大，减少人员伤亡和财产损失，避免造成次生事故及灾害。

（一）赶赴事故现场

接到生产安全事故报告后，企业相关负责人应当赶赴事故现场组织抢险救援，在事故调查处理期间不得擅离职守。

——发生较大及以上事故，或者已经发生一般A级事故并可能造成次生事故时，企业主要领导和相关职能部门负责人应当赶赴事故现场。企业主要领导公出在外时，接到事故报告后，应当立即赶赴事故现场。

——发生一般A级工业生产事故，一般B级生产安全事故中有影响的着火爆炸事故，企业业务分管领导或者分管安全工作的领导和相关职能部门负责人应当赶赴事故现场。

——发生一般B级其他工业生产安全事故、一般C级工业生产安全事故、一般A级道路交通事故时，由企业根据具体情况明确赶赴事故现场的人员。

——在重大风险领域、特殊敏感时段或者地点、升级管控期间等发生的有影响的生产安全事故，即使未造成人员伤亡，企业主要领导和相关职能部门负责人也应当赶赴事故现场。

（二）现场处理要求

发生生产安全事故的单位应当根据事故应急救援需要划定警戒区域，配合当地政府有关部门及时疏散和安置事故可能影响的周边居民和群众，劝离与救援无关的人员，对现场周边及有关区域实行交通疏导。事故应急处置现场应当确认能量隔离有效性，识别和防范能量隔离失效的风险。能量集中场所应当严格控制现场人员和数量，严禁人员聚集。

（三）保护相关证据

发生生产安全事故的单位应当妥善保护事故现场及相关证据，拍摄、收集并保存事故现场影像资料，任何单位和个人不得破坏事故现场、毁灭有关证据。因抢救人员、防止事故扩大以及疏通交通等原因，需要移动事故现场物件的，应当做出标志、绘出现场简图并做出书面记录，妥善保存现场重要痕迹、物证。事故应急处置完成后，企业应当对恢复生产过程中的生产安全风险进行评估，制订落实风险管控措施，防止事故再次发生。

四、调查与处理

企业应当积极配合当地政府和事故内部调查组开展的事故调查工作，应当针对事故原因制订并落实相应的防范措施。生产安全事故内部调查组成员应当具有事故调查所需要的专业知识，并与所调查的事故没有直接利害关系，事故内部调查组可以聘请有关专家参与调查。

（一）调查组职责

生产安全事故内部调查组应当履行下列职责：

（1）查明事故发生的经过、原因、人员伤亡情况及直接经济损失；
（2）认定事故的性质和事故责任；
（3）提出对事故责任单位和人员的处理建议；
（4）总结事故教训，提出防范和整改措施建议；
（5）提交事故调查报告。

事故内部调查组有权向有关单位和个人了解事故有关情况，并要求其提供相关文件、资料，有关单位和个人不得拒绝。

（二）调查报告

事故内部调查组根据事故类型及发生机理，科学选用调查方法开展调查分析，按照"查思想、查管理、查技术、查纪律"的要求剖析事故原因。

事故内部调查报告应当包括下列内容：

（1）事故相关单位概况；

（2）事故发生经过和事故救援情况；

（3）事故造成的人员伤亡等；

（4）事故发生的原因和事故性质；

（5）事故责任的认定及对相关责任人的处理建议；

（6）事故防范和整改措施。

事故内部调查组成员在事故调查过程中应当诚信公正、恪尽职守，遵守事故调查纪律，保守事故调查秘密，不得擅自透露或者发布事故调查信息。事故内部调查组成员应当在事故调查报告上签名。

（三）事故处理

生产安全事故应当按照事故原因未查明不放过、责任人员未处理不放过、整改措施未落实不放过、有关人员未受到教育不放过的"四不放过"原则进行处理。生产安全事故内部调查结束后，组织召开事故分析会。

企业应当认真吸取生产安全事故教训，落实防范和整改措施，防止类似事故再次发生。防范和整改措施的落实情况应当接受工会和员工的监督。

按照干部管理权限，应当依据地方人民政府批复的事故调查报告和内部调查报告，按照员工违规行为处理相关规定落实处理意见，并报上级部门备案。

单位对事故责任人员的处理不得低于政府批复的事故调查报告和事故内部调查报告的处理建议。涉嫌违纪、职务违法、职务犯罪的由纪检监察组按有关规定处理。

（四）百万工时统计

百万工时统计是指所属企业在生产经营活动中，对规定时段内发生的生产安全事故事件用每百万工时进行统计分析的方法，道路交通事故事件不纳入百万工时统计。百万工时统计管理工作坚持实事求是、全面完整、科学准确、符合惯例的原则。

百万工时安全统计内容包括：员工总数、工时数、死亡事故起数、死亡人数、损失工作日人数、工作受限人数、医疗处理人数、急救包扎事件人数、损失工作日、无伤亡事故起数、未遂事件起数。百万工时安全统计指标包括：

——总可记录事件率（TRIR）=（总可记录事件人数/总工时）×10^6；

——损工伤亡率（LTIF）=（损工伤亡人数/总工时）×10^6；

——死亡率（FAR）=（死亡人数/总工时）×10^6；

——死亡事故率（FIR）=（死亡事故起数/总工时）×10^6；

——损失工时率（TLWR）=（总损失工时/总工时）×10^6。

其中，总可记录事件人数=死亡人数+损工人数+限工人数+医疗处置人数；损工伤亡人数=死亡人数+损工人数。企业应每月对百万工时统计数据进行分析，根据数据变化趋势，研究事故事件发生规律，进一步辨识风险和隐患排查，实施针对性管控措施，防止事故事件的再次发生。

相关链接：金字塔法则

安全管理中的"金字塔法则"（也称海因里希法则或1∶29∶300法则）是事故预防领域的重要理论工具，它通过分析事故发生的统计规律，揭示安全管理的关键逻辑。事故的发生是随机的，同样的事件随时间的进程导致的后果不一定完全相同，但偶然中有必然，必然性存在于偶然性之中。随机事件服从于统计规律，可用数理统计方法对事故进行统计分析，从中找出事故发生、发展的规律，从而为预防事故提供依据。

一、起源与背景

金字塔法则由美国安全工程师赫伯特·威廉·海因里希（H.W. Heinrich）提出。他在20世纪50年代曾统计了55万件机械事故事件，其中死亡或重伤事故1666件、轻伤事故48334件，其余则为无伤害事件。从中可得出一个重要结论，即在机械事故中，死亡或重伤、轻伤事件和无伤害事故的比例为1∶29∶300，其比例关系如图6-2所示。

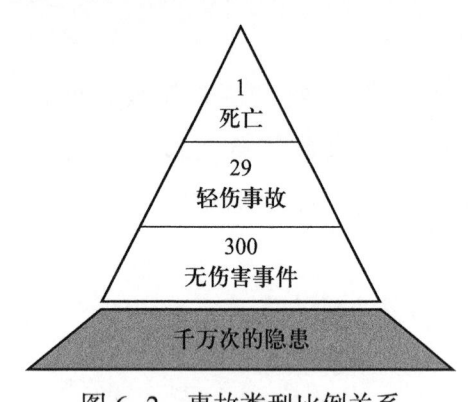

图 6-2　事故类型比例关系

这个关系说明，在机械生产过程中，1起重大伤亡事故背后，平均伴随29起轻伤事故和300起无伤害未遂事故（险兆）。三者比例关系为1∶29∶300，形似金字塔结构，故称"金字塔法则"（pyramid rule）。应该注意的是，事故是一种意外事件，本身并无轻重之分，我们只能说事故的结果为轻微伤害、伤害或严重伤害。

二、启示与意义

金字塔法则核心逻辑是事故的发生并非偶然，而是由大量潜在隐患积累而成。减少底层隐患的数量，能显著降低重大事故的发生概率。因为一旦发生事故，控制事故结果的严重程度是非常困难的，为了防止严重伤害，必须努力防止事件的发生。

——预防重于善后。法则强调"防微杜渐"，通过减少和控制底层隐患（未遂事故和轻微事故）来避免重大事故，而非被动应对已发生的问题。

——隐患的乘数效应。每一起重大事故背后都有数百个隐患未被重视，说明安全管理需关注日常细节（如员工违规操作、设备老化等），见微知著，防微杜渐。

——系统性风险管控。事故是管理缺陷的结果，需从制度、培训、监督等系统性层面解决根源问题，而非归咎于个体失误。

——数据驱动管理思维。通过记录和分析未遂事件数据，可提前识别风险趋势，制订针对性预防措施。

该比例说明，事故发生后其结果的严重程度如何具有随机性质。伤害的发生是人体与能量接触的结果，如前所述，作用于人体的能量的大小、时间、频率、集中程度及身体接触能量的部位等许多因素都会影响伤害情况。

三、局限性及发展

海因里希的研究基于20世纪中叶的机械制造业数据，现代高风险行业（如石油、航空、核电）的事故链可能更复杂，比例关系需动态调整。在国际石油界，统计事故金字塔为 1（死亡事故）:100（轻伤事故）:1000（可记录事件）:10000（未遂事件）:100000（不安全行为、不安全条件）。

统计规律告诉人们，在进行同一项活动中，无数次意外事件必然导致重大伤亡事故的发生，而要防止重大伤亡事故必须减少或消除无伤害事件。所以要重视隐患和未遂事故，把事故消灭在萌芽状态，否则必然会酿出大祸。图6-3在金字塔法则的基础上，以泵旁边泄漏的润滑油未及时清理举例，说明了同一原因导致同样的滑倒，但由于每一次滑倒的过程和后果是无法控制和预知的，人们只能被动地接受可能带来的各种后果，我们要避免出现伤亡事故，只能是尽可能减少不安全行为和不安全条件。

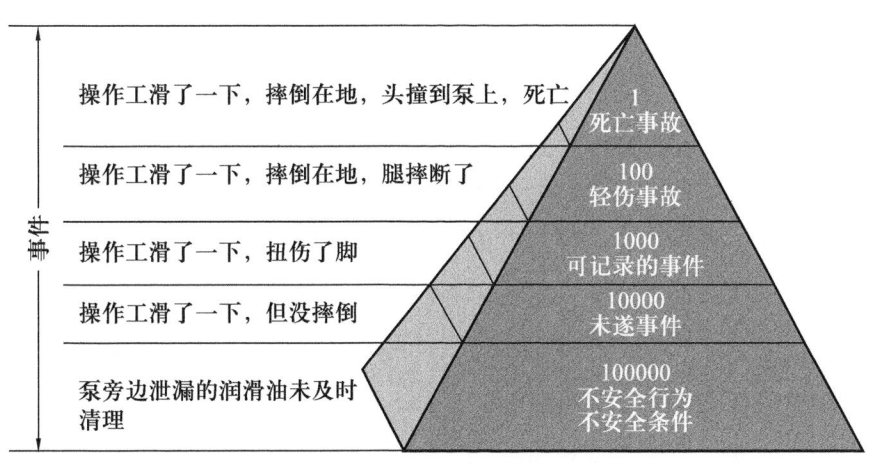

图 6-3　同一事件导致不同后果的比例

四、实践与运用

事件的结果为轻微伤害及无伤害的情况是大量的，在这些轻微伤害及无伤害事件背后，隐藏着与造成严重伤害的事故相同的原因。因此，避免伤亡事故应该尽早采取措施，在发生了轻微伤害，甚至无伤害事件时，就应该分析其原因，采取恰当的对策，而不是在发生了严重伤害之后才追究其原因。这就是说，应该在事故发生之前，在出现了不安全行为或不安全状态的时候，就及早采取改进措施。

——建立隐患排查机制。建立员工隐患上报制度（如"隐患随手拍"），鼓励全员参与隐患排查。定期开展安全检查，重点关注高频次、低严重度的隐患（如防护装置缺失、操作流程不规范）。

——开展风险分级管控。企业各级员工应按要求的频次和方法开展风险辨识,对按风险等级分类(红/橙/黄/蓝),优先处理高频风险。例如某工厂发现员工频繁未戴护目镜,通过改进奖惩制度将其发生率降低80%,从而减少眼部伤害事故。

——建设企业安全文化。通过培训强化"所有事故都是可以预防"的理念,避免"小错无关紧要""一次违章不会出事"的侥幸心理。推广"安全行为观察与沟通"等工具,将各类不安全行为和不安全状态治理融入各级管理者的日常工作。

——鼓励员工上报事件。各级管理者应自上而下转变观念,要把每一起事件看作是安全管理改进的重要机会,建立行之有效的正向激励机制,营造事件事故报告的良好氛围,鼓励员工和基层单位主动报告各类事件。

——数据分析与预警。利用信息化系统统计各类不安全行为和安全事件的数据,识别高风险环节。例如:某建筑企业发现高空作业工具坠落的事件频发,提前加装防坠落装置,避免了由高空坠物可能带来的伤亡事故。

——把事故事件当成资源。要认真组织各类事件、事故调查,举一反三吸取事件、事故教训,加强事件、事故统计分析,分析事件、事故动态趋势,根据趋势指导和强化安全管理与体系运行等工作。

金字塔法则的本质是风险量化管理,其核心价值在于将抽象的安全目标转化为可操作的风险与隐患控制行动。现代安全管理中,需结合其他理论工具(如JSA分析、Bowtie分析、行为安全观察与沟通),构建从"被动响应"到"主动预防"的完整体系,最终实现"零事故"目标。

第七章　安全生产应急管理

为了能更加有效地防范各类事故事件的发生，以及事故发生时能够及时有效地实施应急和营救，尽量避免和减少事故的人员伤亡和财产损失，须规范和强化应急管理。应急管理是针对存在的潜在的突发事件制订预案，确保在紧急情况发生时作出快速响应，以便预防或减少可能伴随的伤害、财产损失和环境的破坏，把损失降低到最低程度。突发事件是指突然发生，造成或者可能造成严重危害，需要采取应急处置措施予以应对的自然灾害、事故灾难、公共卫生和社会安全事件。应急管理坚持应急准备为主、应急准备与应急救援相结合的原则。

第一节　应急准备与响应

目前各企业在应急管理方面存在的主要问题有：应急预案的编制未考虑企业实际风险，往往是照抄照搬以完成备案为主要目的；应急预案未考虑企业实际需要和能力，以及外部相关因素；应急能力的训练不足，仅停留在灭火器的使用、空呼的佩戴和人员疏散上；应急演练流于形式，以完成计划任务为目的，走过场的现场非常普遍，实战性极差；应急物资、应急设备的日常维护保养不足；预案编制、演练等工作几乎完全成了安全管理部门的独角戏，相关业务部门直线职责未有效落实。

一、应急准备工作

安全生产应急管理实行统一领导、分类管理、分级负责、属地为主、相关方协调联动的管理体制。建立统一指挥、分工负责、部门联动、协调有序、反应灵敏、运转高效的安全生产应急工作机制。

（一）应急预案编制

按照事件性质、危害程度、可控程度和社会影响程度，突发生产安全事件分为四级：Ⅰ级（集团公司级）、Ⅱ级（企业级）、Ⅲ级（企业下属单位级）、Ⅳ级（企业基层站队级）。

企业应当针对重大危险源、重要生产装置、重点工程建设项目，要害部位、关键生产环节、危险生产与作业场所，公共聚集场所及重大活动，开展危害辨识和风险评估，制订突发生产安全事件预防和控制措施，并组织实施。

企业应当针对可能发生的突发生产安全事件，编制生产安全综合应急预案、专项应急预案、现场处置预案（方案）和处置卡，并建立应急预案的制修订、培训、演练和审核备案等管理制度。

企业按照有关规定编制突发事件总体应急预案的，可以不再单独编制生产安全综合应急预案。企业根据安全生产应急管理工作实际，指导承包商制订安全生产应急预案，并纳入企业应急预案体系管理。

（二）应急资源准备

企业应当按照有关法律法规和标准，购置和储备与应急处置救援需求相适应的应急物资装备。根据区域联动布局和应急需要，分区域设置或建立应急物资装备储备库（点）。

鼓励各企业之间、企业与政府及社会组织签订协议，建立应急物资装备联合储备及使用机制，保障应急救援物资、应急处置装备的生产、供给。

企业应当按照突发生产安全事件应急需求建立应急专家队伍（库），组织建设本企业专兼职应急救援队伍。企业应当鼓励和支持应急管理方法、应急技术、应急装备的研究与推广应用。

企业应当加强生产安全应急管理信息化工作，依托应急平台和HSE信息系统，持续完善生产安全应急模块功能，及时录入和维护应急预案、救援队伍、物资装备等基础信息，为突发生产安全事件应急提供及时、准确、有效的信息支持。

企业应当根据突发生产安全事件应急需求建设应急通信系统，并加强日常运行管理与维护，确保应急状态下通信联络畅通。

应当保障应急资金列支渠道畅通，确保应急物资装备和应急救援响应资金及时到位，足额保障。应当为专业应急救援人员购买人身意外伤害保险。

（三）全员应急培训

企业应当有计划、分层次地开展全员应急培训，通过多种形式培训和针对性训练，提高全员的安全生产应急意识和应急能力。

——领导干部、应急指挥人员应当重点加强应急意识、管理知识及应急指挥决策能力培训；

——应急救援专业人员应当加强执行应急预案和应急救援技能培训；

——岗位员工应当加强安全操作、应急反应、自救互救，以及第一时间初期处置与紧急避险能力培训；

——新上岗、转岗人员必须经过岗前应急培训并考核合格。

（四）开展应急演练

企业应当针对不同内部条件和外部环境，分层级、分类别开展桌面推演、实战演练及综合演练等多种形式的生产安全应急演练活动，并对演练工作进行总结评估。

基层站队应当结合实际工况，进行现场处置预案（方案）和处置卡实战演练活动；管理层可以采取情景构建或模拟方式，组织桌面推演活动。

通过基层站队实战演练与管理层桌面推演相结合的方式，举办生产安全应急综合演练活动。

（五）应急物资储备

应急物资是指专项用于突发事件应急响应、抢险救援的各类物资。应急物资实行"定点储存、统一标志、分级管理、专项使用"的原则。发生突发事件时应急物资的由应急办公室统一调度。

应急物资应按照突发事件应急预案要求的种类、数量进行储备。在同级预案中，不同预案所需同一应急物资的，按照不低于单项预案所需的最大量配备。

企业应分别在每年的成本费用预算中设立突发事件应急专项资金，用于发生突发事件时购置应急物资等需要。

应急物资实行按标准定量管理，根据物资消耗情况，及时补充储备，确保应急物资品种和数量符合预案要求。

应对应急物资储备实行封闭式管理，专库存储、专人负责，定期清查、盘库；建立健全应急物资管理制度。应急物资入库、保管、出库等应有完备的凭证手续，做到账实相符、账表相符。

应急库房应避光、通风良好，应有防火、防盗、防潮、防鼠、防污染等措施。储存的每批物资应有标签，标明品名、规格、产地、编号、数量、质量、生产日期、入库时间等，具有使用期限要求的物资应标明有效期。储备物资应分类存放，码放整齐，留有通道，严禁接触酸、碱、油脂、氧化剂和有机溶剂等。

应急物资只能在发生突发事件、举行应急演练和危险场所作业的情况下使用。任何单位和个人不得以任何理由私自挪用、占用应急物资。突发事件发生后，事发单位应先动用本单位应急物资储备，在本单位储备物资不能满足的情况下，可申请使用上级单位应急物资储备。

按《危险化学品单位应急救援物资配备要求》（GB 30077）在危险化学品单位作业场所，应急救援物资应存放在应急救援器材专用柜、应急站或指定地点。作业场所应急物资配备应符合表7-1的要求。

表7-1 危险化学品企业作业场所救援物资配备要求

序号	物资名称	主要用途或技术要求	配备	备注
1	正压空气呼吸器	符合GB/T 16556—2007中第5章的要求	2套	每套配备1个备用气瓶
2	化学防护服	符合AQ/T 6107—2008中4.2的要求	2套	具有有毒、腐蚀性危险化学品的作业场所
3	自吸过滤式防毒面具	符合GB 2890的要求	1个/人	类型根据有毒有害物质确定
4	气体检测仪	符合GB 12358的要求	2台	检测气体浓度，根据作业场所有毒有害气体的种类确定
5	手电筒	易燃易爆场所应防爆	1个/人	根据当班人数确定，包括作业人员随身携带的同类物资
6	对讲机	易燃易爆场所应防爆	1台/人	根据当班人数确定，包括作业人员随身携带的同类物资

续表

序号	物资名称	主要用途或技术要求	配备	备注
7	急救箱或急救包	物资清单符合GBZ 1—2010中表A.4的要求	1包	盛放常规外伤和化学伤害急救所需的敷料、药品和器械等
8	水带	消防用水的输送,技术性能符合GB 6246的要求	50m	允许用水灭火、稀释或降温的场所配备
9	多功能水枪	危险化学品的驱散、隔离、灭火、洗消等	1个	具体型号可根据作业现场实际需求配备,允许用水灭火、稀释或降温的场所配备
10	危化品收容输转器具	危险化学品泄漏物的收容输转,易燃易爆场所应防爆	1套	根据泄漏介质理化性质选择配备,常用物资包括危化品真空收集器,收容桶或其他输转器具
11	吸附材料	处理化学品泄漏	200kg	以工作介质理化性质选择吸附材料,包括化学性吸收材料和物理性吸附材料,常用吸附材料为干沙土、吸附颗粒、吸附毡(具有爆炸危险性的除外)
12	洗消设施或清洗剂	洗消受污染或可能受污染的人员、设备和器材	1套	在工作地点配备
13	应急处置工具箱工作箱	内配备常用工具或专业处置工具、警戒绳、风向标、救生绳等	1套	易燃易爆场所应配置无火花工具

二、应急信息报送

应急信息是指突发事件信息(电话、书面),以及突发事件现场影像信息、地图信息、生产数据、抢险方案等。企业应明确信息报告责任,畅通信息沟通渠道,确保及时、准确、全面、连续地报送应急信息。

(一)信息报告原则

企业应制修订完善本企业应急信息工作管理制度,逐级明确信息报告责任单位和责任人员,健全完善信息快报工作机制。快速、准确、全面、连续地向报告突发事件信息。

(1)快速反应,渠道畅通。

突发事件发生后,有关单位和人员要立即响应、逐级联动,迅速核实、确认现场情况，第一时间向上级单位报告，严禁出现"中梗阻"现象。

（2）客观真实，准确无误。

应急信息必须客观反映突发事件现场情况，严禁迟、漏、瞒、谎报信息。信息内容力求精准，对于一时无法核准的情况，要慎重作出结论，待核实后再行报告。

（3）信息互通，口径互认。

突发事件涉及的有关部门、单位要建立高效顺畅的信息共享机制，紧急状态下协同配合，千方百计了解情况，及时通报所获信息，确保口径一致。

（4）渠道多样，内容完整。

要合理采用电话、传真、电子邮件等方式，综合运用工业视频、应急通信、数据管理等软硬件系统和技术手段，在确保信息安全的前提下，多维度报送应急信息，全方位呈现现场情况。

企业结合实际开展工业视频、应急通信、三维地图、生产管理等应急信息相关软硬件系统建设，保持系统良好运行，根据法律法规和地方政府规定，向地方政府有关部门报告突发事件信息。

（二）信息报告要求

企业要着力强化应急信息报告时效意识，坚持边处置边报告、边核实边报告，做到盯得住、跟得紧、说得清、反馈快，力争在报告时间上早于媒体发布，坚决杜绝迟、漏、瞒、谎报现象发生。

1. 信息报告四环节

突发事件信息按照报送时间分为初报、续报、终报和总结报告四个环节。

——初报：事件发生后 30min 内电话报告，1h 内书面报告。

——续报：初报后 4h 内续报。根据情况变化和工作进展，及时报告重要情况，每日 7 时、17 时前报告最新情况。

——终报：事件处置完毕 2h 内报告处理结果。

——总结报告：事件处置完毕 7d 内，报告基本情况和应对过程、原因分析和整改方案、处置经验和教训等。

2. 信息报告的内容

突发事件信息要求文字精练、层次清晰、要素齐全，主要包括：

——事件发生的具体时间、地点、现场情况及存在的社会、环境敏感因素；

——事件造成的伤亡人数、经济损失、周边影响；

——初步原因分析，已经采取的措施，下步处置方案，生产恢复期判断；

——舆情监测情况和措施；

——涉及的装置、设施等基础数据和背景资料；

——地方政府机构介入情况；

——请求上级部门协调、支持的事项；

——其他需要报告的事项。

原则上，初报信息至少应包含第一项内容，未尽事宜在续报中及时补充。通过传真、电子邮件等方式报送突发事件信息，必须电话确认。涉密、敏感事件信息的报送，按照保密工作有关规定执行。

3. 应报尽报内容

以下应急信息按照应报尽报、尽量全面的原则，实时接入或即时报送上级应急指挥中心：

——现场影像信息，即图片、视频图像等，通过工业视频、移动终端、手持设备、应急通信车、防爆无人机等方式获取；

——现场地图信息，即三维模型、三维地图、二维地图等；

——生产数据、抢险方案等；

——其他反映突发事件现场情况的信息。

（三）实施管理升级

对发生在敏感时间、敏感地区和涉及敏感内容的"三敏感"突发事件实行升级管理。

1. 敏感时间

是指党和国家领导人在当地调研视察期间，国家举行重大会议、活动期间，国家安全环保专项活动期间，国家法定节假日期间，集团总部工作会议、领导干部会议期间，历史重大突发事件发生日、多发期等。

2. 敏感地区

是指国家重大会议、活动举办地，《建设项目环境影响评价分类管理名录》

规定的各级各类自然、文化保护地和对某种环境因素特别敏感的区域，历史重大突发事件发生地、多发区等。

3. 敏感内容

是指涉及国家安全和社会安定，涉及政治性、宗教性、民族性、政策性，容易在社会上形成舆论热点，容易在集团公司范围内造成较快负面连锁反应等。

三、应急响应工作

企业应当定期开展隐患排查，对于发现的重大生产安全事故隐患及高后果风险因素，应当及时组织开展隐患治理工作，加强事故防范措施，完善应急预案，做好应急监测预警。

（一）应急监测与预警

企业应当对可能危及周边居民生命财产安全或产生次生环境损害的生产环节、关键设备设施、重大危险源等建立监视监测系统，对可能导致突发生产安全事件的异常状况进行重点监测。

企业应当对可预警的井喷失控着火，炼化装置、储油罐区、长输管道、天然气储存设施和下游业务泄漏着火爆炸等突发生产安全事件，有毒有害介质泄漏等引发的次生灾害，以及政府发布预警的灾害信息等，及时发布相应级别警报，并做好沟通、上报及跟踪等后续工作。

企业应当认真落实应急值班制度，接报信息后应当按照规定时限报送有关领导签批，落实领导批示，协调有关部门、单位开展应急准备，并做好事态跟踪工作和后续工作。

企业应当建立新闻舆论监测机制，发生突发生产安全事件时，应当立即监测社会舆情和新闻媒体动态，及时上报有关情况，积极与当地政府沟通。

（二）应急处置与救援

企业应当明确并落实生产现场带班人员、班组长和调度人员突发紧急状况下的直接处置权和指挥权。在发现直接危及人身安全的紧急情况时，应当立即下达停止作业指令、采取可能的应急措施或组织撤离作业场所。常见应急响应处置程序见图 7-1。

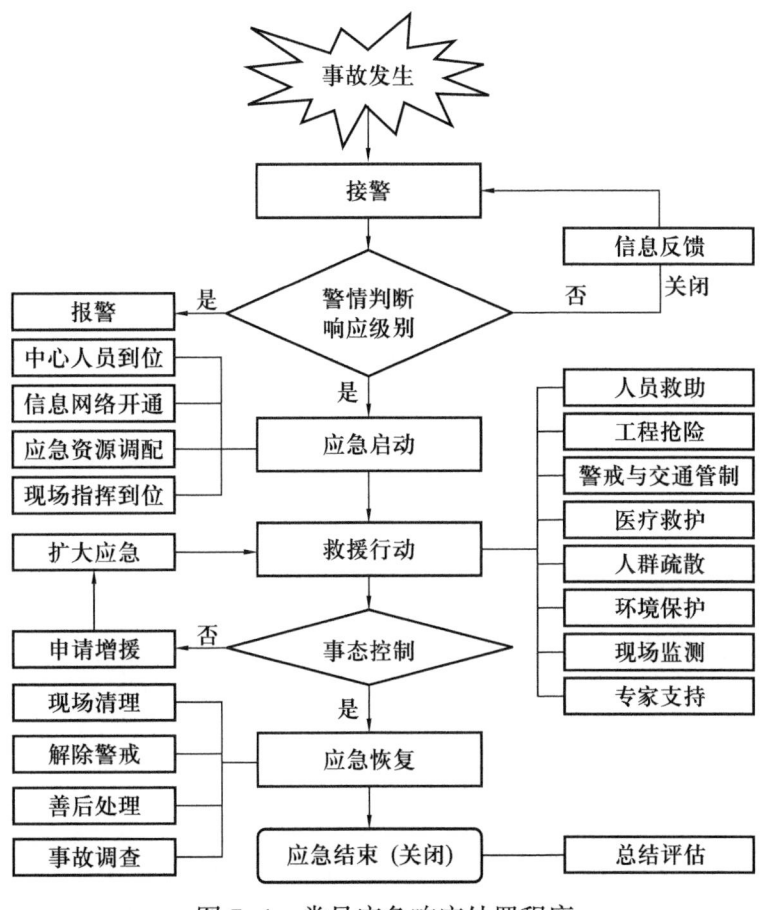

图 7-1　常见应急响应处置程序

事发企业应当根据事故应急救援需要划定警戒区域，配合当地政府有关部门及时疏散和安置事故可能影响的周边居民和群众，劝离与救援无关的人员，对现场周边及有关区域实行交通疏导。必要时，应当对事故现场实行隔离保护，重要部位、危险区域应当实行专人值守。

事发企业应当在不影响应急处置的前提下，采取有效措施保护事故现场，及时收集现场照片、监控录像、工艺设备运行参数、作业指令、班报表，以及应急处置过程等资料。任何人不得涂改、毁损或隐瞒事故有关资料。

发生突发生产安全事件时，事发企业应急领导小组应当立即召开首次会议，成立现场应急指挥部。主要负责人或分管领导应当立即赶赴现场，组织开展应急抢险、救援等工作。

现场应急指挥部是突发生产安全事件现场应急处置最高决策指挥机构，实行总指挥负责制。现场应急指挥部应当充分发挥专家组、企业现场管理人员、专业技术人员及救援队伍指挥员的作用，实行科学决策。要在确保安全的前提下组织抢救遇险人员，控制危险源，封锁危险场所，杜绝盲目施救，防止事态扩大。

现场应急指挥部应当依法依规及时、如实向当地安全生产监管监察部门和负有安全生产监督管理职责的有关部门报告事故情况，不得瞒报、谎报、迟报、漏报。现场应急指挥部会议、重大决策事项等应当指定专人记录，指挥命令、会议纪要和图纸资料等应当妥善保存。

当地方人民政府或上级组织开展现场应急救援时，现场应急指挥部应当接受地方人民政府或上级组织的统一指挥，并持续做好应急处置工作。现场应急处置工作完成后，经现场应急指挥部确认引发事故的风险已经排除，按照程序终止应急处置与救援工作。

（三）应急评估与总结

企业应当按照合规、客观、公正、科学的原则，对应急准备、应急处置与救援工作进行评估。应急评估结论及建议应当作为修订应急预案和加强应急管理的依据。

1. 应急准备评估

企业可以自行组织或委托具有资质能力的第三方技术机构实施，上级安全生产应急管理部门应当对下属单位应急准备评估进行监督检查。应急准备评估内容主要包括：

——应急制度与预案体系；
——物资装备储备、费用保障；
——队伍与能力建设；
——应急演练、应急培训；
——监测预警及信息系统建设等。

2. 应急工作总结

事发企业应当及时对事故应急处置与救援工作过程进行总结，并将总结报告报事故调查组和上级主管部门。事故应急处置与救援工作总结报告主要内容包括：

——事故基本情况；
——事故信息接收与报送情况；
——应急处置组织与领导；

——应急预案执行情况；
——应急救援队伍工作情况；
——主要技术措施及其实施情况；
——救援成效、经验教训；
——相关建议等。

企业事故调查组负责事故应急处置与救援评估工作，并在事故调查报告中对应急处置与救援工作做出评估结论。

第二节 应急预案的构成

应急预案应当符合有关法律、法规、规章和标准的规定，具有科学性、针对性和可操作性，明确规定应急组织体系、职责分工以及应急救援程序和措施。企业应急预案体系主要由综合应急预案、专项应急预案、现场处置预案和现场处置卡构成，见图7-2。企业应根据本单位组织管理体系、生产规模、风险的性质及可能发生的事故类型确定应急预案体系，并可根据实际情况，确定是否编制专项应急预案。项目风险单一，应急职责、工作程序、响应内容等较为简单的，可将专项应急预案并入综合应急预案。风险单一、危险性小的企业或项目，仅负责具体作业场所、装置或者设施管理，可只编制现场处置方（预）案。

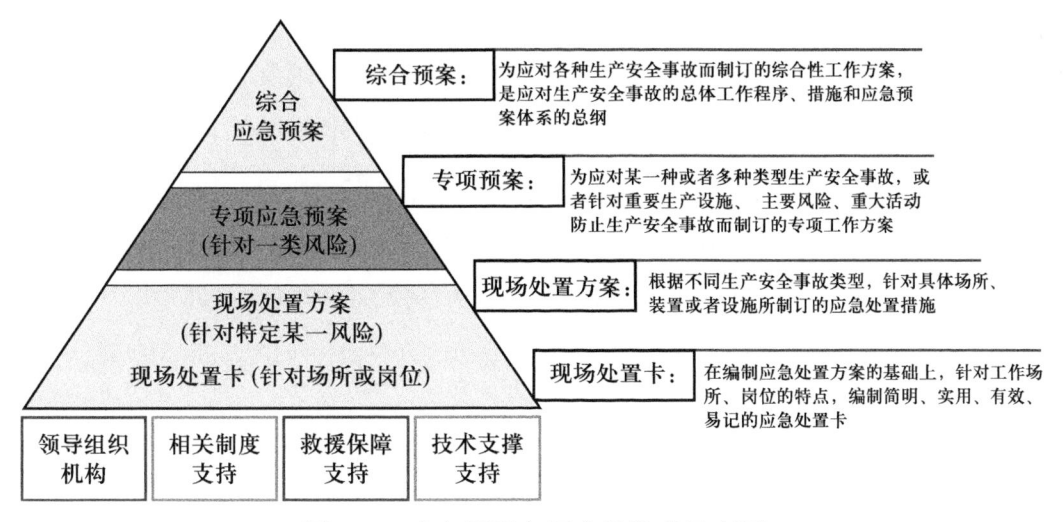

图7-2 应急预案各层次的构成示意图

一、综合应急预案

综合应急预案是为应对各种生产安全事故而制订的综合性工作方案,是应对生产安全事故的总体工作程序、措施和应急预案体系的总纲。综合应急预案应当规定应急组织机构及其职责、应急预案体系、事故风险描述、预警及信息报告、应急响应、保障措施、应急预案管理等内容。综合应急预案内容与结构如下。

(一) 总则

说明应急预案适用的范围。依据事故危害程度、影响范围和企业控制事态的能力,对事故应急响应进行分级,明确分级响应的基本原则。响应分级不必照搬事故分级。

(二) 应急组织机构及职责

明确应急组织形式(可用图示)及构成单位(部门)的应急处置职责。应急组织机构可设置相应的工作小组,各小组具体构成、职责分工及行动任务应以工作方案的形式作为附件。

(三) 应急响应

1. 信息报告

明确应急值守电话、事故信息接收、内部通报程序、方式和责任人,向上级主管部门、上级单位报告事故信息的流程、内容、时限和责任人,以及向本单位以外的有关部门或单位通报事故信息的方法、程序和责任人。

——明确响应启动的程序和方式。根据事故性质、严重程度、影响范围和可控性,结合响应分级明确的条件,可由应急领导小组作出响应启动的决策并宣布,或者依据事故信息是否达到响应启动的条件自动启动。

——若未达到响应启动条件,应急领导小组可作出预警启动的决策,做好响应准备,实时跟踪事态发展。

——响应启动后,应注意跟踪事态发展,科学分析处置需求,及时调整响应级别,避免响应不足或过度响应。

2. 预警

——预警启动。明确预警信息发布渠道、方式和内容。

——响应准备。明确作出预警启动后应开展的响应准备工作，包括队伍、物资、装备、后勤及通信。

——预警解除。明确预警解除的基本条件、要求及责任人。

3. 响应启动

确定响应级别，明确响应启动后的程序性工作，包括应急会议召开、信息上报、资源协调、信息公开、后勤及财力保障工作。

4. 应急处置

明确事故现场的警戒疏散、人员搜救、医疗救治、现场监测、技术支持、工程抢险及环境保护方面的应急处置措施，并明确人员防护的要求。

5. 应急支援

明确当事态无法控制情况下，向外部（救援）力量请求支援的程序及要求、联动程序及要求，以及外部（救援）力量到达后的指挥关系。

6. 响应终止

明确响应终止的基本条件、要求和责任人。

（四）后期处置

明确污染物处理、生产秩序恢复、人员安置方面的内容。

（五）应急保障（可在附件中体现）

——通信与信息保障。明确应急保障的相关单位及人员通信联系方式和方法，以及备用方案和保障责任人。

——应急队伍保障。明确相关的应急人力资源，包括专家、专兼职应急救援队伍及协议应急救援队伍。

——物资装备保障。明确本单位的应急物资和装备的类型、数量、性能、存放位置、运输及使用条件、更新及补充时限、管理责任人及其联系方式，并建立台账。

——其他保障。根据应急工作需求而确定的其他相关保障措施（如：能源保障、经费保障、交通运输保障、治安保障、技术保障、医疗保障及后勤保障)。

(六) 附件

——简要描述本企业地址、从业人数、隶属关系、主要工作任务,以及重点岗位、重点区域、重要设施、目标、场所和周边布局情况。

——简述本项目风险评估的结果。

——简述本项目应急预案体系构成和分级情况,明确与地方政府及其业主有关部门、其他相关单位应急预案的衔接关系(可用图示)。

——列出应急预案涉及的主要物资和装备名称、型号、性能、数量、存放地点、运输和使用条件、管理责任人和联系电话等。

——列出应急工作中需要联系的部门、机构或人员及其多种联系方式。

——列出信息接报、预案启动、信息发布等格式化文本。

——键的路线、标识和图纸,包括但不限于:警报系统分布及覆盖范围;重要防护目标、风险清单及分布图;应急指挥部(现场指挥部)位置及救援队伍行动路线;疏散路线、集结点、警戒范围、重要地点的标识;相关平面布置、应急资源分布的图纸;项目的地理位置图、周边关系图、附近交通图;事故风险可能导致的影响范围图;附近医院地理位置图及路线图。

——列出与相关应急救援部门签订的应急救援协议或备忘录;企业应急预案应当包括向上级应急管理机构报告的内容、应急组织机构和人员的联系方式、应急物资储备清单等附件信息。附件信息发生变化时,应当及时更新,确保准确有效。

二、专项应急预案

专项应急预案是为应对某一种或者多种类型生产安全事故,或者针对重要生产设施、主要风险、重大活动防止生产安全事故而制订的专项工作方案。专项应急预案应当规定应急指挥机构与职责、处置程序和措施等内容。专项应急预案与综合应急预案中的应急组织机构、应急响应程序相近时,可不编写专项应急预案,相应的应急处置措施并入综合应急预案。项应急预案内容与结构包括但不限于如下。

（一）适用范围

说明专项应急预案适用的范围，以及与综合应急预案的关系。

（二）应急组织机构及职责

明确应急组织形式（可用图示）及构成部门的应急处置职责。应急组织机构及各成员单位或人员的具体职责。应急组织机构可以设置相应的应急工作小组，各小组具体构成、职责分工及行动任务建议以工作方案的形式作为附件。

（三）响应启动

明确响应启动后的程序性工作，包括应急会议召开、信息上报、资源协调、信息公开、后勤及财力保障工作。

（四）处置措施

针对可能发生的事故风险、危害程度和影响范围，明确应急处置指导原则，制订相应的应急处置措施。

（五）应急保障

根据应急工作需求明确保障的内容。

三、现场处置方案

现场处置方案是根据不同生产安全事故类型，针对具体场所、装置或者设施所制订的应急处置措施。现场处置方案重点规范事故风险描述、应急工作职责、应急处置措施和注意事项等内容，应体现自救互救、信息报告和先期处置的特点。事故风险单一、危险性小的项目可只编制现场处置方案。现场处置方案的内容与结构如下。

（一）事故风险描述

简述事故风险评估的结果（可用列表的形式列在附件中）。

（二）应急工作职责

明确应急组织分工和职责。

（三）应急处置

——应急处置程序。根据可能发生的事故及现场情况，明确事故报警、各项应急措施启动、应急救护人员的引导、事故扩大及同应急预案的衔接程序。

——现场应急处置措施。针对可能发生的事故从人员救护、工艺操作、事故控制、消防、现场恢复等方面制订明确的应急处置措施。

——明确报警负责人及报警电话，以及上级管理部门、相关应急救援单位联络方式和联系人员，事故报告基本要求和内容。

（四）注意事项

包括人员防护和自救互救、装备使用、现场安全等方面的内容。

四、应急处置卡

企业应当在编制应急处置方案的基础上，针对工作场所、岗位的特点，编制简明、实用、有效、易记的应急处置卡。即针对重点部位、关键装置和特殊作业场所的作业人员、现场带班人员、班组长、调度人员等重点岗位，编制应急处置卡。

应急处置卡应当规定重点岗位、人员的应急处置程序和措施，以及相关联络人员和联系方式，便于从业人员携带。即在岗位员工职责范围内，将事故初期应急处置措施和步骤写在卡片上，当作业现场或工作场所出现意外紧急情况时，提示岗位员工采取必要的紧急措施，第一时间把事故险情控制在第一现场，见表7-2。

表7-2 电气火灾应急处置卡

岗位	运行岗
风险分析	运行时：火灾造成人员伤亡、中毒窒息。应急处置中： （1）未切断电源救火造成人员触电； （2）个人防护不到位或灭火时站位不当造成人员烧伤； （3）电气设备爆炸引起人员伤害； （4）燃烧产生的毒性气体造成人员中毒窒息

序号	处置步骤	操作内容
1	发现	经值班班长确认电气设备发生火灾

续表

2	应急处置	一、火灾救援 （1）断电：电线、电气设施着火，应首先切断供电线路及电气设备电源。 （2）班长组织现场人员用现有的消防设施，装备器材进行自救、灭火、防止火情扩大。 （3）人员疏散：及时疏散事故现场无关人员及抢救着火源周围物资。 （4）拨打消防急救电话：119。 二、现场抢救受伤人员的处置 （1）如有人员衣服着火时，可就地翻滚等措施灭火，伤处的衣、裤、袜应剪开脱去，不可硬行撕拉，伤处用消毒纱布或干净棉布覆盖，并立即送往医院救治。 （2）对烧伤面积较大的伤员要注意呼吸，心跳的变化，必要时进行心脏复苏。 （3）对有骨折出血的伤员，应作相应的包扎，固定处理，搬运伤员时，以不压迫伤面和不引起呼吸困难为原则。 （4）抢救受伤严重或在进行抢救伤员的同时，应及时拨打急救中心电话
3	上报	向车间（电话号码）和调度运行中心（电话号码）汇报
4	警戒待援	现场安全警戒，禁止无关人员、车辆通行，等待车间及调度运行中心后续处置

调度运行中心：（电话号码）　　医疗急救电话：120　　消防急救电话：119

第三节　应急预案的建立

应急预案的编制应当遵循以人为本、依法依规、符合实际、注重实效的原则，以应急处置为核心，明确应急职责、规范应急程序、细化保障措施。企业主要负责人负责组织编制和实施本单位的应急预案，并对应急预案的真实性和实用性负责；各分管负责人应当按照职责分工落实应急预案规定的职责。编制应急预案前，编制单位应当进行事故风险辨识、评估和应急资源调查。

一、前期工作准备

企业应急预案编制前期工作准备包括：成立应急预案编制小组、资料收集、风险评估、应急资源调查。

（一）编制小组

编制应急预案应当成立编制工作小组，由本单位有关负责人任组长，吸收与应急预案有关的职能部门和单位的人员，以及有现场处置经验的人员参加。明确工作职责和任务分工，制订工作计划，组织开展应急预案编制工作。预案编制工作组中应邀请相关救援队伍以及周边相关企业、单位或社区代表参加。

（二）资料收集

应急预案编制工作组应收集下列相关资料：

——适用的法律法规、部门规章、地方性法规和政府规章、技术标准及规范性文件；

——企业周边地质、地形、环境情况及气象、水文、交通资料；

——企业现场功能区划分、建（构）筑物平面布置及安全距离资料；

——企业工艺流程、工艺参数、作业条件、设备装置及风险评估资料；

——本企业历史事故与隐患、国内外同行业事故资料；

——属地政府及周边企业、单位应急预案。

（三）风险评估

开展生产安全事故风险评估，是针对不同事故种类及特点，识别存在的危险危害因素，分析事故可能产生的直接后果及次生、衍生后果，评估各种后果的危害程度和影响范围，提出防范和控制事故风险措施的过程。

撰写评估报告主要应包括如下内容：

——危险有害因素辨识。描述企业危险有害因素辨识的情况（可用列表形式表述）。

——事故风险分析。描述企业事故风险的类型、事故发生的可能性、危害后果和影响范围（可用列表形式表述）。

——事故风险评价。描述企业事故风险的类别及风险等级（可用列表形式表述）。

——结论建议。得出企业应急预案体系建设的计划建议。

（四）资源调查

全面调查和客观分析本单位及周边单位和政府部门可请求援助的应急资源状况，即全面调查本地区、本单位第一时间可以调用的应急资源状况和合作区域内可以请求援助的应急资源状况，并结合事故风险辨识评估结论制订应急措施的过程。

撰写应急资源调查报告内容包括但不限于：

——单位内部应急资源。本单位可调用的应急队伍、装备、物资，按照应急资源的分类，分别描述相关应急资源的基本现状、功能完善程度、受可能发生的事故的影响程度（可用列表形式表述）。

——监控、报警手段。针对生产过程及存在的风险所采取的监测、监控、报警手段。

——单位外部应急资源。描述本单位调查或掌握可用于参与事故处置的外部应急资源情况，上级单位、当地政府及周边企业可提供的应急资源，可协调使用的医疗、消防、专业抢险救援机构及其他社会化应急救援力量（可用列表形式表述）。

——应急资源差距分析。依据风险评估结果得出本单位的应急资源需求，与本单位现有内外部应急资源对比，提出本单位内外部应急资源补充建议。

二、应急预案编制

应急预案编制应当遵循以人为本、依法依规、符合实际、注重实效的原则，以应急处置为核心，体现自救互救和先期处置的特点，做到职责明确、程序规范、措施科学，尽可能简明化、图表化、流程化。各层次应急预案在事故发生与发展阶段的作用，见图7-3。

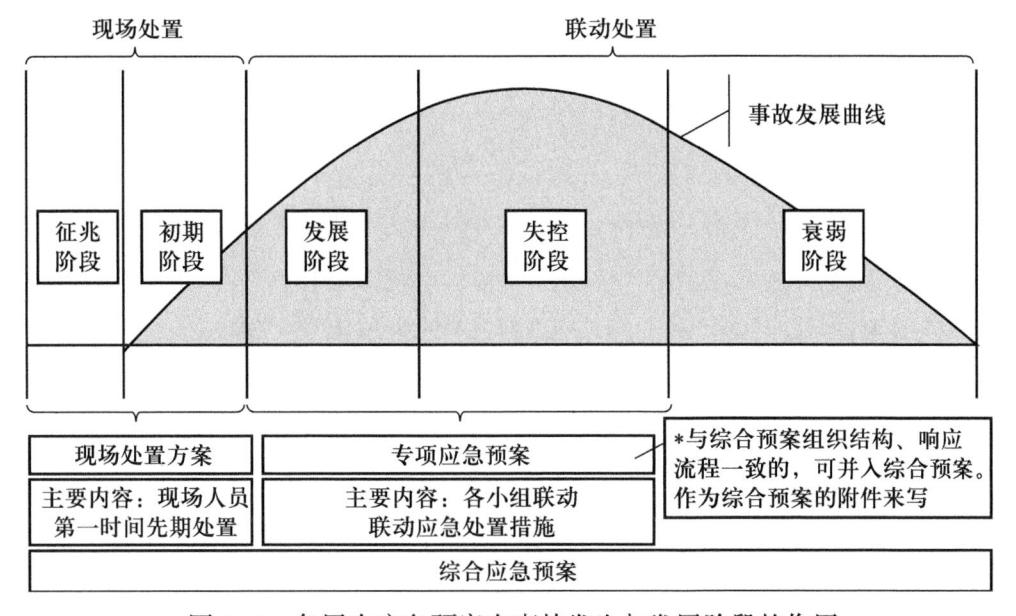

图7-3 各层次应急预案在事故发生与发展阶段的作用

（一）预案编制要求

——依据事故风险评估及应急资源调查结果，结合项目组织管理体系、生产规模及处置特点，合理确立本单位应急预案体系，编制相应的应急预案。

——结合本单位组织管理体系及部门业务职能划分，科学设定应急组织机构及职责分工。

——依据事故可能的危害程度和区域范围，结合应急处置权限及能力，清晰界定本项目的响应分级标准，制订相应层级的应急处置措施。

——按照有关规定和要求，确定事故信息报告、响应分级与启动、指挥权移交、警戒疏散方面的内容，落实与业主应急预案的衔接。

——企业编制的各类应急预案之间应当相互衔接，以及和上级组织的衔接，并与相关人民政府及其部门、应急救援队伍和涉及的其他单位的应急预案相衔接。

——应急预案编制过程中，应当根据法律、法规、规章的规定或者实际需要，征求相关应急救援队伍、员工、法人或者其他组织的意见。

（二）应急预案评审

企业应当对本单位编制的应急预案进行评审或论证，并形成书面评审纪要，参加应急预案评审的人员，应当包括有关安全生产及应急管理方面的专家，评审人员与所评审应急预案的企业有利害关系的，应当回避。

应急预案的评审或者论证应当注重风险评估和应急资源调查的全面性、基本要素的完整性、应急组织体系的合理性、应急处置程序和措施的针对性、应急保障措施的可行性、应急预案的衔接性等内容。

企业应急预案经评审或者论证后，由本单位主要负责人签署，向本单位从业人员公布，并及时发放到本单位有关部门、岗位和相关应急救援队伍。企业应当将有关事故风险的性质、影响范围和应急防范措施，告知周边的可能受事故风险影响单位和人员。

三、预案备案与修订

危险物品的生产、经营、储存、运输单位，矿山、金属冶炼、建筑施工等单位，应当在应急预案公布之日起20个工作日内，按照分级属地原则，向县级以上人民政府应急管理部门和其他负有安全生产监督管理职责的部门进行备案，并依法向社会公布。

（一）应急预案备案

油气输送管道运营单位的应急预案，还应当抄送所经行政区域的县级人民政府应急管理部门。海洋石油开采企业的应急预案，还应当抄送所经行政区域的县级人民政府应急管理部门和海洋石油安全监管机构。煤矿企业的应急预案，还应当抄送所在地的煤矿安全监察机构。

企业申报应急预案备案，应当提交下列材料：

——应急预案备案申报表；

——应急预案评审意见；

——应急预案电子文档；

——风险评估结果和应急资源调查清单。

对于实行安全生产许可的企业，已经进行应急预案备案的，在申请安全生产许可证时，可以不提供相应的应急预案，仅提供应急预案备案登记表。

（二）应急预案修订

应急预案演练结束后，撰写应急预案演练评估报告，分析存在的问题，企业应急预案有下列情形之一的，应当及时修订应急预案：

——依据的法律法规、规章标准及上位应急预案有关规定发生变化的；

——应急指挥机构等应急组织或者应急工作职责发生调整的；

——安全生产面临的事故风险发生变化的；

——重要应急资源发生重大变化的；

——在事故应急救援或应急演练中发现问题需要修订应急预案的重大问题；

——当地政府、建设单位或上级主管部门提出要求修订的；

——编制单位自认为应当修订的其他情况。

应急预案修订涉及组织与职责、应急处置程序、主要处置措施与技术、应急响应分级等内容变更的，其应急预案修订工作应当参照应急预案编制工作程序进行，并按照有关应急预案报备程序重新备案。

四、应急预案的评估

企业应当建立应急预案定期评估制度，每三年进行一次应急预案评估。对预案内容的针对性和实用性进行分析，发现应急预案存在的问题和不足，对是否需要修订做出结论，并提出修订建议。

（一）资料收集分析

企业应确定需评估的应急预案，依据收集相关资料，明确以下情况：
——法律法规、标准、规范性文件及上位预案中的有关规定变化情况；
——应急指挥机构和成员单位（部门）及其职责调整情况；
——面临的事故风险变化情况；
——重要应急资源变化情况；
——应急救援力量变化情况；
——预案中的其他重要信息变化情况；
——应急演练和事故应急处置中发现的问题；
——其他情况。

（二）预案评估实施

应急预案评估可以邀请相关专业机构或者有关专家、有实际应急救援工作经验的人员参加，必要时可以委托安全生产技术服务机构实施。采用如下方法如对应急预案进行评估。

1. 资料分析

针对评估目的和评估内容，查阅法律法规、标准规范、应急预案、风险评估方面的相关文件资料，梳理有关规定、要求及证据材料，初步分析应急预案存在的问题。

2. 现场审核

依据资料分析的情况，通过现场实地查看、设备操作检验的方式，准确掌握并验证应急资源、生产运行、工艺设备方面的问题情况。

3. 推演论证

根据需要，采取桌面推演、实战演练的形式，对机构设置、职责分工、响应机制、信息报告方面的问题进行推演验证。

4. 人员访谈

采取抽样访谈或座谈研讨的方式，向有关人员收集信息、了解情况、考核能力、验证问题、沟通交流、听取建议，进一步论证有关问题情况。

（三）预案评估内容

1. 应急预案管理要求

法律法规、标准、规范性文件及上位预案是否对应急预案作出新规定和要求，主要包括应急组织机构及其职责、应急预案体系、事故风险描述、应急响应及保障措施。

2. 组织机构与职责

主要包括企业组织体系是否发生变化；应急处置关键岗位应急职责是否调整；重点部门应急职责与分工是否重新划分；应急组织机构或人员对应急职责是否存在疑义；应急机构设置与职责能否满足实际需要。

3. 主要事故风险

主要包括企业事故风险分析是否全面客观；风险等级确定是否合理；是否有新增事故风险；事故风险防范和控制措施能否满足实际需要；依据事故风险评估提出的应急资源需求是否科学。

4. 主要应急资源

企业对于本单位应急资源和合作区域内可请求援助的应急资源调查是否全面、与事故风险评估得出的实际需求是否匹配；现有的应急资源的数量、种类、功能、用途是否发生重大变化。

5. 应急预案衔接

企业编制的各类应急预案之间是否相互衔接，是否与相关人民政府及其部门、应急救援队伍和涉及的其他单位的应急预案相衔接，对信息报告、响应分级、指挥权移交、警戒疏散作出合理规定。

6. 实施有效反馈

在应急演练、应急处置、监督检查、体系审核及投诉举报中，是否发现应急预案存在组织机构、应急响应程序、先期处置及后期处置方面的问题。其他可能对应急预案内容的适用性产生影响的因素。

（四）评估报告编写

应急预案评估结束后对照有关规定及相关标准，汇总评估中发现的问题，形成一致、公正客观的评估组意见，在此基础上组织撰写评估报告。评估报告内容如下：

——评估人员情况。评估人员基本信息及分工情况，包括姓名、性别、专业、职务职称及签字。

——预案评估组织。预案评估工作的组织实施过程和主要工作安排。

——预案基本情况。应急预案编制单位、编制及实施时间及批准人。

——预案评估内容。评估应急预案管理要求、组织机构与职责、主要事故风险、应急资源、应急预案衔接及应急响应级别划分方面的变化情况，以及实施反馈中发现的问题。

——预案适用性分析。依据评估出的变化情况和问题，对应急预案各个要素内容的适用性进行分析，指出存在的问题。

——改进意见和建议。针对评估发现的问题，提出改进的意见和建议。

——评估结论。对应急预案作出综合评价及修订结论。

第四节　应急预案的演练

应急演练是针对可能发生的事故情景，依据应急预案模拟开展的应急活动。演练的基本任务是锻炼和提高员工在突发事故情况下的快速反应与处置、有效消除危害后果、开展现场急救和伤员转送等应急技能和应急反应综合素质，有效降低事故危害，减少事故损失。应急演练的基本流程，见图7-4。

一、目的和准备

应急预案演练可检验应急预案的可靠性与可行性，为修正应急预案提供依据。同时也为各个应急救援部门、应急指挥人员之间的协作提供实际配合的机会，以提高他们的协同作战能力。

（一）演练的目的

——检验预案。发现应急预案中存在的问题，提高应急预案的针对性、实

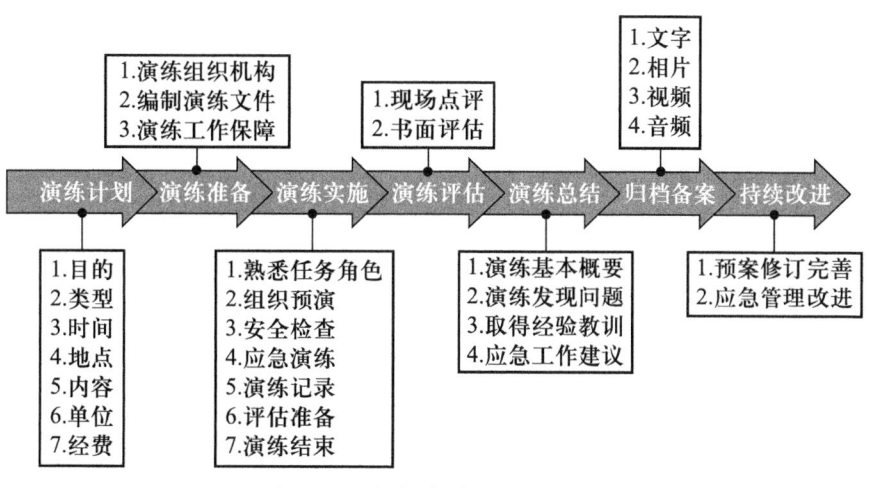

```
                    1.演练组织机构                            1.文字
                    2.编制演练文件      1.现场点评            2.相片
                    3.演练工作保障      2.书面评估            3.视频
                                                            4.音频

   演练计划 → 演练准备 → 演练实施 → 演练评估 → 演练总结 → 归档备案 → 持续改进

    1.目的        1.熟悉任务角色    1.演练基本概要    1.预案修订完善
    2.类型        2.组织预演        2.演练发现问题    2.应急管理改进
    3.时间        3.安全检查        3.取得经验教训
    4.地点        4.应急演练        4.应急工作建议
    5.内容        5.演练记录
    6.单位        6.评估准备
    7.经费        7.演练结束
```

图 7-4 应急演练的基本流程

用性和可操作性。

——完善准备。完善应急管理标准制度，改进应急处置技术，补充应急装备和物资，提高应急能力。

——磨合机制。完善应急管理部门、相关单位和人员的工作职责，提高协调配合能力。

——宣传教育。普及应急管理知识，提高参演和观摩人员风险防范意识和自救互救能力。

——锻炼队伍。熟悉应急预案，提高应急人员在紧急情况下妥善处置事故的能力。

（二）演练的原则

——符合相关规定。按照国家相关法律法规、标准及有关规定组织开展演练。

——依据预案演练。结合生产面临的风险及事故特点，依据应急预案组织开展演练。

——注重能力提高。突出以提高指挥协调能力、应急处置能力和应急准备能力组织开展演练。

——确保安全有序。在保证参演人员、设备设施及演练场所安全的条件下组织开展演练。

（三）计划与准备

企业制订应急预案演练计划。全面分析和评估应急预案、应急职责、应急处置工作流程和指挥调度程序、应急技能和应急装备、物资的实际情况，提出需通过应急演练解决的内容，有针对性地确定应急演练目标，确定应急演练的事故情景类型、等级、发生地域，演练方式，参演单位，应急演练实施的拟定日期。

企业应定期或按计划组织应急演练，新制订或修订的应急预案应当及时组织演练。应当至少每半年组织一次生产安全应急预案演练，每三年演练覆盖本单位所有应急预案，并按照相关规定将演练情况报送地方人民政府负有安全生产监督管理职责的部门。

二、演练的方式

应急演练按照演练内容分为综合演练和单项演练，按照演练形式分为实战演练和桌面演练，不同类型的演练可相互组合。应急演练的组织者或策划者在确定采取哪种类型的演练方法时，还应考虑本辖区面临风险的性质和大小、现有应急响应能力、应急演练成本、资源投入状况、上级或政府部门对应急演练要求等。

（一）桌面演练

桌面演练是指由应急组织的代表或关键岗位人员参加的，按照应急预案及其标准工作程序，讨论紧急情况时应采取行动的演练活动。桌面演练的特点是对演练情景进行口头演练，一般是在会议室内举行。其主要目的是锻炼参演人员解决问题的能力，以及解决应急组织相互协作和职责划分的问题。

（二）实战演练

综合演练一般要求持续几个小时，采取交互式方式进行，演练过程要求尽量真实，调用更多的应急人员和资源，并开展人员、设备及其他资源的实战性演练，以检验相互协调的应急响应能力。单项演练是指针对某项应急响应功能或其中某些应急响应行动举行的演练活动，主要目的是针对应急响应功能，检验应急人员以及应急体系的策划和响应能力。

（三）急救训练

对应急队伍和企业员工进行必要的现场急救训练是十分重要的，如心肺复苏、止血包扎、伤病员的搬运、骨折固定及高空坠落、触电、溺水人员的现场抢救等。在训练前应制订训练计划，训练中应组织考核，对发现的问题和不足应予以改进并跟踪。

企业应当针对不同内部条件和外部环境，分层级、分类别开展桌面推演、实战演练及综合演练等多种形式的生产安全应急演练活动。企业应加强与地方政府、相关企业之间的应急救援联动，有针对性地组织开展联合应急演练。

基层站队应当结合实际工况，进行现场处置方（预）案和应急处置卡实战演练活动；管理层可以采取情景构建或模拟方式，组织桌面推演活动；企业通过基层站队实战演练与管理层桌面推演相结合的方式，举办生产安全应急综合演练活动。

三、演练的实施

演练正式开始前，对应急演练安全设备、设施进行检查确认，确保安全保障方案可行，所有设备、设施完好，电力、通信系统正常。其次，应对参演人员进行情况说明，使其了解应急演练规则、场景及主要内容、岗位职责和注意事项。

（一）桌面演练

在桌面演练过程中，演练执行人员按照应急预案或应急演练方案发出信息指令后，参演单位和人员依据接收到的信息，回答问题或模拟推演的形式，完成应急处置活动。通常按照四个环节循环往复进行：

——注入信息：执行人员通过多媒体文件、沙盘、消息单等多种形式，向参演单位和人员展示应急演练场景，展现生产安全事故发生发展情况。

——提出问题：在每个演练场景中，由执行人员在场景展现完毕后，根据应急演练方案提出一个或多个问题，或者在场景展现过程中自动呈现应急处置任务，供应急演练参与人员根据各自角色和职责分工展开讨论。

——分析决策：根据执行人员提出的问题或所展现的应急决策处置任务及场景信息，参演单位和人员分组开展思考讨论，形成处置决策意见。

——表达结果：在组内讨论结束后，各组代表按要求提交或口头阐述本组的分析决策结果，或者通过模拟操作与动作展示应急处置活动。各组决策结果表达结束后，执行人员可对演练情况进行简要讲解，接着注入新的信息。

（二）实战演练

按照应急演练工作方案开始应急演练，有序推进各个场景，完成各项应急演练活动，妥善处理各类突发情况，开展现场点评，宣布结束与意外终止应急演练。由演练策划与导调组对应急演练实施全过程的指挥控制，实战演练执行主要按照以下步骤进行：

——按照应急演练工作方案（脚本）向参演人员发出信息指令，传递相关信息，控制演练进程。

——信息指令可由人工传递，也可以用对讲机、电话、手机、传真机、网络方式传送，或者通过特定声音、标志与视频呈现。

——应急演练过程中，执行人员应随时掌握应急演练进展情况，并向领导小组组长报告应急演练中出现的各种问题。

——各参演人员，根据导调信息和指令，依据应急演练工作方案规定流程，按照发生真实事件时的应急处置程序，采取相应的应急处置行动。

——参演人员按照应急演练方案要求，作出信息反馈。

——演练评估组跟踪参演人员的响应情况，进行成绩评定并作好记录。

演练实施过程中，安排专门人员采用文字、照片和视频手段记录演练过程。在应急演练实施过程中出现特殊或意外情况，短时间内不能妥善处理或解决时，应急演练总指挥按照事先规定的程序和指令中断应急演练。完成各项演练内容后，参演人员进行人数清点和讲评，演练总指挥宣布演练结束。

（三）演练评估

应急演练结束后，应急预案演练组织单位应当围绕演练目标和要求，对参演人员表现、演练活动准备及其组织实施过程，对应急预案演练效果进行全面总结评估，发现应急预案、应急组织、应急人员、应急机制、应急保障等方面存在的问题或不足，提出改进意见或建议，并总结演练中好的做法和主要优点等，形成演练评估报告。

1. 评估方式

演练评估主要是通过对演练活动或参演人员的表现进行的观察、提问、检查、比对、验证、实测而获取客观证据,比较演练实际效果与目标之间的差异,总结演练中好的做法,查找存在的问题。

——演练现场点评:演练结束后,可选派演练组织人员、参演人员、评估人员或相关方人员,对演练中发现的问题及取得的成效进行现场点评。

——参演人员自评:演练结束后,演练单位应组织各参演小组或参演人员进行自评,总结演练中的优点和不足,介绍演练收获及体会。演练评估人员应参加参演人员自评会并作好记录。

——评估小组评估:参演人员自评结束后,评估人员应根据演练情况和演练评估记录发表建议并交换意见,分析相关信息资料,明确存在问题并提出整改要求和措施等。

2. 评估报告

演练现场评估工作结束后,针对现场观察和收集的各种信息,依据评估标准和相关文件资料对演练活动全过程进行科学分析和客观评价,撰写演练评估报告。报告主要内容通常包括:

——演练基本情况:演练的组织及承办单位、演练形式、演练模拟的事故名称、发生的时间和地点、事故过程的情景描述、主要应急行动等。

——演练评估过程:演练评估工作的组织实施过程和主要工作安排。

——演练情况分析:依据演练评估结果,从演练的准备及组织实施情况、参演人员表现等方面具体分析好的做法和存在的问题。

——改进意见和建议:对演练评估中发现的问题提出整改的意见和建议。

——评估结论:对演练组织实施情况的综合评价。

根据评估报告中提出的问题和不足,分析原因制订整改计划,明确整改目标,制订整改措施,并跟踪督促整改落实,直到问题解决为止。

相关链接:墨菲定律(Murphy's law)

"墨菲定律"(Murphy's law)亦称莫非定律,最简洁的表述为:凡事只要有可能出错,那就一定会出错(Anything that can go wrong will go wrong)。原话是这样说的：如果有两种或两种以上的方式去做某件事情，而其中一种选择方式将导致灾难，则必定有人会作出这种选择（If there are two or more ways to do something, and one of those wayscan result in a catastrophe, then someone will do it）。墨菲定律告诉我们，事情往往会向你所想到的不好的方向发展，只要有这个可能性。假定你把一片干面包掉在地毯上，这片面包的两面均可能着地，但假定你把一片一面涂有果酱的面包掉在地毯上，常常是带有果酱的一面落在地毯上。

一、墨菲定律的起源

墨菲是美国爱德华兹空军基地的上尉工程师。1949年，他和他的上司斯塔普少校，在一次火箭减速超重试验中，因仪器失灵发生了事故。后来墨菲发现测量仪表被一个技术人员装反了。由此，他得出的教训是：如果做某项工作有多种方法，而其中有一种方法将导致事故，那么一定有人会按这种方法去做。

墨菲定律的适用范围非常广泛，它揭示了一种独特的社会及自然现象。它的极端表述是：如果坏事有可能发生，不管这种可能性有多小，它总会发生，并造成最大可能的破坏。根据"墨菲定律"：一是任何事都没有表面看起来那么简单；二是所有的事都会比你预计的时间长；三是会出错的事总会出错；四是如果你担心某种情况发生，那么它就更有可能发生。

人永远也不可能成为上帝，当你妄自尊大时，"墨菲定律"会叫你知道厉害；相反，如果你承认自己的无知，"墨菲定律"会帮助你做得更严密些。这其实是概率在起作用，人算不如天算，如老话说的"长在河边走哪有不湿鞋"。灾祸发生的概率虽然也很小，但累积到一定程度，也会从最薄弱环节爆发。所以关键是要平时消除不安全行为和隐患，降低事故概率。

二、墨菲定律的启示

我们都有这样的体会，如果在街上准备拦一辆车去赴一个时间紧迫的约会，你会发现街上所有的出租车不是有客就是根本不搭理你，而当你不需要租车的时候，却发现有很多空车在你周围游弋，随时可停在你的面前。如果一个月前在浴室打碎镜子，尽管仔细检查和冲刷，也不敢光着脚走路，等过了一段时间确定没有危险了，不幸的事还是照样发生，你还是被碎玻璃扎了脚。

对待这个定律，安全管理者存在着两种截然不同的态度：一种是消极的态度，认为既然差错是不可避免的，事故迟早会发生，那么，管理者就难有作为；另一种是积极的态度，认为差错虽不可避免，事故迟早要发生的，那么安全管理者就不能有丝毫放松的思想，要时刻提高警觉，防止事故发生。正确的思维方式是后者。

墨菲定律的内容并不复杂，道理也不深奥，关键在于它揭示了在安全管理中人们为什么不能忽视小概率事件的科学道理。墨菲定律忠告人们：面对自身缺陷，最好还是想得更周到、全面一些，采取多种保险措施，防止偶然发生的人为失误导致的灾难和损失。归根到底，"错误"与我们一样，都是这个世界的一部分，狂妄自大只会自讨苦吃，必须学会如何接受错误，并不断从中学习成功的经验。发生了事故事件关键在于总结所犯的错误，而不是企图掩盖它。

三、墨菲定律的认识

认识之一：不能忽视小概率事件。

由于小概率事件在一次活动中发生的可能性很小，因此，就给人们一种错误的认识，即在一次活动中不会发生。与事实相反，正是由于这种错觉，麻痹了人们的安全意识，加大了事故发生的可能性，其结果是事件可能频繁发生。纵观无数的大小事故原因，可以得出结论："认为小概率事件不会发生"是导致侥幸心理和麻痹大意思想的根本原因。墨菲定律正是从强调小概率事件的重要性的角度明确指出：虽然危险事件发生的概率很小，但在一次活动中仍可能发生，因此，不能忽视必须引起高度重视。

认识之二：安全管理需长鸣警钟。

安全管理的目标是杜绝事故的发生，而事故是一种不经常发生和不希望有的意外事件，这些意外事件发生的概率一般比较小，就是人们所称的小概率事件。由于这些小概率事件在大多数情况下不发生，所以，往往被人们忽视，产生侥幸心理和麻痹大意思想，这恰恰是事故发生的主观原因。墨菲定律告诫人们，安全意识时刻不能放松。要想保证安全，必须从现在做起，从我做起，采取积极的预防方法、手段和措施，消除人们不希望有的意外的事件。

认识之三：安全管理核心是事故预防。

任何管理都具有控制职能。由于不安全状态具有突发性的特点，使安全管理不得不在人们活动之前采取一定的控制措施、方法和手段,防止事故发生。这说明安全管理控制职能的实质内核是预防。预防和控制的前提是要预知人们活动领域里固有的潜在风险,并告诫人们预防什么,并如何去控制。为此,要求人们不仅要重视已有的风险,还要主动地去识别新的风险,变被动管理为主动管理,牢牢掌握安全管理的主动权。

认识之四:发挥警示职能促进全员参与。

企业安全状态如何,是各类人员活动行为的综合反映,个体的不安全行为往往祸及全体,即"100-1=0"。因此,安全管理不仅仅是领导者的事,更与全体人员的参与密切相关。不安全比安全更能引起人们的注意,墨菲定律正是从此意义上揭示了在安全问题上要时刻提高警惕,人人都必须关注安全问题的道理。这对于提高全员参加安全管理的自觉性,将产生积极的影响。

第八章　应急急救与工伤保险

企业员工人人都应该成为健康和生命的守护者，人人为我，我为人人，工作业现场危重急症、意外伤害发生后，在专业救护人员未到达之前，现场人员作为"第一目击者"，应在保证自身安全的前提下，勇敢承担起及时救护的职责。员工发生工伤时，企业应当采取措施使工伤职工得到及时救治。各级员工了解和掌握一些常见的急救和逃生知识是十分必要的，事故初期限时合理的处置，往往会极大降低事故所带来的伤害或损失。

第一节　现场急救常识

急救即紧急救治的意思，是指在急病或意外发生时，在医护人员到达前为伤病者进行的初步救援及护理。急救目的是让人活下来，更好地活下来，健康地活下来。非专业人员救护的目的是挽救生命，不是治疗；是防止恶化，不是治愈；是促进恢复，不是复原。87%猝死病人发生在医院以外，比如急性中毒、触电、外伤、溺水、突发性心脑血管疾病等。这些患者若经现场急救，30%~40%可以挽救生命。

一、急救基本原则

现场应急急救的实施，要求施救者具备良好的心理素质、娴熟的急救技能，同时应遵循一定的急救原则：

（1）机智、果断。

发生伤亡或意外伤害后4~8min是紧急抢救的关键时刻，失去这段宝贵时间，伤员或受害者的伤势会急剧变化，甚至发生死亡。所以要争分夺秒地进行抢救，冷静科学地进行紧急处理。发生事故后，当时在现场或赶到现场的人员要立即向有关部门拨打呼救电话,讲清事发地点、简要概况和紧急救援内容,同时要迅速了解事故或现场情况,机智、果断、迅速和因地制宜地采取有效应急措施和安全对策,防止事故、事态和当事人伤害的进一步扩大。

(2)及时、稳妥。

当事故或灾害现场十分危险或危急,伤亡或灾情可能会进一步扩大时,现场救护人员一定要判断环境是否安全,在采取措施确保急救人员自身安全后,及时稳妥地帮助伤病员或受害者脱离危险区域,在紧急救援或急救过程中,要防止发生二次事故或次生事故,并要采取措施确保急救人员自身和伤病员或受害者的安全。

(3)正确、迅速。

要正确迅速地检查伤病员、受害者的情况,如发现心跳呼吸停止,要立即进行人工呼吸、心脏按压,一直要坚持到医生到来;如伤病员和受害者出现大出血,要立即进行止血;如发生骨折,要设法进行固定等。医生到后,要简要反映伤病员的情况、急救过程和采取的措施,并协助医生继续进行抢救。

(4)细致、全面。

对伤病员或受害者的检查要细致、全面,特别是当伤病员或受害者暂时没有生命危险时,要再次进行检查,不能粗心大意,防止临阵慌乱、疏忽漏项。对头部伤害的人员,要注意跟踪观察和对症处理。在给伤员急救处理之前,首先必须了解伤员受伤的部位和伤势,观察伤情的变化。

二、如何进行报警

常用报警电话有:匪警110、火警119、医疗救护120、交通故障122、国际性急救电话999。可在任何地域免费直接拨打(投币、磁卡电话则不用投币、插磁卡),各报警服务台统一受理广大群众的危急求助报警、举报投诉和查询。

(一)拨打110

——拨通110电话后,经确认,立即说清发案、灾害事故或求助的确切地址。

——简要说明情况,如报求助,说清事由;如报灾害事故,说清灾害事故性质、范围和破坏程度等情况。

——应急保证电话的畅通，以便与公安机关保持联系。

——如歹徒正在行凶，报警时应注意隐蔽，保证自己安全。

（二）拨打120

发生严重意外伤害后，及时拨打急救电话120寻求医疗急救。以便于救护人员迅速赶到现场，争取抢救时间。如正在施救，也可请附近人员帮忙，如"请这位先生（女士）给120救护中心打个电话"。

——拨通120电话后，经确认明确地说："我们需要救护车"，并随时保持与救护车的联系。

——镇静地、确切地告诉对方需求助者的地点、年龄、性别和伤情，包括"何时""何人""何事""怎样发生"等主要事项。

——清楚地告诉对方自己所处的确切位置及附近明显的标志。

——简要描述病人的情况、病态及状况。

——询问对方在救护人员到来之前，应采取何种措施和注意事项。

——留下有效的电话号码和姓名。

——全部说明完毕后，不需要参与急救的人员应到显眼的地方迎接和引导救护车。

——急救车到达后，向医护人员说明以下情况：患者病情的变化及所采取的急救措施，患者的病史及曾就诊的医院及诊治大夫。

（三）拨打119

任何人发现火灾时，都应当立即报警是每个公民应尽的消防义务。任何单位、个人都应当无偿为报警提供便利，不得阻拦报警。常见方式有大声呼喊报警、按下火灾报警按钮，拨打"119"火警电话报警等。拨打"119"火警电话向公安消防队报警必须讲清以下内容：

——发生火情的详细地址。包括街道名称、门牌号码，靠近何处；说不清楚时，应说明周围有何明显建筑或单位。

——简要说明引起火灾的原因及范围。包括什么东西起火（起火物），如房屋、商店、油库、露天堆场等；尤其要讲清起火物为何物，如液化石油气、汽油、化学试剂、棉花等都应讲清楚，以便消防部门根据情况派出相应的灭火车辆。

——火势情况。如看见冒烟，看到火光，火势猛烈，有多少房屋着火等。

——报警人姓名及所用电话的号码。以便消防部门电话联系及时了解火场情况，调集灭火力量。

——清楚回答接警员的询问，还应派人到路口接应和引导消防车。

三、进行简单体检

现场需急救的人员伤情往往比较严重，要对伤员重要的体征、症状、伤情进行了解，绝不能疏忽遗漏。通常在现场要作简单的体检。

（一）心跳检查

正常人每分钟心跳为60～80次，严重创伤，失血过多的伤员，心跳增快，且力量较弱，脉细而快。心脏停止跳动后10～20s即发生昏厥，30～40s瞳孔散大，40s左右出现抽搐，60s后呼吸停止、大小便失禁，4～6min后脑细胞发生不可逆损害，10min后脑组织基本死亡。

（二）呼吸检查

正常人每分钟呼吸数为16～18次，重危伤员，呼吸变快、变浅不规则，直至呼吸停止。通过观察伤员胸廓起伏可知有无呼吸。有呼吸极其微弱，不易看到胸廓明显的起伏，可以用一小片棉花或薄纸片、较轻的小树叶等放在伤员鼻孔旁，看这些物体是否随呼吸飘动。

（三）瞳孔检查

正常人两眼的瞳孔等大、等圆，遇光线能迅速收缩。受到严重伤害的伤员，两瞳孔大小不一，可能缩小或放大，用电筒光线刺激时，瞳孔不收缩或收缩迟钝。当其瞳孔逐步散大、固定不动、对光的反应消失时，伤员濒临死亡。

第二节　常用急救方法

现场非专业人员的及时救护是非常重要的，不要怕自己不专业，只是在现场焦急地等待专业人员的到达，而是要果断采取简单、初步、及时、合理的救护与处理。最常用到的急救方法如下。

一、心肺复苏法

心肺复苏（cardiopulmonary resuscitation，CPR）包括胸外按压和人工呼吸，心肺复苏适用于多种原因引起的呼吸、心脏骤停的伤病员，如急性心肌梗塞、严重创伤、电击伤、挤压伤、踩踏伤、中毒等。心肺复苏是在事发现场的第一反应人在专业救护人员未到达的情况下，在最短的时间内，用自己的双手和所学技能挽救伤者生命的简单而重要的方法。如果有条件，可使用自动体外除颤仪（automated external defibrillator，AED）。4min内为患者进行心肺复苏，患者的存活率为80%，超过4min存活率将急剧下降，所以有"黄金抢救4min"的说法，要记住的是时间就是生命！

（一）前期准备

发现有伤者晕倒应大声呼喊请求救援，同时大声地呼叫或者轻摇被救护者，判断伤者意识，看是否有反应，手指甲掐压人中穴约5s，如无反应则表示意识丧失。凑近被救护者的鼻子、嘴边，感受是否有呼吸。用右手的中指和食指从气管正中环状软骨滑向近侧颈动脉搏动处，看是否有搏动，切忌不可同时触摸两侧颈动脉，容易发生危险［图8-1a）］。

把患者调整到一个正确的体位，即必须将患者的头、肩、躯干作为一个整体，让他采取仰卧位，双臂应置于躯干两侧，摆正救护体位［图8-1b）］。救护者一手置于患者颈后，另一手放在他的前额上，使他的头部稍向后仰，确保气道通畅，并随即用手指清除口腔壁及其阻塞物。严谨用枕头或其他物品垫在伤员头下，头部抬高前额，会更加重气道阻塞，且使胸外按压时流向脑部的血流减少，甚至消失［图8-1c）］。

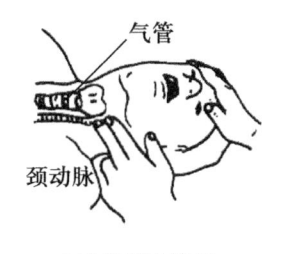

a) 触摸颈动脉搏    b) 放置伤员 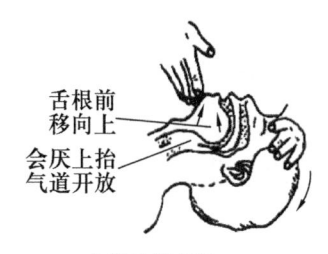   c) 仰头举颏法

图8-1 前期准备

（二）人工呼吸

在保持呼吸通畅的前提下进行。用按于前额一手的拇指与食指，捏住伤员鼻孔（或鼻翼）下端，以防气体从口腔内经鼻孔逸出，施救者深吸一口气屏住并用自己的嘴唇包住（套住）伤员微张的嘴。抢救一开始，应即向伤员先吹气两口，每次向伤员口中吹气持续1~2s，同时仔细地观察伤员胸部有无起伏，吹气时胸廓隆起者，人工呼吸有效；吹气无起伏者，则气道通畅不够，或鼻孔处漏气，或吹气不足，或气道有梗阻，应及时纠正。

吹气完毕后，应即与伤者口部脱离，轻轻抬起头部，吸入新鲜空气，以便作下一次人工呼吸。同时使伤员的口张开，捏鼻的手也可放松，以便伤员从鼻孔通气，观察伤员胸部向下恢复时，则有气流从伤员口腔排出。

有脉搏无呼吸的伤员，则每5s吹一口气，每分钟吹气12次；口对鼻的人工呼吸，适用于有严重的下颌及嘴唇外伤，牙关紧闭，下颌骨骨折等情况的伤员，难以采用口对口吹气法。

（三）胸部按压

在对心跳停止者未进行按压前，先手握空心拳，快速垂直击打伤员胸前区胸骨中下段1~2次，每次1~2s，力量中等，若无效则立即将伤员应仰卧于硬板床或地上，将患（伤）者的衣扣及裤带解松，施救者采取如图所示的按压姿势，在两乳头连线中点进行胸外心脏按压，不能耽误时间。

如图8-2所示，施救者抢双臂绷直，双肩在伤员胸骨上方正中，双手掌根重叠，十指相扣，掌心翘起，手指离开胸壁，上半身前倾，双臂伸直，靠自身重量垂直向下按压。快速有节奏地按压，不能间断，且不能冲击式的猛压。下压及向上放松的时间应相等。压按至最低点处，应有一明显的停顿。施救者用力应垂直向下，不要左右摆动。放松时定位的手掌根部不要离开胸骨定位点，但应尽量放松，务使胸骨不受任何压力。

按压频率应保持在100~120次/min。一般来说，心脏按压与人工呼吸比例为30:2，如一人按压一人吹气时，比例为15:1。按压深度一般为成人伤员为4~5cm，5~13岁伤员为3cm，婴幼儿伤员为2cm。最好采用多人连续接力施救，直到成功复苏或与业医疗人员到达。

做心肺复苏时，每5个循环（约每2min后）做1次评估有效性，主要看

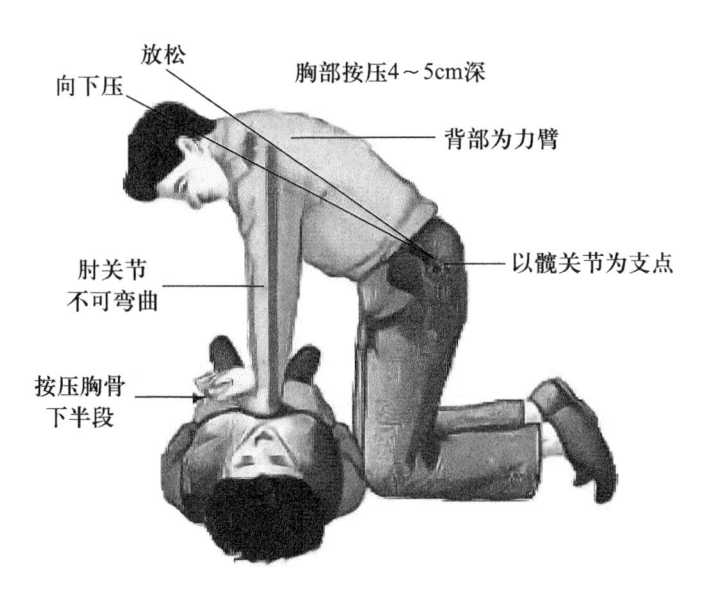

图 8-2　胸部按压

是否有意识、自主呼吸、脉搏。复苏有效时，可见病人有眼球活动，面色、口唇、甲床转红，甚至脚可动，观察瞳孔时，可由大变小，并有对光有反射，颈动脉搏动，出现自主呼吸。

二、AED 推广使用

自动体外除颤器（automated external defibrillator，AED）是一种便携式医疗设备，用于检测心脏骤停并进行电击治疗，以恢复心脏正常节律。

（一）主要功能

AED 是目前公共场所和企业办公场所常备的一种常见的急救设备。心脏骤停是指心脏突然停止跳动，导致血液循环中断，全身器官缺氧，若不及时救治，几分钟内即可导致死亡。AED 是针对心脏骤停进行紧急救治的关键设备之一。通过电击治疗，AED 能够重新启动心脏的正常节律，提高患者生存率。

AED 是急救体系中的重要组成部分，尤其在院前急救中发挥着不可替代的作用。对于心脏骤停患者，及时进行心肺复苏（CPR）并使用 AED 进行除颤治疗，能够显著提高患者的生存率。AED 的普及和推广对于提高公众急救意识和技能水平具有重要意义。

（二）使用方法

AED能够自动识别心脏骤停类型，并通过语音提示和视觉指引，指导非专业施救者进行正确的除颤操作（图8-3）。AED外观设计简约，主要由主机、电极贴片和配件组成。AED类似于心脏除颤仪，只能用于紧急处理心脏骤停危急状况。用AED处理前，必须先确认患者已停止呼吸并将他平放好，然后立即拨打急救电话。

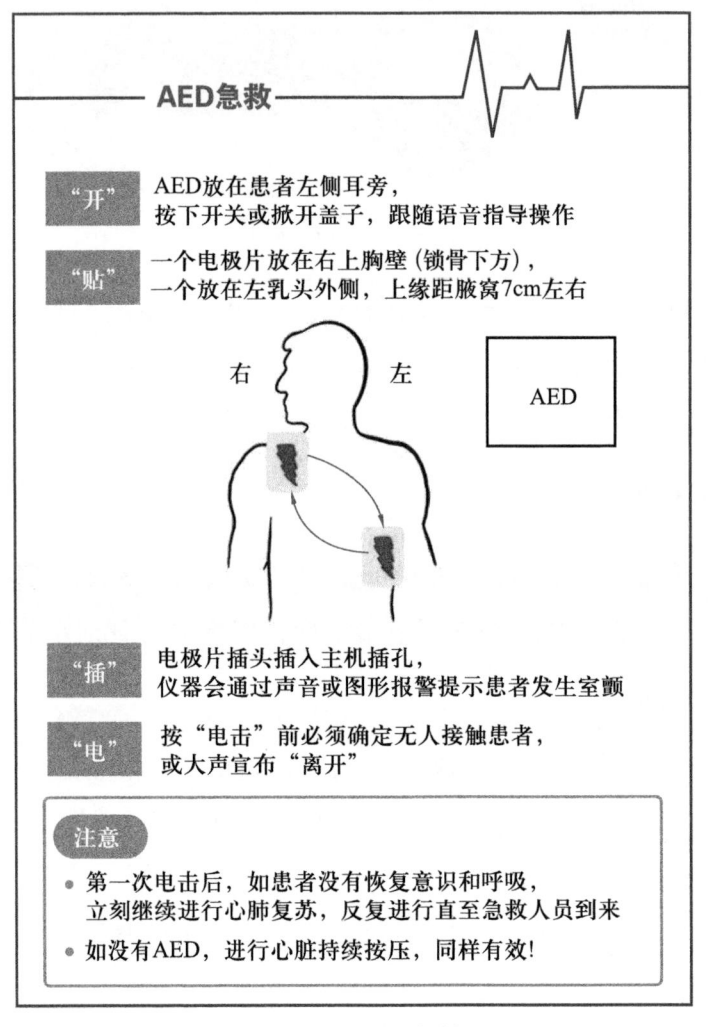

图 8-3　AED急救

（1）打开AED电源，启动设备。设备将进行自检，包括检查电池电量、电极片及导线连接情况等。确认设备自检通过，处于待机状态。

（2）撕开电极片包装，将电极片贴在患者裸露的胸部皮肤上分别粘贴在患者胸前两侧，确保电极片与患者皮肤紧密贴合，没有气泡或褶皱，将电极片导线连接到AED设备上。

（3）按照AED语音提示，确保没有人接触患者，按下"分析"键。AED将自动分析患者心律，判断是否需要除颤。如果AED建议除颤，确保所有人员离开患者，按下"除颤"键。AED将自动充电并放电，完成一次除颤。

（4）在除颤前后，按照30∶2的比例进行胸外按压和人工呼吸，持续进行心肺复苏（CPR），根据患者情况和AED提示，适时调整CPR策略，直到AED提示再次分析心律或专业医护人员到场接管。

（三）注意事项

对于成人患者，推荐使用AED的默认能量级别（通常为150～200J），这一能量级别已被证实安全且有效。对于儿童患者，应根据其年龄和体重选择合适的能量级别。通常，8岁及以上的儿童可以使用成人能量级别，而8岁以下的儿童则应使用较低的能量级别。

在使用AED前，应确保患者胸部皮肤干燥，无水分或汗液，以防止电流通过水传导造成意外伤害。在使用AED时，应确保患者处于静止状态，避免在移动或颠簸的环境中使用，以免对AED的操作和效果造成不良影响。

如果患者胸部存在异物（如金属饰品、药物贴片等），应先将其移除，以免对AED的电极片造成干扰。按照AED的指示正确放置电极片，确保电极片与患者皮肤紧密贴合，以减少电阻并降低皮肤灼伤的风险。

AED应定期进行电池检查，以确保电池正常工作。建议至少每月检查一次电池电量，并在电量不足时及时更换电池。员工应定期进行AED操作培训，了解急救知识，提高应急处置能力。

三、海姆立克法

海姆立克急救法（Heimlich）是由美国医生海姆立克先生研究发明，1975年被美国医学会以他的名字命名的一项急救技术，主要用于气道异物梗阻的现场急救，及时阻止窒息、昏迷、心脏骤停等危险的发生。海姆立克急救法挽救了无数人的生命，海姆立克被称为世界上拯救生命最多的人。根据适应人群和方法不同，可分为成人的腹部、胸部冲击法和婴幼儿海姆立克法三类。

呼吸道梗阻一般都在进餐时发生,分为不完全阻塞和完全阻塞。气道不完全阻塞的多表现为咳嗽、气喘,呼吸困难、面色青紫。气道完全阻塞多表现为梗阻者的手不由自主指向脖子,并呈"V"字形状,面色灰暗青紫,面部出现苦不堪言的表情,不能说话、不能咳嗽。重者会即刻摔倒在地,面色青紫、呼吸困难、昏迷。

(一)立位自救法

海姆立克法是运用于呼吸道异物导致窒息的快速急救手法。呼吸道不完全阻塞,气体交换良好时,救护员不要做任何处理,应尽量鼓励伤病员咳嗽。

气道完全阻塞时可施行自救和互救方法:

——腹部冲击法。右手握空心拳,拇指背侧放在腹部脐上两指,左手握住右拳,手势口诀为"剪刀、包袱、捶",然后双手快速向内,向上冲击5次,动作要干脆有奏,重复操作,至异物脱出。

——椅背自救腹部冲击法。将上腹部压在椅背上,连续向内、向上冲击5次,重复操作,至异物脱出,如图8-4所示。

(二)立位施救法

——立位腹部冲击法。救护员站在病人的背后,双臂环绕病人腰部,令病人弯腰,头部前倾。然后,一只手握空心拳,拇指背侧放在腹部脐上两指,另一只手将其握住,手势口诀为"剪刀、包袱、捶",双手快速向内,向上冲击5次,动作要干脆有节奏,重复操作,至异物脱出,如图8-5所示。

图8-4 椅背自救腹部冲击法　　图8-5 立位施救法

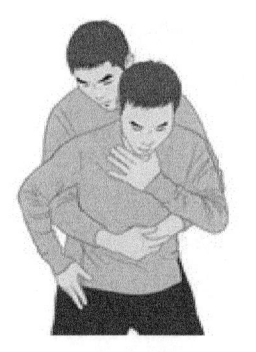

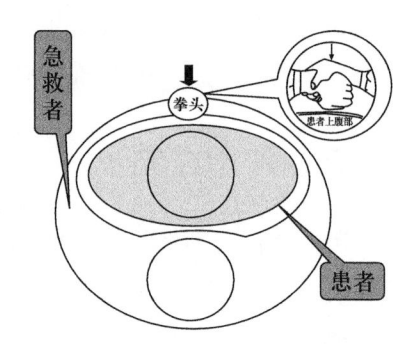

——立位胸部冲击法。适用于不能腹部冲击的病人,如怀孕、肥胖者等。救护员站在病人背后,两臂从病人腋下环绕至胸部,右手握空心拳,拇指背侧

放在病人胸骨中部（注意避开肋骨与剑突），左手握住右拳向上向内连续冲击5次，可重复，注意异物排出情况。

（三）仰卧位施救法

——仰卧位腹部冲击法。救护员骑跨在病人两大腿外侧，右手掌跟平放在病人腹部脐上两横指，左手放在右手背上，掌跟重叠，两手合力连续快速向内，向上冲击5次，可重复操作（图8-6）。

——仰卧位胸部冲击法。救护员骑跨在病人两大腿外侧，右手握空心拳，拇指背侧放在病人胸骨中部（注意避开肋骨与剑突），左手握住右拳向上向内连续冲击5次，可重复操作。

异物冲出，应立即从病人口腔中取出。异物取出后，病人没有心跳，救护人高声呼救，求助他人，病人置于心肺复苏体位立即救治。

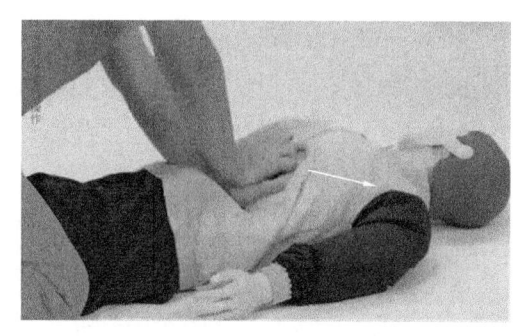

图8-6 仰卧位施救法

四、外伤的处理

人员受到外部创伤，在专业医生到达现场前，应先做一些简单处理，如果出血应及时进行止血处理。静脉出血，最常用的方法是用纱布垫压迫局部，然后回压包扎，达到止血目的。动脉出血非常危险，应马上用止血带和替代物把伤处结扎，并迅速将伤者送往医院。

（一）刺伤或摔伤

最好不要在伤口上涂抹药物，尤其是带颜色的药水，如红药水、碘酒等；止血结扎后要根据具体部位每隔10~20min松绑一次，时间太长可能引起败血症。如果异物插入人体，切勿将异物贸然拔出，否则可能导致严重出血。应该想办法将异物固定，再用开洞的三角巾套住异物进行包扎，并迅速送医院救治。

（二）内脏溢出

不管什么原因导致伤者腹部内脏溢出，如结肠或小肠脱出体外，既不能塞回也不能直接加压包扎。塞回会导致腹内严重感染，包扎可以压闭肠管的营养血管，造成急性肠坏死。正确的处理方法是首先用干净纱布遮盖在溢出的内脏上，然后用纱布或毛巾等绕成适当大小的保护圈，紧贴腹壁放在脱出的内脏周围，保护圈可用碗或大杯代替，再用三角巾包扎。伤员取仰卧位或半卧位，下肢屈曲，尽量不要咳嗽，严禁饮水进食。

（三）肢体离断

除了立即包扎身体上的伤口止血外，还应将断下来的手指、脚趾或伤肢等用干净纱布、手帕或毛巾包好，放进塑料袋内并系紧袋口，然后再放进盛有冰块的容器中保存，争取在6~8h之内随伤员送至医院进行再植手术。

（四）骨折

如果万一发生了骨折，不可误当脱臼进行复位，以免骨折断端刺伤神经、血管。如为锁骨骨折，请先用绷带兜臂，不要活动；如为盆腔处、胸腰部骨折时，应将病人轻轻托起，放在硬板担架上，转送途中尽量减少震动；如为四肢长骨骨折，可就地取材，如用胶鞋、布鞋或粗一点的树枝或其他可用来固定的东西做骨折临时固定，后送医院治疗。

谨记：先固定，后搬运，忌盲目搬运。在急救现场，如果怀疑伤员有可能伤及脊柱，一定要固定好头部，头和躯干必须同时转动，最好在原位固定后搬动，别轻易改变伤员体位，尤其不能采取一人抬腋窝部，一人抬下肢的"吊车式"搬运方法，伤员应被固定在硬木板担架上搬运。

现场救援人员对于已经出现四肢或双下肢受伤、没有昏迷的伤员，要特别注意呼吸是否困难，要解开衣领，去掉领带，解开腰带，固定好头部等待医生到现场。对怀疑有脊柱脊髓损伤的患者，要在有经验的急救人员指导下搬运至有条件进行骨科手术的医院，避免多次转运伤员，造成脊髓二次损伤。转运路途中要注意固定和观察呼吸，要减少车辆的颠簸。

（五）脑外伤

一般脑外伤后有一段昏迷时间，如果昏迷时间很短，在几分钟到30min内清醒的多是脑震荡。有的无昏迷但对受伤前的事件记忆丧失，医学上称为逆行性遗忘。特别提醒：在送昏迷脑外伤病人去医院时，应让病人平卧，去掉枕头，头转向一侧，防止呕吐时食物吸入气管而致窒息。更不要捏人中或摇动头部以求弄醒病人，这样会加重脑损伤和出血的程度。

第三节　现场止血与包扎

成年人出血量超过 800~1000mL 就可引起休克，危及生命。因此，止血是抢救出血伤员的一项重要措施，它对挽救伤员生命具有特殊意义。外伤出血分为内出血和外出血。内出血主要到医院救治，外出血是现场急救重点。理论上将出血分为动脉出血、静脉出血、毛细血管出血。动脉出血时，血色鲜红，有搏动，量多，速度快；静脉出血时，血色暗红，缓慢流出；毛细血管出血时，血色鲜红，慢慢渗出。现场止血术常用的有多种，使用时要根据具体情况，可以把几种止血法结合一起应用，以达到最快、最有效、最安全的止血目的。

一、指压止血方法

适用于头部和四肢某些部位的大出血。方法为用手指压迫伤口近心端动脉，将动脉压向深部的骨头，阻断血液流通。这是一种不要任何器械、简便、有效的止血方法，但因为止血时间短暂，常需要与其他方法结合进行。

（一）指压头部动脉

——指压颞浅动脉：适用于侧头顶、额部的外伤大出血，方法如图 8-7 所示。在伤侧耳前，一只手的拇指对准下颌关节压迫颞浅动脉，另一只手固定伤员头部。

——指压面动脉：适用于颜面部外伤大出血，方法如图 8-8 所示。用一只手的拇指和示指或拇指和中指分别压迫双侧下颌角前约 1cm 的凹陷处，阻断面动脉血流。因为面动脉在颜面部有许多小支相互吻合，所以必须压迫双侧。

——指压耳后动脉：适用于侧耳后外伤大出血，方法如图 8-9 所示。用一只手的拇指压迫伤侧耳后乳突下凹陷处，阻断耳后动脉血流，另一只手固定伤员头部。

——指压枕动脉：适用于一侧头后枕骨附近外伤大出血，方法如图 8-10

所示。用一只手的四指压迫耳后与枕骨粗隆之间的凹陷处，阻断枕动脉的血流，另一只手固定伤员头部。

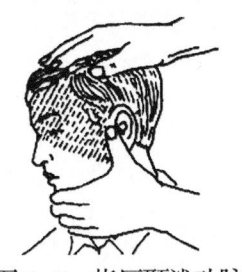

图 8-7 指压颞浅动脉 　图 8-8 指压面动脉 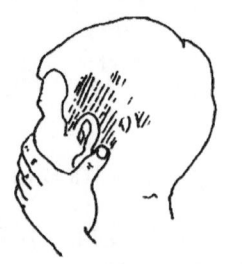　图 8-9 指压耳后动脉 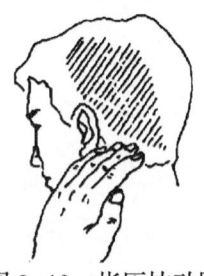　图 8-10 指压枕动脉

（二）指压四肢动脉

——指压肱动脉：适用于一侧肘关节以下部位的外伤大出血，方法如图 8-11 所示。用一只手的拇指压迫上臂中段内侧，阻断肱动脉血流，另一只手固定伤员手臂。

——指压桡、尺动脉：适用于手部大出血，方法如图 8-12 所示。用两手的拇指和食指分别压迫伤侧手腕两侧的桡动脉和尺动脉，阻断血流。因为桡动脉和尺动脉在手掌部有广泛吻合支，所以必须同时压迫双侧。

——指压指（趾）动脉：适用于手指（脚趾）大出血，方法如图 8-13 所示。用拇指和食指分别压迫手指（脚趾）两侧的指（趾）动脉，阻断血流。

——指压股动脉：适用于一侧下肢的大出血，方法如图 8-14 所示。用两手的拇指用力压迫伤肢腹股沟中点稍下方的股动脉，阻断股动脉血流。伤员应该处于坐位或卧位。

——指压胫前、后动脉：适用于一侧脚的大出血，方法如图 8-15 所示。用两手的拇指和食指分别压迫伤脚足背中部搏动的胫前动脉及足跟与内踝之间的胫后动脉。

图 8-11 指压肱动脉 　图 8-12 指压桡、尺动脉 　图 8-13 指压指（趾）动脉 　图 8-14 指压股动脉 　图 8-15 指压胫前、后动脉

（三）直接压迫法

适用于较小伤口的出血。可用直接压迫止血法，就是伤者自己直接用无菌纱布直接压迫伤口处，压迫约 10min，基本可以达到止血的目的。

二、包扎止血要领

（一）加压包扎

适用于各种伤口，是一种比较可靠的非手术止血法。先用无菌纱布覆盖压迫伤口，对于颈部和臀部较大而深的伤口，先用镊子夹住无菌纱布塞入伤口内，再用三角巾或绷带用力包扎，包扎范围应该比伤口稍大。这是一种目前最常用的止血方法，在没有无菌纱布时，可使用消毒卫生巾、餐巾等替代。

（二）用止血带

在大血管出血时，可用止血带，并记录开始用止血带的时间，便于后续向医生提供必要的急救信息。止血带止血法只适用于四肢大出血，当其他止血法不能止血时才用此法。绝大多数的创口出血，用绷带压迫包扎后即可止血。有橡皮止血带、气性止血带（如血压计袖带）和布制止血带，其操作方法各不相同。

（1）橡皮止血带，如图 8-16 所示。左手在离带端约 10cm 处由拇指、食指和中指紧握，使手背向下放在扎止血带的部位，右手持带中段绕伤肢一圈半，然后把带塞入左手的食指与中指之间，左手的食指与中指紧夹一段止血带向下牵拉，使之成为一个活结，外观呈 A 字形。

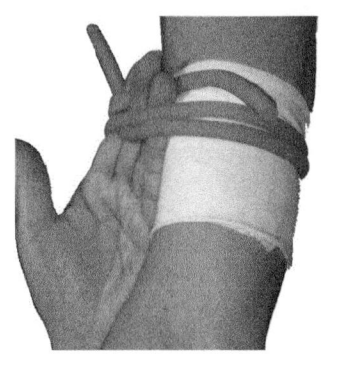

图 8-16 橡皮止血带使用方法和效果示意图

（2）布制止血带，如图8-17所示。将三角巾折成带状或将其他布带绕伤股一圈，打个蝴蝶结；取一根小棒穿在布带圈内，提起小棒拉紧，将小棒依顺时针方向绞紧，将绞棒一端插入蝴蝶结环内，最后拉紧活结并与另一头打结固定。现在很多现场配置的急救包中配置了新型制式止血带，操作更加简单方便，如图8-18所示。

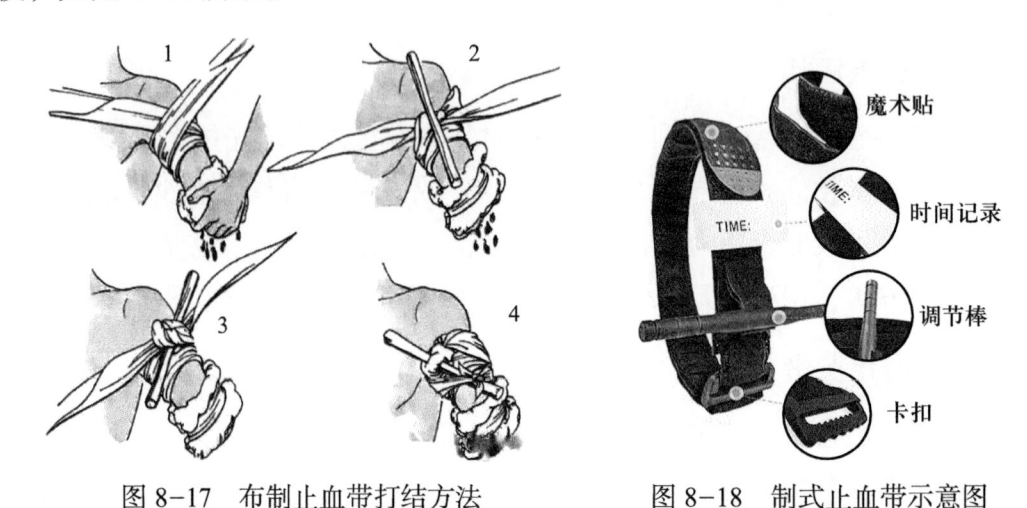

图8-17　布制止血带打结方法

图8-18　制式止血带示意图

（3）气性止血带，如图8-19类似常用的血压计袖带，操作方法比较简单，只要把袖带绕在扎止血带的部位，然后打气至伤口停止出血。

图8-19　不同类型气性止血带

（三）注意事项

——部位：上臂外伤大出血应扎在上臂上1/3处，前臂或手大出血应扎在上臂下1/3处，不能扎在上臂的中1/3处，因该处神经走行贴近肱骨，易被损伤。下肢外伤大出血应扎在股骨中下1/3交界处。

——衬垫：使用止血带的部位应该有衬垫，否则会损伤皮肤。止血带可扎在衣服外面，把衣服当衬垫。

——松紧度：应以出血停止、远端摸不到脉搏为合适。过松达不到止血目的，过紧会损伤组织。

——时间：一般不应超过5h，原则上每小时要放松1次，放松时间为2~5min。

——标记：使用止血带者应有明显标记贴在前额或胸前易发现部位，写明时间。如立即送往医院，可以不写标记，但必须当面向值班人员说明扎止血带的时间和部位。

三、伤口包扎方法

伤口包扎在急救中应用范围较广，可起到保护创面、固定敷料、防止污染和止血、止痛作用，有利于伤口早期愈合。包扎应做到动作轻巧，不要碰撞伤口，以免增加出血量和疼痛。接触伤口面的敷料如消毒纱布要比伤口宽大，并且必须保持无菌，以免增加伤口感染的机会，没有消毒纱布，可以用打火机对卫生纸或干净的布片等进行烘烤后使用。包扎要快且牢靠，松紧度要适宜，打结避开伤口和不宜压迫的部位。以下介绍几种最基本的绷带和三角巾包扎方法。

（1）包扎时应注意松紧度。不可过紧或过松，以不妨碍血液循环为宜。

（2）包扎肢体时不得遮盖手指或脚趾尖，以便观察血液循环情况。

（3）检查远端脉搏跳动，触摸手脚有否发凉等。

（一）环形包扎法

适用于前额、颈部、上肢、躯干、下肢等部位。在同一位置用绷带环绕重复包扎，包扎中应注意松紧适度，用力均匀。具体包扎方法：先将绷带稍斜放于伤口处留出绷带角；第一圈缠绕时，下面留出绷带角；做第二、三圈缠绕后，将第一圈留出的斜角反折压住斜角；再继续缠绕第三、四圈，将斜角压住然后继续缠绕，每一圈将上一圈的绷带完全覆盖，见图8-20。最后用扣针将带尾固定，或将带尾剪成两头打结固定。

（二）螺旋包扎法

适用于躯干、肢体病变范围较大部位的包扎，将环形带呈螺旋形包扎，缠绕绷带的方向应是从内向外，由下至上，从远端至近端。开始和结束时均要重复缠绕一圈以固定，如包扎不熟练，容易松动。具体包扎方法：先按照环形包扎法包扎三、四圈，再斜行向上继续缠绕，每一圈压住前一圈宽度的1/3～1/2，即在绷带宽度的约2/3处与前一圈重叠，见图8-21。打结、扣针固定应在伤口的上部，肢体的外侧。

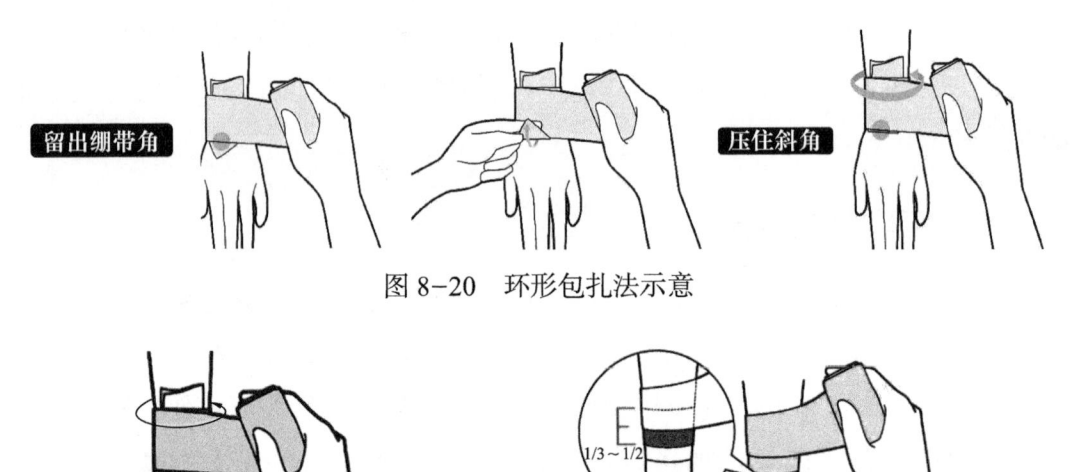

图8-20 环形包扎法示意

图8-21 螺旋包扎法示意

（三）螺旋反折包扎法

适用于躯干、肢体病变范围较大部位的包扎，具体包括方法：先按环形包扎法缠绕三、四圈，然后按螺旋形包扎法缠绕至渐粗处，将每圈细带反折，盖住前一围的1/3～1/2，依此由下而上地缠绕，见图8-22。

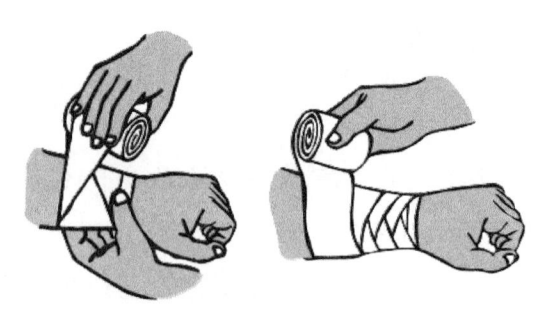

图8-22 螺旋反折包扎法示意

（四）"8"字包扎法

适用于包扎手、腕、肘、膝、足、踝、肩等关节部位，由于活动度大，容易松动，故有一定难度。在关节弯曲的上、下方，先将绷带由下向上缠绕，再由上而下呈"8"字来回缠绕，每周遮盖上周 1/3～1/2，如手部 8 字包扎法，见图 8-23。

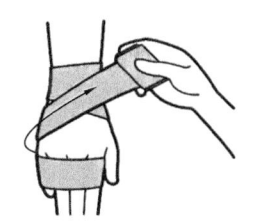

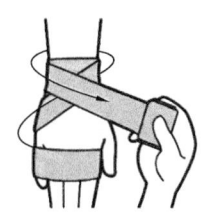

图 8-23　8 字包扎法示意

在关节部先按环形包扎法缠绕，然后以关节为中心，从两头向关节处斜向缠绕，为向心式 8 字形包扎法，见图 8-24；由关节向两头缠绕，为离心式 8 字形包扎法，见图 8-25。

图 8-24　向心式示意　　　　　图 8-25　离心式示意

（五）回返包扎法

适用于包扎手指、足趾、断肢残端，可增加局部稳定性，保护伤处不受外力损伤等。

具体方法是：先做环形包扎，第一道从中间下来，再将绷带反复来回反折，直至伤口全部覆盖。见图 8-26。必要时，为防止绷带松脱，可在腕、踝关节处加以"8"字形包扎固定。

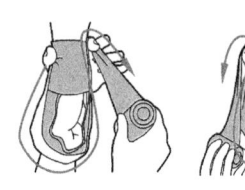

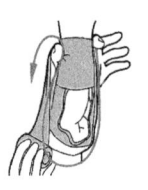

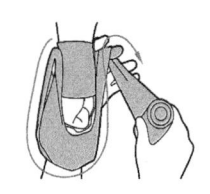

图 8-26　回返包扎法示意

（六）三角巾包扎法

三角巾是一种便捷好用的包扎材料，适用于全身各部位的包扎（可在药店购买到）。常见三角巾呈一顶角为90°的等腰三角形，其底边长136cm，两侧边长96cm，顶角和一侧底角各有一根用于包扎的带子（顶角带、底角带），顶角带长45cm。为了方便不同部位的包扎，可将三角巾折叠成带状，称为带状三角巾。三角巾包扎主要用于包扎、悬吊受伤肢体，固定敷料，固定骨折等，三角巾包扎的方法形式多样，见图8-27。

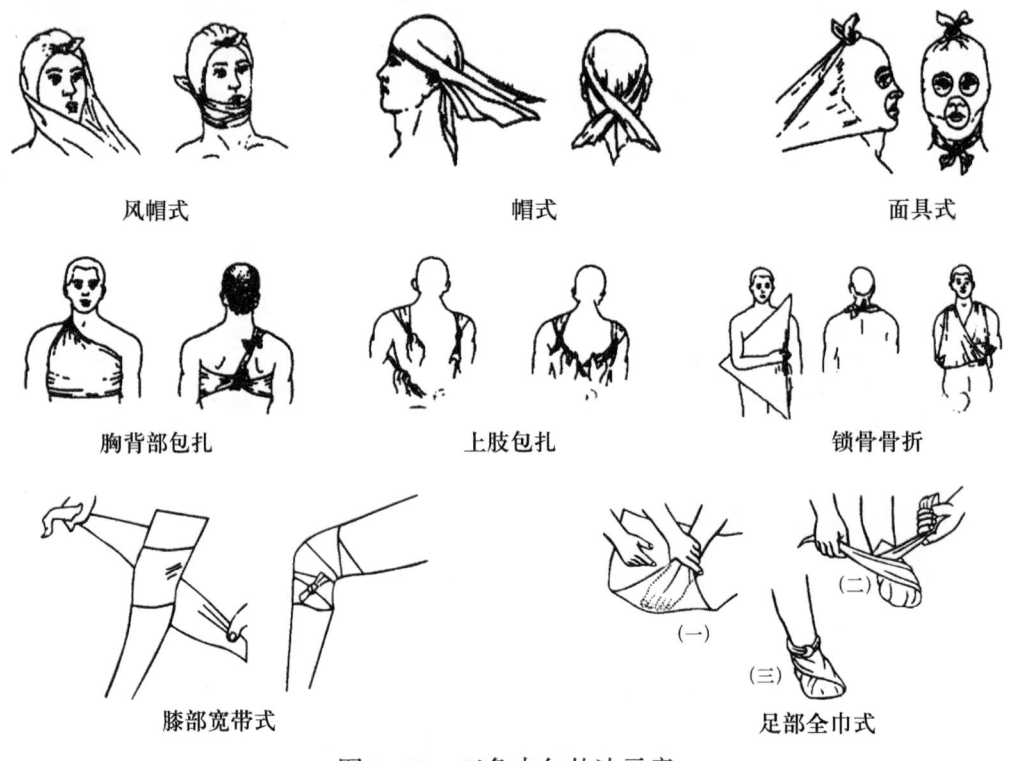

风帽式　　　　　帽式　　　　　面具式

胸背部包扎　　　上肢包扎　　　锁骨骨折

膝部宽带式　　　　足部全巾式

图8-27　三角巾包扎法示意

——三角巾全巾：三角巾全幅打开，可用于包扎或悬吊上肢。

——三角巾宽带：将三角巾顶角折向底边，然后再对折一次。可用于骨折固定或加固上肢悬吊等。

——三角巾窄带：将三角巾宽带再对折一次。可用于足、踝部的"8"字固定等。

用三角巾进行包扎完毕，固定时需要注意，不可在受伤面或炎症部位打结，不可在关节面或骨突处打结，不可在受压部位或肢体内侧打结，不可在常摩擦处打结。

（七）注意事项

包扎目的是压迫止血、保护伤口、减少感染、减轻疼痛、固定敷料和夹板、利于转运。包扎要诀是动作要"快、准、轻、牢"，包扎时也不要用手摸、用水冲。

1. 进行包扎时

现场急救用的包扎用品，除学常配置的创可贴、绷带、三角巾外，在急救的情况下，可就地取材，可用干净的衬衫、手帕、毛巾、床单（撕成窄条）、尼龙网套、长丝袜等代替绷带进行现场急救包扎。

使用绷带包扎时应自下而上，从左往右、由远心端到近心端缠绕。包扎后应时常检查包扎敷料和肢体远端血液循环情况。如指（趾）末端皮肤变紫、麻木或感觉消失说明包扎过紧，要及时松紧调节。

2. 包扎完成后

——保持干燥。包扎后的伤口最怕潮湿，记得避免与水接触，保持干燥，防止感染。

——定期检查。每天去医院揭开包扎，看看伤口情况，有没有红肿、疼痛或渗出物，及时发现问题。

——避免碰撞。小心呵护伤口，避免碰撞或摩擦，以免加重伤势或导致出血。

——饮食调理。多吃富含蛋白质和维生素的食物，比如牛奶、鸡蛋、瘦肉等，为身体提供充足的营养，加速伤口愈合。

——放松心情。虽然伤口会有些不适，但别担心，放松心情，积极面对，相信身体很快就能恢复。

四、骨折固定方法

凡有骨折可疑的伤员均应按骨折处理。首先抢救生命，如病人处于休克状态中，应以抗休克为首要任务；其次注意保温，有条件时应输血、输液。对处于昏迷的病人，应注意保证呼吸道通畅。如有大出血要先止血包扎，然后固定。固定术是针对骨折的急救措施，可以防止骨折部位移动和减轻伤员痛苦的作用，同时能有效地防止因骨折断端的移动而损伤血管、神经等组织造成的严重并发症。

急救固定的目的不是让骨折复位,而是防止骨折断端的移动,若骨折端已穿出创口并污染,但未压迫血管神经时,应尽量消除显著的移位,不应立即复位,以免将污染物带进创口深处。可待清创后将骨折端清理,再行复位。固定时动作要轻巧,固定要牢靠,松紧要适度,皮肤与夹板之间要垫适量的软物,尤其是夹板两端骨突出处和空隙部位更要注意,以防局部受压引起缺血坏死。伤者经妥善固定后,应迅速运往医院救治。

(一)锁骨骨折固定

将两条指宽的带状三角巾分别环绕两个肩关节,于肩部打结;再分别将三角巾的底角拉紧,在两肩过度后张的情况下,在背部将底角拉紧打结,见图8-28。锁骨骨折应避免平躺,采取坐位或半卧位可以减轻疼痛,平躺可能会加重骨折移位。

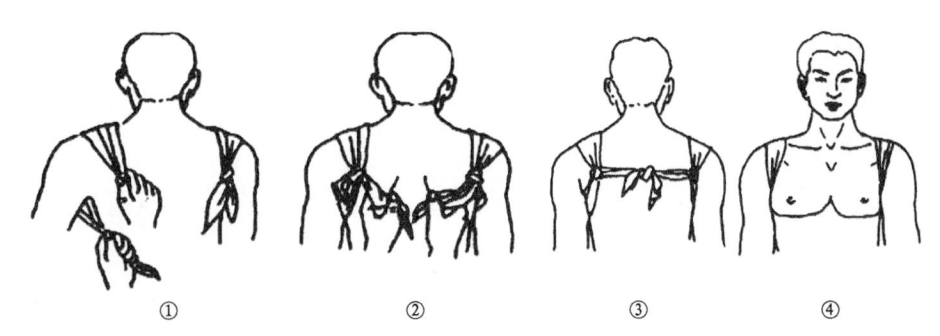

图 8-28 锁骨骨折固定方法

(二)前臂骨折固定

在夹板和前臂接触的一侧垫柔软衬垫,将两侧的夹板分别置于前臂的手掌侧和手背侧,如果只有一块夹板,则放在前臂的手背侧,夹板长度一端要超过肘关节,另一端要超过腕关节,然后用绷带分别固定骨折部位上、下两端,最后用一条三角巾将前臂悬吊于胸前,肘部保持90°减轻晃动,见图8-29。

(三)上臂骨折固定

用两块合适大小的夹板和衬垫置于伤肢两侧,用两块带状三角巾或绷带把伤肢和夹板固定,再用一块燕尾三角巾一端挂在颈部,另一悬吊端托住伤肢的前臂肢,使肘关节屈曲90°,前臂自然下垂,在颈后打结固定。最后,可再用一条带状三角巾的两底边分别绕胸背于健腋下打结固定胸廓，减少活动时可能带来的伤害，见图8-30。

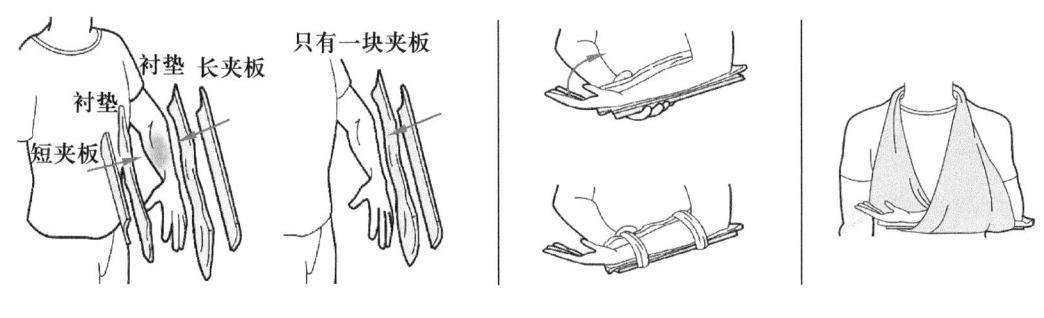

图8-29 前臂骨折固定方法

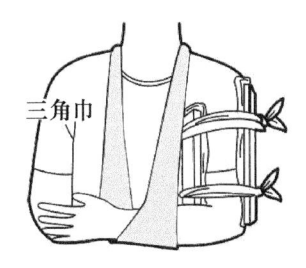

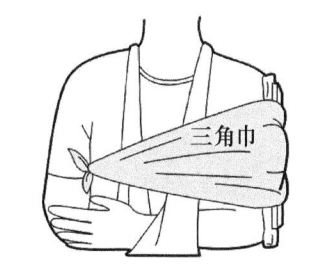

图8-30 上臂骨折固定方法

（四）下肢骨折固定

用一块长夹板（长度为伤员的腋下至足跟）放在伤肢侧，另用一块短夹板（长度为会阴至足跟）放在伤肢内侧，至少用4~6条带状三角巾，分别在腋下、腰部、大腿根部及膝部分环绕伤肢包扎固定，注意在关节突出部位要放软垫。若无夹板时，可以用带状三角巾或绷带把伤肢固定在健侧肢体上，见图8-31。

图8-31 下肢骨折固定方法

（五）脊柱骨折固定

固定核心在于让伤者保持脊柱轴线稳定，避免脊髓二次损伤，如处理不当可能导致瘫痪，需极度谨慎，保持其受伤时的姿势。禁止以下动作：不可扶坐、站立或扭曲身体；抱、背、拖拽伤者；尝试复位或按摩腰部；使用软担架或徒手搬运伤者。

颈椎骨折现场救援时，至少四人协作，一人持续固定头颈，两人托肩、腰、臀，一人托下肢，同步平移。让伤者仰卧在硬质担架、长木板或门板上，在头枕部垫一薄枕或用折叠毛巾绕颈一周作为临时颈托，使头部成正中位，头部不要前屈或后仰。再在头的两侧各垫枕头或衣服卷，最后用一条带子通过伤员额部固定头部，限制头部前后左右晃动，见图 8-32。

图 8-32 搬运和固定方法

胸/腰椎骨折现场救援时，至少三人配合，一人固定头部（双手握耳侧），另两人托住肩、髋和下肢，保持头、颈、躯干成一直线。多人同步平移患者至硬质担架、长木板或门板上，伤者一般采取仰卧位，用宽布带（用床单撕成宽布条或腰带等）将头、胸、腰、髋、膝部固定在担架上，松紧以能伸入1指为宜，在腰两侧垫毛巾卷或叠起的衣物，限制腰部侧弯。担架需保持水平，避免颠簸，勿抬高下肢（可能加重脊髓水肿），见图 8-33。

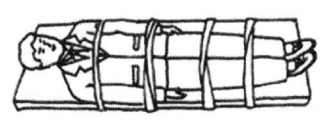

图 8-33 搬运与固定方法

第四节　人员现场急救

作业单位现场都应配备有救急药箱，在出现人员出现轻度伤害时，可即时进行一些简单的处理。注意人中穴是一个重要的急救穴位。用拇指尖平掐或针刺该穴位，以每分钟掐压或捻针 20～40 次，能使动脉血压升高，维持生命活力。可用于救治中风、中暑、中毒、过敏以及手术麻醉过程中出现的昏迷、呼吸停止、血压下降、休克等。

一、人员触电急救

触电是指一定量的电流或电能通过人体，引起的一种全身性和局部性损伤，常发生于直接接触电源，高压电场下作业及被雷电击伤后，伤后组织毁损严重，通常出现肌肉、肌腱、神经、血管等深部组织的坏死，也可伴有肝、肾等重要脏器的功能损害，肢体截肢（截指）发生率高。触电者的生命能否获救，在绝大多数情况下取决于能否迅速脱离电源和正确地实行心肺复苏，拖延时间、动作迟缓或救护不当，都可能造成人员伤亡。

（一）断开电源

发生触电事故时，应先观察周围环境，确保安全和做好自身防护后才可进行施救。出事附近有电源开关和电流插销时，可立即将电源开关断开或拔出插销；但普通开关（如拉线开关、单极按钮开关等）只能断一根线，有时不一定关断的是相线，所以不能认为是切断了电源。

当有电的电线触及人体引起触电时，不能采用其他方法脱离电源时，可用绝缘的物体（如干燥的木棒、竹竿、绝缘手套等）将电线移开，使人体脱离电源。必要时可用绝缘工具（如带绝缘柄的电工钳、木柄斧头等）切断电线，以切断电源。应注意防止人体脱离电源后，造成的二次伤害，如高处坠落、摔伤等。

对于高压触电，应立即通知有关部门停电。救护者在进行高压断电时，应戴上绝缘手套，穿上绝缘鞋，用相应电压等级的绝缘工具拉开开关。

（二）诊断抢救

触电失去知觉后进行抢救，一般需要很长时间，必须耐心持续地进行。只有当触电者面色好转，口唇潮红，瞳孔缩小，心跳和呼吸逐步恢复正常时，才可暂停数秒进行观察。如果触电者还不能维持正常心跳和呼吸，则必须继续进行抢救。

触电急救应尽可能就地进行，只有条件不允许时，才可将触电者抬到可靠地方进行急救。根据触电者的情况，进行简单的诊断，并分别处理。

——触电者神志清醒，但有些心慌、四肢发麻、全身无力或触电者在触电过程中曾一度昏迷，但已清醒过来。应使触电者安静休息、不要走动、严密观察，必要时送医院诊治。

——触电者已经失去知觉，但心脏还在跳动、还有呼吸，应使触电者在空气清新的地方舒适、安静地平躺，解开妨碍呼吸的衣扣、腰带。如果天气寒冷要注意保持体温，并迅速请医生到现场诊治。

——如果触电者失去知觉，呼吸停止，但心脏还在跳动，应立即进行口对口人工呼吸，并及时请医生到现场。

——如果触电者呼吸和心脏跳动完全停止，应立即进行口对口人工呼吸和胸外心脏按压急救，并迅速请医生到现场。

对触电者进行简单身体检查，若有类似于烧伤的电击伤创面，则应在进行心肺复苏后处理创面。创面保护用敷料包扎，若无敷料可用清洁床单、被单、衣服等包裹转送医院。

二、人员中毒急救

（一）食物中毒

食物中毒，是指食用被细菌、毒素污染的，或含有毒物质的食品后引起的急性感染性或中毒性疾病。食物中毒具有突然发生、集体性发病、潜伏期短等特点。分为细菌性食物中毒、真菌毒素中毒、动物性食物中毒、植物性食物中毒、化学性食物中毒。主要症状为剧烈呕吐、腹泻，伴有中上腹部疼痛，常会因上吐下泻而出现脱水症状，如口干、眼窝下陷、皮肤弹性消失、肢体冰凉、脉搏细弱、血压降低等，甚至休克。

（1）催吐。如果发现员工中毒，首先要了解一下吃了什么东西，如果吃下去的时间在1～2h内，可以采用催吐的方法，用塑料袋留好呕吐物或大便，带去医院检查，有助于诊断。喝一些较浓的盐开水，比例是 20g 盐兑 200mL 开水，中毒者如果喝一次不吐，可多喝几次，促使其呕吐，以便尽快排出毒物。取鲜生姜 50g 捣汁加温开水冲服，有护胃解毒的作用。用筷子或手指向喉咙深处刺激咽后壁、舌根进行催吐，并及时就医。若出现抽搐、痉挛症状时，马上取来筷子，用手帕缠好塞入病人口中，以防止咬破舌头。另外催吐时，应将病人头部放低或偏向一侧，避免呕吐物进入气管，发生窒息或误吸。

（2）导泻。病人若是中毒时间较长，但精神尚好，则可服用泻药以利泻毒。

（3）解毒。如果吃了变质的鱼虾、蟹引起的食物中毒，可以取食醋 100mL 加开水 200mL 稀释后一次服下。若是误食了变质的饮料或防腐剂，最好的急救方法是用鲜牛奶、蛋清或其他含蛋白质较多的饮料灌服。采取急救措施后患者症状无缓解迹象，甚至出现失水明显、四肢寒冷、腹痛腹泻加重、面色苍白、大汗、意识模糊、说胡话或抽搐甚至休克，应立即送医院救治。同时应了解与病人一同进餐的人有无异常，并告知医生和一同进餐者。

（二）药物中毒

药物中毒是指因药物使用不当（如过量服用、误服、长期滥用等）或个体对药物异常敏感，导致体内药物浓度过高，引发身体器官或系统功能损伤，甚至危及生命的毒性反应。在发现病人药物中毒时，首先要尽快查出中毒原因，如果一时查不清也要了解毒物进入人体的途径，进入的量和中毒时间。准备送医院治疗或医生未到之前，应先做一些临时的急救工作，以减少毒物的吸收，加速毒物的排出。

若病人处于昏迷状态，应迅速将病人平卧，如发现病人面色青白，表示脑部缺血，应取头低脚高位；如病人面色发红，则表示头部充血，应取头高脚低位。同时注意保暖，严密注意病人的呼吸、脉搏、血压的变化。若病人处于窒息状态，应尽快将病人移至空气新鲜的地方，并施行人工呼吸。同时仍需注意保暖及观察生命体征的变化。

若明确毒物经口进入，由胃肠道吸收引起的中毒，应立即采取催吐、导泻等方法，以加快毒物的排除。可采用手指、筷子、汤匙等刺激咽后壁和咽弓，反射性地引起呕吐（具体操作参照食物中毒催吐方法）。但是，如果病人有食管静脉曲张、溃疡病、严重心衰和全身极度衰竭等情况禁用催吐。导泻的主要目的是使进入肠道的毒物迅速排出，减少毒物在肠内的吸收。对于腐蚀性毒物中毒和极度衰弱或重度脱水者，忌用导泻。病人经临时急救后应即送医院进一步的救治。

（三）CO 中毒

一氧化碳（CO）为无色、无味、无刺激性，可燃的剧毒气体，它是由含碳物质不完全燃烧产生的。如烧炭、汽车废气、工业生产过程中、冬季烤火取暖通风不良时，都可发生急性 CO 中毒，俗称煤气中毒，最常见煤炭燃烧不充分所致。

中毒症状是当人体吸入 CO 后，中毒时间短时，会出现脸色潮红、头疼眩晕、恶心呕吐、四肢无力，慢慢出现呼吸困难、意识障碍等。当自己预感到煤气中毒时，要保持镇静，关掉煤气开关，打开门窗，然后走出房间。如无力打开门窗，可砸破门窗玻璃通风，并高声呼救。

救护者实施救护时应注意自我保护，进入溢满煤气的室内抢救前，先吸一大口气，然后用湿毛巾或衣物捂住口鼻进入室内。在进入室内解救中毒者时最好匍匐前行，不要出现明火、按响门铃、打开电灯泡等等电器，否则易引起爆炸。先打开窗户通气，再关掉煤气开关。

抢救时立即将病人移离中毒现场，置于新鲜空气处，如为密闭居室应立即开窗通风，松开病人衣领、裤带，密切观察病人状态。对意识丧失者，取平卧位，注意保暖，头侧向一边，保持呼吸道通畅，防止呕吐物堵住呼吸管道。心跳停止者应立即进行心肺复苏。

（四）硫化氢中毒

急性硫化氢中毒是生产环境中在短期内接触大量硫化氢，引起以中枢神经系统、眼结膜和呼吸系统损害为主的全身性疾病。对可能有硫化氢气体存在的区域，要加强通风排气，操作人员进入该区域，应穿戴防毒面具，身上缚以救护带并准备其他救生设备。

1. 中毒分类

接触硫化氢后，出现流泪、眼刺痛、流涕、咽喉部灼热感等刺激症状，在短时间内恢复者。

——轻度中毒。眼胀痛、畏光、咽干、咳嗽，以及轻度头痛、头晕、乏力、恶心等症状。

——中度中毒。有明显的头痛、头晕等症状，并出现轻度意识障碍；有明显的黏膜刺激症状，出现咳嗽、胸闷、视力模糊、眼结膜水肿及角膜溃疡等。

——重度中毒。昏迷、肺水肿、呼吸循环衰竭、电击式死亡。

2. 治疗原则

针对硫化氢中毒的患者，立即将其撤离现场，移至新鲜空气处，解开衣扣，保持其呼吸道的通畅，有条件时，还应给予氧气吸入，对中、重度中毒者可采用高压氧治疗，保持呼吸道通畅。

眼部损害采取对症治疗。有眼部损伤者，应尽快用清水反复冲洗，并给以抗生素眼膏或眼药水滴眼，或用醋酸可的松眼药水滴眼，每日数次，直至炎症好转。

对昏迷者应及时清除口腔内异物，解开衣扣，保持呼吸道通畅。对呼吸、心脏骤停者，取平卧位，立即进行心肺复苏等对症及支持疗法。

在施行口对口人工呼吸时施行者应防止吸入患者的呼出气或衣服内逸出的硫化氢，以免发生二次中毒，建议采取口对鼻呼吸。

三、人员中暑急救

中暑是指在高温环境下，人体体温调节功能紊乱而引起的中枢神经系统和循环系统障碍为主要表现的急性疾病。除了高温、烈日暴晒外，工作强度过大、时间过长、睡眠不足、过度疲劳等均为常见的诱因。中暑有头晕、头痛、乏力、口干、心悸、眼花、恶心、呕吐等症状，体温升高。严重者出现肌肉颤动，甚至发生意识障碍、昏迷等。

（一）中暑分类

——先兆中暑：大多表现为大量出汗、口渴、头昏、胸闷、恶心、四肢无力、注意力下降、精神不集中、动作不协调等中暑的前兆症状。患者一般无须特别处理，只要及时发现、及时休息，离开高温环境，大多数症状都能得到缓解。

——轻症中暑：在先兆中暑的症状上，体温超过38.5℃，面色潮红，皮肤灼热；出现面色苍白、恶心呕吐、皮肤湿冷、血压下降、脉搏细弱等呼吸循环系统衰竭的早期症状，必须及时至医院就诊。

——重症中暑：表现为昏迷或痉挛、皮肤由湿冷转为干燥无汗、体温上升至40℃以上。重症中暑又分热射病型、热痉挛型、热衰竭型及日射病型。这四种重度中暑的症状依次加重，从体温高达39.5℃引发昏迷，到出现循环衰竭、发生肌肉痉挛，直至剧烈头痛、丧失意识等。必须第一时间接受科学的综合治疗，否则有丧命危险。

（二）急救措施

迅速带患者离开引发中暑的环境，最好移至通风清凉安静的地方，让病人仰卧，头部放低体位，解开衣扣、脱去或敞开衣服。同时用力按摩患者四肢，以防血液循环停滞。如果衣服被汗水湿透，应换上干衣服。

——降温。对于发生高热的患者，可用清凉的毛巾冷敷其面部和全身，或是用纱布浸湿酒精擦拭，尤其是在分布有大血管的部位，如头部、腋下、腹股沟等处。这样，就可以通过传导散热迅速降低患者体温；打开电扇或空调（空调温度不宜过低，最好保持在22~25℃），通过对流、辐射原理尽快为人体散热，同时在患者额头涂抹清凉油、风油精。当体温降至38℃以下时，要停止一切冷敷等强降温措施。

——补水。对于意识清醒的患者，可饮用绿豆汤、清热解毒的清凉饮料，也可补充生理盐水。但千万不可急于补充大量水分或冰啤酒等饮料，否则，会引起呕吐、腹痛、恶心等症状。

——促醒。病人若已失去知觉，可以指掐人中的方式使其苏醒，若有条件可同时对其进行刮痧急救。

——送医。对于重度中暑的患者，应迅速将患者送往医院进行抢救。在运送途中要注意，尽可能地用冰袋敷于病人额头、枕后、胸口、肘窝及大腿根部，以保护大脑、心肺等重要脏器。

四、烧烫伤、冻伤急救

烧烫伤是工业生产、战争和日常生活常见的损伤，它包括高温（火焰、沸水、蒸气、热油、灼热金属）、化学物质（强酸、强碱）、电流（高压电）及放射线（X射线、γ射线）等引起的机体组织灼伤。做好烧烫伤的现场急救和早期适当处理十分重要，可使伤势不再继续加重，预防感染和防止休克。

（一）烧烫伤分级

根据烧伤面积和深度，国际常用的分级方法将烧烫伤程度分为Ⅰ度、Ⅱ度（浅Ⅱ、深Ⅱ）、Ⅲ度，见表8-1。

表8-1 烧烫伤程度分级

特征	分级		
烧烫伤程度	Ⅰ度（表皮烧烫伤）	Ⅱ度（真皮烧烫伤）	Ⅲ度（皮下组织烧烫伤）
外观与症状	皮肤发红，具有刺痛感	皮肤出现水泡、红、肿、触痛	皮肤所有层面的烧伤。皮肤出现坏死、苍白、焦黑、麻痹
康复	数日就可康复	1～2周才能康复（化脓时，则会变成Ⅲ度烫伤）	瘢痕，或执行植皮手术
Ⅰ度烧烫伤可自行处理，Ⅱ度和Ⅲ度则须由专科医师处理。			

（二）烧烫伤急救

首先应通过烧伤的深度和面积判断烧伤程度，如果是重度烧伤则应尽快到医院诊治，防止患者休克，特别是电击的伤。

热力烧伤时应尽快脱去着火或沸液浸渍的衣服。如果来不及脱去着火的衣服，应迅速卧倒，慢慢滚动而压灭火焰。应尽量利用就近工具或材料，切忌用手扑打，以免双手重度烧伤。衣服着火时不要奔跑呼叫，这样可能助长火势造成呼吸道烧伤。

烧烫伤处理步骤口诀是"冲，脱、泡、盖、送"，见表8-2。

表8-2 烧烫伤处理步骤

步骤	具体内容	注意事项	图示
冲	将伤者烧伤的部分放置在打开的水龙头下冲洗30min	若碰到Ⅱ度（有水泡）、Ⅲ度严重程度时，请勿直接冲水。在冲水前必须覆盖毛巾再冲水	

续表

步骤	具体内容	注意事项	图示
脱	将烧伤部位的衣物移除	若衣物与皮肉已粘在一起,则不得强行移除	
泡	将烧伤部位泡在冷水中		
盖	将无菌敷料覆盖在伤口上	不得在烧伤区域涂上任何液体	
送	所有超过1%的烧烫伤都应该送医处置	如果路途遥远,应该给以伤者大量口服液体	

(三) 冻伤的急救

冻伤是在一定条件下由于寒冷作用于人体,引起局部的乃至全身的损伤。损伤程度与寒冷的强度、风速、湿度、受冻时间及局部和全身的状态有直接关系。速冻是指接触温度很低的金属（如寒区置于户外的设备的金属部分）或液体（如液氮、LNG）等,造成接触部位的皮肤冻结。如未能及时脱离接触,冻结组织可以迅速加深,严重者可将皮肤冻结在寒冷的固体上,强行脱离,可造成撕脱伤。对速冻伤者可采取如下的急救措施。

迅速使受害人脱离低温环境和冰冻物体。衣服、鞋袜等连同肢体冻结者,不可勉强卸脱,应用温水（40℃左右）使冰冻融化后脱下或剪开。

立即施行局部或全身的快速复温,能减轻局部冻伤和有利于全身冻伤复苏,严禁火烤、雪搓,冷水浸泡或猛力捶打患部。用38～42℃温水浸泡伤肢或浸浴全身，水量要足够，水温要比较稳定，使局部在20min、全身在半小时内复温。温水浸泡至肢端转红润、皮温达36℃左右为度。注意浸泡过久会增加组织代谢，反而不利于恢复。浸泡时可轻轻按摩未损伤的部分，帮助改善血循环。如病人觉疼痛，可用镇静剂或止痛剂。

对于颜面冻伤，可用42℃的温水浸湿毛巾，进行局部热敷。在无温水的条件下，可将冻肢立即置于自身或救护者的温暖体部，如腋下、腹部或胸部，以达复温的目的。对心跳呼吸骤停者还要施行心脏按压和人工呼吸。

复温后局部立即涂敷冻伤外用药膏，可适当涂厚些，指（趾）间均需涂敷，并以无菌敷料包扎，每日换药1~2次，面积小的Ⅰ度、Ⅱ度冻伤，可不包扎，但注意保暖。可供使用的冻伤膏有呋喃西林、考地松、右旋糖酐霜剂等。

在无菌条件下抽出水疱液，如果水疱较大，也可低位切口引流。感染创面应及时引流，防止痂下积脓，对坏死痂皮应及时蚕食脱痂。早期皮肤坏死形成干痂后，对于深部组织生活能力情况，往往不易判断，有时看来肢端已经坏死，但脱痂后露出肉芽创面（表明深部组织未坏死），经植皮后痊愈。因此，对冻伤后截肢应取慎重态度，一般任其自行分离脱落，尽量保留有活力的组织，预防感染严重冻伤应口服或注射抗菌素，常规进行破伤风预防注射。

五、晕厥或昏迷急救

对于晕厥与昏迷的患者能立即找出原因，予以有效的对症处置最为理想。然而在紧急情况下，有一些病不能马上明确原因，立即采取措施，同时立即送院救治。当患者脸色苍白、出冷汗、神志不清时，立即让患者蹲下，再使其躺倒，以防跌撞造成外伤。

（一）晕厥原因

晕厥又叫昏厥、昏倒，常因大脑暂时缺血、缺氧而引起，有短暂性意识丧失。多见于血管抑制性晕厥、颈动脉窦性晕厥、直立性低血压晕厥、咳嗽晕厥、排尿性晕厥、大量失血和失液所致晕厥，或由严重心律不齐、心肌梗死、心瓣膜病、颈椎病、脑血管痉挛，严重缺氧、中毒、低血糖、癔症发作、癫痫、贫血等。无论哪种晕厥，发病多突然开始，有头晕、心慌、恶心呕吐、面色苍白、全身无力，意识模糊，持续数秒至数分钟后自然清醒，随之周身疲惫无力，稍后自动恢复。

（二）患者搬运

在对已昏迷倒地患者进行搬运时，应注意尽可能不要移动患者，进行当场施救。如果患者处于公路、火灾现场等不宜施救的场所时，必须将患者搬运到能够安全施救的地方。搬运患者时的注意尽量多找一些人来搬运，尽量将患者放在担架或平板上进行搬运，注意观察患者呼吸和脸色的变化。如果是脊椎骨折，不要弯曲、扭动患者的颈部和身体，不要触及患者的伤口。

（三）患者救治

在确定患者处于能够安全施救的地方后，应松解患者衣领、裤带，使之平卧，头转向一侧，以免舌头堵塞气道。如有假牙应取出，清除口鼻的分泌物、痰液和呕吐物等，保持呼吸道通畅。对于休克严重的患者应放低头部，稍微抬高双脚。但对于头部受伤、呼吸困难或有肺水肿者应稍抬高头部并给予氧气吸入。

在施救的同时注意病人保暖，但不能过热。可采取按压人中，向头、面部喷凉水，额前放湿的凉毛巾等局部刺激方法，有助于病人清醒。在晕厥发作时不能喂食、喂水；患者意识恢复后，可给病人喂服姜糖水、浓茶等热饮料。

六、化学品泄漏时急救

在可能或确已发生化学品泄漏的作业场所，当突然出现头晕、头疼、恶心、欲吐或无力等症状时，必须先想到有发生中毒的可能性，根据实际情况采取有效对策施行自救。

（一）学会自救

——第一时间启用报警设施，特别是在受限空间作业人员，应立即以事先约定好的沟通方式向监护人报警。

——现场作业人员应憋住气，迅速观察风向标，逆风跑出危险区。如遇风向与释放源方向相同时，应往侧面方向跑。

——若有可能，迅速将身边能利用的衣服、毛巾、口罩等用水浸湿后，捂住口鼻脱离现场，以免吸入有毒气体。

——如果是在无围栏的高处，以最快的速度抓住东西或趴倒在上风侧，尽量避免接下来可能出现昏迷时坠落。

——发生大量泄漏事故的瞬间，闭住或用手捂住眼睛，防止有毒有害液体溅入眼内；如眼睛、皮肤、毛发被化学物质玷污，立即到流动的清洁水下冲洗；如果沾染衣服、鞋袜，均应立即脱去，后冲洗皮肤。

（二）现场救援

——现场救援人员首先摸清被救者所处的环境，要选择合适的防毒面具或呼吸器（隔离式呼吸器为首选），身上缚以救护绳，在做好自身防护的前提下，将中毒者救出至空气新鲜处。处理人员应从上风处接近现场，严禁在无任何防护装备的前提下，盲目救人。

——若有人已吸入化学毒气中毒，应立即将中毒者移到新鲜空气处，静卧，松解衣带，头部偏向一侧，注意保暖，吸氧。呼吸困难者可加压给氧，心脏骤停者应立即予以心脏按压。

（三）急救处置

——眼部化学灼伤后，必须争取时间，用附近的洗眼器或就近取得清水，分开眼睑充分冲洗，至少持续 10min。注意冲洗液自流压力不要过大，冲洗要及时、充分。如颜面未受严重污染或灼伤，亦可采取浸洗，即将眼浸入水盆中，频频眨眼，效果也好。经初步清洗后，送医院救治。

——如果化学物质玷污皮肤或者烫伤，立即用大量流动清水冲洗，毛发也不例外。如果玷污衣服、鞋袜，均应立即脱去，然后用大量流动清水冲洗皮肤。冲洗皮肤和头发时要保护眼睛。

——对于腐蚀性强的化学物质如硫酸、硝酸、苛性钠等溶液，必须使用大流量冲淋器，争取在短时间内将污染物清洗干净。对无法自行冲洗的患者，救援人员应注意自身保护，并在对患者冲洗时继续进行其他基本救护。一般不主张随意使用中和剂清洗。经初步清洗后，送医院救治。

——被烫伤以后，要尽快脱离热源，然后用凉水冲洗患处，一般要 20min 左右，或是直到疼痛感明显降低才行。然后包扎，并送往医院，千万不要随意上药。烫伤面积如果过大，要采取口服温水或静滴盐水的方法进行补水，以防脱水后静脉不显难以注射用药。

——针对硫化氢中毒的患者，立即将其撤离现场，移至新鲜空气处，解开衣扣，及时清除口腔内异物，保持其呼吸道的通畅，有条件时，还应给予氧气吸入，对中、重度中毒者可采用高压氧治疗，保持呼吸道通畅。有眼部损伤者，应尽快用清水反复冲洗，并给以抗生素眼膏或眼药水滴眼，每日数次，直至炎症好转。对呼吸、心脏骤停者，取平卧位，立即进行心肺复苏。在施行口对口人工呼吸时，施救者应防止吸入患者的呼出气或衣服内逸出的硫化氢，以免发生二次中毒，建议采取口对鼻进行人工呼吸。

相关链接：急救穴位——"人中"

人中穴位于人体鼻唇沟的中点，是一个重要的急救穴位（图8-34）。平掐或针刺该穴位，可用于救治中风、中暑、中毒、过敏及手术麻醉过程中出现的昏迷、呼吸停止、血压下降、休克等。刺激人中穴为何有急救作用呢？这是因为节律性和连续性刺激人中，能使动脉血压升高，而在危急情况下，升高血压可以保证机体各个重要脏器的血液供应，维持生命活力。刺激人中穴位，还可影响人的呼吸活动，当人员出现呼吸骤停、呼吸微弱等危急情况时，连续刺激人中可使呼吸中枢兴奋，促进肺部气体交换，恢复正常呼吸节律。经研究表明，适当地节律性刺激最为合适。在实际操作中用拇指尖掐或针刺人中穴，以每分钟撤压或捻针20～40次，每次连续0.5～1s为佳。

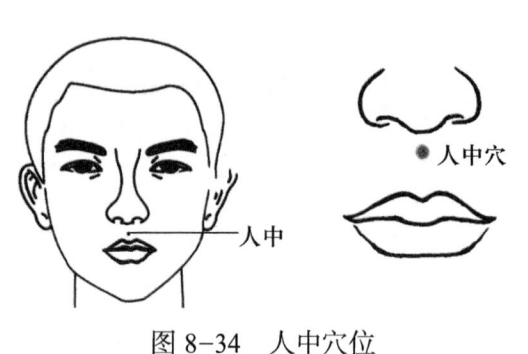

图8-34 人中穴位

第五节　员工工伤保险

为了保障因工作遭受事故伤害或者患职业病的员工获得医疗救治和经济补偿，促进工伤预防和职业康复，分散企业的工伤风险，各企业应参加工伤保险，为本单位全部员工或者雇工缴纳工伤保险费，员工个人不缴纳工伤保险费。

一、工伤认定

（一）工伤认定条件

员工有下列情形之一的，应当认定为工伤：

——在工作时间和工作场所内，因工作原因受到事故伤害的。

——工作时间前后在工作场所内，从事与工作有关的预备性或者收尾性工作受到事故伤害的。

——在工作时间和工作场所内，因履行工作职责受到暴力等意外伤害的。

——患职业病的。

——因工外出期间，由于工作原因受到伤害或者发生事故下落不明的。

——在上下班途中，受到非本人主要责任的交通事故或者城市轨道交通、客运轮渡、火车事故伤害的。

——法律、行政法规规定应当认定为工伤的其他情形。

（二）视同工伤情况

员工有下列情形之一的，视同工伤：

——在工作时间和工作岗位，突发疾病死亡或者在48h之内经抢救无效死亡的。

——在抢险救灾等维护国家利益、公共利益活动中受到伤害的。

——员工原在军队服役，因战、因公负伤致残，已取得革命伤残军人证，到用人单位后旧伤复发的。

（三）不得认定情况

但是有下列情形之一的，不得认定为工伤或者视同工伤：

——故意犯罪的。

——醉酒或者吸毒的。

——自残或者自杀的。

二、认定申请

员工发生事故伤害或者被诊断、鉴定为职业病，所在单位应当自事故伤害发生之日或者被诊断、鉴定为职业病之日起30d内，向统筹地区社会保险行政部门提出工伤认定申请。遇有特殊情况，经报社会保险行政部门同意，申请时限可以适当延长。

（一）特殊情况处理

用人单位未按规定提出工伤认定申请的，工伤职工或者其近亲属、工会组织在事故伤害发生之日或者被诊断、鉴定为职业病之日起 1 年内，可以直接向用人单位所在地统筹地区社会保险行政部门提出工伤认定申请。

应当由省级社会保险行政部门进行工伤认定的事项，根据属地原则由用人单位所在地的设区的市级社会保险行政部门办理。用人单位未在规定的 30d 时限内提交工伤认定申请，在此期间发生符合规定的工伤待遇等有关费用由该用人单位负担。

（二）认定申请材料

提出工伤认定申请应当提交下列材料：

——工伤认定申请表，包括事故发生的时间、地点、原因及职工伤害程度等基本情况。

——与用人单位存在劳动关系（包括事实劳动关系）的证明材料。

——医疗诊断证明或者职业病诊断证明书（或者职业病诊断鉴定书）。

工伤认定申请人提供材料不完整的，社会保险行政部门应当一次性书面告知工伤认定申请人需要补正的全部材料。

（三）认定核实决定

社会保险行政部门受理工伤认定申请后，根据审核需要可以对事故伤害进行调查核实，用人单位、员工、工会组织、医疗机构及有关部门应当予以协助。对依法取得职业病诊断证明书或者职业病诊断鉴定书的，社会保险行政部门不再进行调查核实。

员工或者其近亲属认为是工伤，用人单位不认为是工伤的，由用人单位承担举证责任。

社会保险行政部门应当自受理工伤认定申请之日起 60d 内作出工伤认定的决定，并书面通知申请工伤认定的员工或者其近亲属和该员工所在单位。

作出工伤认定决定需要以司法机关或者有关行政主管部门的结论为依据

的，在司法机关或者有关行政主管部门尚未作出结论期间，作出工伤认定决定的时限中止。

三、劳动能力鉴定

劳动能力鉴定是指劳动功能障碍程度和生活自理障碍程度的等级鉴定。员工发生工伤，经治疗伤情相对稳定后存在残疾、影响劳动能力的，应当进行劳动能力鉴定。

（一）能力分级

劳动能力鉴定由用人单位、工伤职工或者其近亲属向设区的市级劳动能力鉴定委员会提出申请，并提供工伤认定决定和职工工伤医疗的有关资料。

——劳动功能障碍分为十个伤残等级，最重的为一级，最轻的为十级。

——生活自理障碍分为三个等级：生活完全不能自理、生活大部分不能自理和生活部分不能自理。

设区的市级劳动能力鉴定委员会根据专家组的鉴定意见，作出工伤职工劳动能力鉴定结论；必要时，可以委托具备资格的医疗机构协助进行有关的诊断。

（二）时效要求

设区的市级劳动能力鉴定委员会，应当自收到劳动能力鉴定申请之日起60d内作出劳动能力鉴定结论，必要时，作出劳动能力鉴定结论的期限可以延长30d。劳动能力鉴定结论应当及时送达申请鉴定的单位和个人。

申请鉴定的单位或者个人对设区的市级劳动能力鉴定委员会作出的鉴定结论不服的，可以在收到该鉴定结论之日起15d内向省、自治区、直辖市劳动能力鉴定委员会提出再次鉴定申请。省、自治区、直辖市劳动能力鉴定委员会作出的劳动能力鉴定结论为最终结论。

自劳动能力鉴定结论作出之日起1年后，工伤职工或者其近亲属、所在单位或者经办机构认为伤残情况发生变化的，可以申请劳动能力复查鉴定。

四、工伤保险待遇

员工因工作遭受事故伤害或者患职业病进行治疗，享受工伤医疗待遇。治疗工伤应当在签订服务协议的医疗机构就医，情况紧急时可以先到就近的医疗机构急救。

（一）治疗与康复

治疗工伤所需费用符合工伤保险诊疗项目目录、工伤保险药品目录、工伤保险住院服务标准的，从工伤保险基金支付。员工住院治疗工伤的伙食补助费，以及经医疗机构出具证明，报经办机构同意，工伤员工到统筹地区以外就医所需的交通、食宿费用从工伤保险基金支付。

工伤员工因日常生活或者就业需要，经劳动能力鉴定委员会确认，可以安装假肢、矫形器、假眼、假牙和配置轮椅等辅助器具，所需费用按照国家规定的标准从工伤保险基金支付。工伤职工到签订服务协议的医疗机构进行工伤康复的费用，符合规定的，从工伤保险基金支付。

（二）工资与福利

员工因工作遭受事故伤害或者患职业病需要暂停工作接受工伤医疗的，在停工留薪期内，原工资福利待遇不变，由所在单位按月支付。停工留薪期一般不超过12个月。伤情严重或者情况特殊，经设区的市级劳动能力鉴定委员会确认，可以适当延长，但延长不得超过12个月。

工伤员工评定伤残等级后，停发原待遇，按有关规定享受伤残待遇。工伤员工在停工留薪期满后仍需治疗的，继续享受工伤医疗待遇。生活不能自理的工伤职工在停工留薪期需要护理的，由所在单位负责。

（三）生活护理费

工伤职工已经评定伤残等级并经劳动能力鉴定委员会确认需要生活护理的，从工伤保险基金按月支付生活护理费。生活护理费按照生活完全不能自理、生活大部分不能自理或者生活部分不能自理3个不同等级支付，其标准分别为统筹地区上年度职工月平均工资的50%、40%或者30%。

（四）伤残补助金

员工因工致残被鉴定为一级至十级伤残的，可从工伤保险基金按伤残等级支付一次性伤残补助金，标准为：一级伤残为27个月的本人工资，二级伤残为25个月的本人工资，三级伤残为23个月的本人工资，四级伤残为21个月的本人工资，五级伤残为18个月的本人工资，六级伤残为16个月的本人工资；七级伤残为13个月的本人工资，八级伤残为11个月的本人工资，九级伤残为9个月的本人工资，十级伤残为7个月的本人工资。

员工因工致残被鉴定为一级至六级伤残的，可从工伤保险基金按月支付伤残津贴，标准为：一级伤残为本人工资的90%，二级伤残为本人工资的85%，三级伤残为本人工资的80%，四级伤残为本人工资的75%，五级伤残为本人工资的70%，六级伤残为本人工资的60%，伤残津贴实际金额低于当地最低工资标准的，由工伤保险基金补足差额。

（五）工亡补助金

员工因工死亡，其近亲属按照下列规定从工伤保险基金领取丧葬补助金、供养亲属抚恤金和一次性工亡补助金：

——丧葬补助金为6个月的统筹地区上年度职工月平均工资。

——供养亲属抚恤金按照职工本人工资的一定比例发给由因工死亡职工生前提供主要生活来源、无劳动能力的亲属。标准为：配偶每月40%，其他亲属每人每月30%，孤寡老人或者孤儿每人每月在上述标准的基础上增加10%。

——一次性工亡补助金标准为上一年度全国城镇居民人均可支配收入的20倍。

员工因工外出期间发生事故或者在抢险救灾中下落不明的，从事故发生当月起3个月内照发工资，从第4个月起停发工资，由工伤保险基金向其供养亲属按月支付供养亲属抚恤金。

随堂练习

1. 海因里希的 1∶29∶300 法则，说明了事故发生的一个性质，这个性质称为（　　）。

    A. 必然损失性　　B. 偶然损失性　　C. 无法估计性　　D. 因果性

2. 假设有一项换灯泡作业，以下属于作业过程中存在的危害因素有（　　）。

    A. 上半身探出过多　　　　　　B. 站在梯子的最上两级

    C. 带电作业　　　　　　　　　D. 用力过大重心不稳

3. 居民将闲置物品堆放在楼内通道边，将产生（　　）后果。

    A. 堵塞人员疏散通道，影响人员疏散

    B. 火灾中，人们争先逃生时，往往会因通道不畅而摔倒、挤压等造成人员的伤亡

    C. 增加火灾荷载

    D. 防盗

4. 静电可以引起的危害有（　　）等。

    A. 爆炸　　　　　　　　　　　B. 火灾

    C. 静电电击　　　　　　　　　D. 生产故障

5. 工艺危害分析时，通常采用的分析方法可包括（　　）。

    A. 故障假设／检查表　　　　　B. 故障类型及影响分析

    C. 事故树分析　　　　　　　　D. 危险与可操作性研究

6. 事故应急管理中"预防"的含义是（　　）。

    A. 事故的预防工作，即通过安全管理、安全教育和安全技术等手段，尽可能防止事故的发生，以实现本质安全

    B. 事故发生后，尽可能控制并消除事故不利影响

    C. 预先采取预防措施，降低或减缓事故的影响或后果严重程度

    D. 事故后及时处理，并通过 PDCA 持续改进生产中出现的安全问题

7. 一名员工被管线绊倒导致手掌擦伤流血，用现场配备的消毒药品和纱布简单处理后可继续开展工作，此现象属于（　　）。

   A. 普遍存在的现象，不需要上报

   B. 事故，需要上报并按照"四不放过"原则处理

   C. 未遂事件，不需要上报

   D. 急救箱事件，需要上报

8. 发生下列哪些情形，应作为"事件"进行上报、分析、制订并落实整改措施？（　　）

   A. 公司办公楼空调维修工在维修过程中从人字梯滑落，扭伤脚，需当天休息第二天才能继续工作

   B. 员工在高处安装某设备时，工具滑落，但工具没有损坏，也没砸伤人

   C. 办公室人员被 A4 纸划伤手指，冲洗血渍后使用了创可贴

   D. 厂区某防震性压力表由于进水导致刻度模糊，不方便查看

9. 生产经营单位应当制订本单位的应急预案演练计划，根据本单位的事故风险特点，每年至少组织（　　）次综合应急预案演练或者专项应急预案演练，每半年至少组织（　　）次现场处置方案演练。

   A. 1，1　　　　B. 1，2　　　　C. 2，2　　　　D. 2，3

10. 对于突发事件现场应急处置指导思想，下列表述正确的是（　　）。

    A. 坚持"早发现、早处置、早控制、早报告"工作方针

    B. 贯彻"以人为本、安全第一，关爱生命、保护环境"工作原则

    C. 力争达到在第一时间控制现场事态、防止事故扩大的目的

    D. 以保护国家和公共财产安全为第一要务

11. 应急管理体系的保障系统主要由（　　）构成。

    A. 信息通信　　　　　　　　B. 人力资源

    C. 物资装备　　　　　　　　D. 经费财务

12. 应急预案的编制应当符合下列哪些要求？（　　）

    A. 有关法律、法规、规章和标准的规定

    B. 本地区、本部门、本单位的安全生产实际情况

    C. 本地区、本部门、本单位的危险性分析情况

    D. 应急组织和人员的职责分工明确，并有具体的落实措施

13. 企业应急预案通常按照如下突发事件分类方式进行策划与编制，突发事件通常分为（   ）。

   A. 自然灾害　　　　　　　　　　B. 事故灾难
   C. 公共卫生　　　　　　　　　　D. 社会安全
   E. 防恐安全

14. 下列关于安全生产应急管理，表述正确的有（   ）。

   A. 坚持应急准备为主、应急准备与应急救援相结合的原则
   B. 企业主要负责人是安全生产应急管理第一责任人责任
   C. 实行统一领导、分类管理、分级负责、属地为主、相关方协调联动的管理体制
   D. 建立统一指挥、分工负责、部门联动、协调有序、反应灵敏、运转高效的安全生产应急工作机制

15. 企业应当针对不同内部条件和外部环境，分层级、分类别开展桌面推演、实战演练及综合演练等多种形式的生产安全应急演练活动。应包括如下内容（   ）。

   A. 基层站队应当结合实际工况，进行现场处置预案（方案）和处置卡实战演练活动
   B. 管理层可以采取情景构建或模拟方式，组织桌面推演活动
   C. 企业通过基层站队实战演练与管理层桌面推演相结合的方式，举办生产安全应急综合演练活动
   D. 企业根据需要建立跨企业、跨区域的应急救援响应联动机制

16. 下列三级安全教育内容中，属于教育项目的内容是（   ）。

   A. 工地安全制度　　　　　　　　B. 安全操作规程
   C. 劳动纪律　　　　　　　　　　D. 工程施工特点

17. 进行可能危及危险化学品管道安全的施工作业，施工单位应当在开工的 7 日前书面通知管道所属单位，并与管道所属单位共同制定应急预案，采取相应的安全防护措施。（   ）应当指派专门人员到现场进行管道安全保护指导。

   A. 管道所属单位　　　　　　　　B. 施工单位
   C. 安全生产监督管理部门　　　　D. 企业安全管理部门

18. 隐患治理措施分为工程技术措施和安全管理措施。工程技术措施的实施等级顺序是直接安全技术措施、间接安全技术措施、指示性安全技术措施等；根据等级顺序的要求应遵循的具体原则应按（　　）的等级顺序选择安全技术措施。

    A. 消除、预防、减弱、连锁、隔离、警告

    B. 消除、减弱、隔离、预防、连锁、警告

    C. 消除、预防、减弱、隔离、连锁、警告

    D. 减弱、预防、消除、连锁、隔离、警告

19. 按照《生产安全事故报告和调查处理条例》第三条规定，造成 10 人以上 30 人以下死亡，或者 50 人以上 100 人以下重伤，或者 5000 万元以上 1 亿元以下直接经济损失的事故属于（　　）。

    A. 特别重大事故　　　　　　　B. 重大事故
    C. 一般事故　　　　　　　　　D. 较大事故

20. 下列属于较大事故的情形是（　　）。

    A. 一次造成 50 人急性工业中毒　　B. 一次造成 1000 万元直接经济损失
    C. 一次造成 2 人死亡　　　　　　D. 一次造成重伤 50 人

21. 根据能量转移理论的概念，事故的本质是（　　）。

    A. 能量的不正常作用　　　　　B. 造成人员死伤
    C. 造成经济损失　　　　　　　D. 造成生命和财产损失

22. 造成各类伤害、事故的根本原因最重要是（　　）。

    A. 环境因素　　　　　　　　　B. 设备因素
    C. 不安全行为　　　　　　　　D. 管理因素

23. 某企业储罐区发生大型火灾爆炸事故，事故调查统计，未出现人员死亡，但造成了 60 人重伤，直接经济损失 1000 万元，此次事故为（　　）。

    A. 较大事故　　　　　　　　　B. 重大事故
    C. 特别重大事故　　　　　　　D. 一般事故

24. 甲市乙县一工厂 3 月 3 日发生火灾事故，造成 2 人死亡、8 人重伤、直接经济损失 500 万元。8 日又有 2 人医治无效死亡。此次事故应由（　　）组织调查。

    A. 工厂自身　　B. 乙县政府　　C. 甲市政府　　D. 甲省政府

25. 甲市乙县一加油站发生火灾事故，导致 2 人死亡、6 重伤。依照《生产安全事故报告和调查处理条例》（国务院令第 493 号）。下列关于此事故报告的说法中，正确的是（   ）。

    A. 事故发生后，加油站负责人应当在 2h 内向乙县安监局报告

    B. 乙县安监局接到报告后，应于 2h 内向甲市安监局报告

    C. 甲市安监局接到报告后，应当在 1h 内向甲省安监局报告

    D. 自事故发生之日起 30d 内伤亡人数发生变化时，加油站应当及时补报

26. 根据事故管理办法的有关规定，下列属于特大事故等级标准的是（   ）。

    A. 事故造成的死亡人数达 30 人以上

    B. 一次事故直接经济损失超过 5000 万元

    C. 一次事故所造成的重伤和集体中毒事件的人数 100 人以上

    D. 一次事故直接经济损失超过 1 亿元

27. 根据《生产安全事故与环境事件责任人员行政处分规定》，事故、事件有关责任人员的责任分为直接责任、主要责任、主要领导责任、重要领导责任，下列表述正确的是（   ）。

    A. 直接责任，是指在其职责范围内，不履行或者不正确履行自己的职责，对事故、事件的发生起决定性作用的责任

    B. 主要责任，是指在其职责范围内，不履行或者不正确履行自己的职责，对事故、事件的发生起主要作用的责任

    C. 主要领导责任，是指在其职责范围内，对直接主管的工作不履行或者不正确履行职责，对事故、事件的发生负直接领导责任

    D. 重要领导责任，是指在其职责范围内，对应管的工作或者参与决定的工作，不履行或者不正确履行职责，对事故、事件的发生负次要领导责任

28. 发生事故、事件，有下列（   ）行为的，应追究责任单位主要负责人和业务分管负责人的责任。

    A. 发布的指令、决定或者制定的规章制度违反国家安全生产、环境保护法律法规及企业安全环保管理规定

    B. 未建立、健全或落实本单位安全生产、环境保护责任制

    C. 未组织制订或落实本单位安全生产、环境保护规章制度和操作规程

    D. 未保证本单位安全生产、环境保护投入的有效实施

29. 发生事故、事件，有下列（   ）行为的，应追究责任单位主要负责人和业务分管负责人的责任。

   A. 未按规定设置安全环保监管机构或者配备专职安全环保监管人员

   B. 督促、检查本单位安全生产、环境保护工作不到位

   C. 对事故、事件隐患，未采取有效措施组织整改或防范措施不力

   D. 未组织制订或有效组织实施本单位事故、事件应急救援预案

30. 发生事故、事件，有下列（   ）行为的，应追究责任单位主要负责人和业务分管负责人的责任。

   A. 事故、事件发生后未及时组织抢救或采取措施不当，造成次生事故、事件

   B. 违章指挥，强令员工违章作业

   C. 违反规定超能力、超负荷、超定员赶工期、抢进度组织生产及工程建设

   D. 批准不符合规范的设计或擅自更改设计，致使建设项目存在严重缺陷

31. 发生事故、事件，有下列（   ）行为的，应追究责任单位主要负责人和业务分管负责人的责任。

   A. 批准建设或者引进国家明令淘汰污染严重的工艺、技术和设备

   B. 在生产经营管理中，被依法责令停产、停业、关闭后仍继续生产

   C. 未经政府有关部门同意，擅自批准停用、闲置或者拆除污染治理设施

   D. 其他不履行或不正确履行安全生产、环境保护管理职责的

32. 依据生产安全事故管理办法，造成3~9人死亡的生产安全事故属于（   ）。

   A. 一般事故　　B. 重大事故　　C. 较大事故　　D. 特别重大事故

33. 生产安全事故管理办法中规定将生产安全事故分为（   ）。

   A. 工业生产安全事故、交通安全事故、火灾爆炸事故

   B. 工业生产安全事故、道路交通事故、火灾事故

   C. 工业生产突发事故、道路交通事故、环境污染事故

   D. 火灾爆炸事故、道路交通事故、环境污染事故

34. 生产安全事故管理办法规定，造成3人以下轻伤，或者10万元以下1000元以上直接经济损失的事故属于（   ）。

   A. 一般事故A级　　　　　　　　B. 一般事故B级

   C. 一般事故C级　　　　　　　　D. 一般事故D级

35. 依据生产安全事件管理办法规定，事件包括（　　）。
    A. 限工事件　　　B. 损工事件　　　C. 未遂事件　　　D. 医药箱事件

36. 突发事件是指突然发生，造成或者可能造成严重社会危害，需要采取应急处置措施予以应对的自然灾害事件、（　　）、公共卫生事件和社会安全事件。
    A. 火灾灾难事件　　　　　　　B 工业灾难事件
    C. 事故灾难事件　　　　　　　D. 突发灾难事件

37. 生产经营单位应急预案分为（　　）。
    A. 综合应急预案、专项应急预案、现场处置方案
    B. 综合应急预案、专项应急预案、应急处置措施
    C. 综合应急机制、专项应急机制、应急处置程序
    D. 综合应急机制、专项应急机制、应急处置卡片

38. 工作现场发现有人受重伤时，现场人员首先应（　　），临阵不乱。
    A. 带伤者到急救站
    B. 安慰伤者等待救援人员赶到
    C. 保持镇静，立即派人通知负责人及急救员
    D. 拨打电话求助

39. 应急演练中撤离预案的计划和培训应当包括（　　）。
    A. 撤离行动的基本原则和撤离行动的授权
    B. 撤离通知的信息沟通和撤离线路和紧急集合点的位置
    C. 救援设备的位置、风向判定及撤离人数统计核实
    D. 以上都对

40. 在应急管理中，（　　）阶段的目标是尽可能地抢救受害人员、保护可能受威胁的人群，并尽可能控制并消除事故。
    A. 预防　　　　B. 准备　　　　C. 响应　　　　D. 恢复

41. 一个完整的应急体系应由组织体制、运作机制、（　　）机制和应急保障系统构成。
    A. 属地为主　　　B. 公众动员　　　C. 法治基础　　　D. 分级响应

42. 《应急预案编制导则》中规定，（　　）是指针对可能发生的事故，为迅速、有序地开展应急行动而预先进行的组织准备和应急保障。
    A. 应急准备　　　B. 应急响应　　　C. 应急救援　　　D. 应急演练

43. 生产经营单位应当在应急预案公布之日起（　　）个工作日内，按照分级属地原则，向安全生产监督管理部门和有关部门进行告知性备案。
   A. 7　　　　　B. 15　　　　　C. 20　　　　　D. 30

44. 依据国家安全生产监督管理总局令《生产安全事故应急预案管理办法》，生产经营单位应当制订本单位的应急预案演练计划，根据本单位的（　　）特点，每年至少组织一次综合应急预案演练或者专项应急预案演练，每半年至少组织一次现场处置方案演练。
   A. 规模大小　　B. 经营范围　　C. 事故风险特点　　D. 企业性质

45. 危险化学品重大危险源应急预案不包括以下哪些内容？（　　）
   A. 应急的物资与保障
   B. 应急机构及职责
   C. 重大危险源安全管理规章制度及安全操作规程
   D. 重大危险源基本信息及事故类型和危害程度

46. 利用建筑物内、外已有的设施进行逃生的正确做法是（　　）。
   A. 利用墙边落水管进行逃生
   B. 利用室内的防烟楼梯、普通楼梯、封闭楼梯进行逃生
   C. 利用建筑物的阳台、通廊、避难层和室内设置的缓降器、救生袋、安全绳等进行逃生
   D. 利用普通电梯或观光电梯避难逃生

47. 编制企业总体应急预案时，可根据预案的特点和实际需要选择、明确预案支持性附件，一般应包括（　　）。
   A. 应急组织机构、职责分配及工作流程图
   B. 应急联络及通信方式
   C. 应急救援物资、设备、队伍清单
   D. 重大危险源、环境敏感点及应急设施分布图

48. 应急预案的编制应当符合下列哪些要求？（　　）
   A. 有关法律、法规、规章和标准的规定
   B. 本地区、本部门、本单位的安全生产实际情况
   C. 本地区、本部门、本单位的危险性分析情况
   D. 应急组织和人员的职责分工明确，并有具体的落实措施

49. 企业应当有计划、分层次地开展全员应急培训，通过多种形式培训和针对性训练，提高全员的安全生产应急意识和应急能力。应包括如下：（　　）。

   A. 领导干部、应急指挥人员应当重点加强应急意识、管理知识及应急指挥决策能力培训

   B. 应急救援专业人员应当加强执行应急预案和应急救援技能培训

   C. 岗位员工应当加强安全操作、应急反应、自救互救，以及第一时间初期处置与紧急避险能力培训

   D. 新上岗、转岗人员必须经过岗前应急培训并考核合格

50. 《国务院关于进一步加强企业安全生产工作的通知》（国发〔2010〕23号）指出，企业要经常性开展安全隐患排查，并切实做到（　　）"五到位"。

   A. 整改措施　　　　　　　　B. 责任、资金

   C. 责任、方案　　　　　　　D. 时限和预案

51. 《国务院关于进一步加强安全生产工作的决定》（国发〔2004〕2号）指出，要认真查处各类事故，坚持（　　）的"四不放过"原则，不仅要追究事故直接责任人的责任，同时要追究有关负责人的领导责任。

   A. 事故原因未查清不放过　　　B. 责任人员未处理不放过

   C. 整改措施未落实不放过　　　D. 有关人员未受到教育不放过

52. 根据国务院《生产安全事故报告和调查处理条例》（国务院493号令），根据生产安全事故造成的人员伤亡或者直接经济损失，一般分为4个等级（　　）。

   A. 特别重大事故、重大事故　　B. 较大事故、一般事故

   C. 非常重大事故、重大事故　　D. 较大事故、较小事故

53. 2024年5月，集团公司安委办印发《关于进一步加强典型问题隐患通报的实施意见》，提出对问题隐患要通报批评与通报表扬并重、激励与约束并重，不片面以发现问题隐患来处理处罚基层单位和员工的要求，包括（　　），要进一步完善事故隐患报告奖励措施，靠机制来引导、鼓励、倒逼全员主动发现问题、消减风险、消除隐患。

   A. 建立"鼓励发现、奖励整改"的隐患管理机制

   B. 建立"欢迎监督审核、感谢指导帮扶"的安全监管机制

C. 克服"回避问题矛盾、担心揭丑亮短"的狭隘思想

D. 积极营造正向激励、敞亮大气的安全文化氛围

54. 下列关于本质安全的说法，（　　）是正确的。

A. 即使在人员操作失误的情况下，也不会发生事故或伤害

B. 尽力做到认为自身已经不能再提高，就可以视为是达到本质安全

C. 设备、设施或生产工艺发生故障或损坏时，还能暂时维持正常工作或自动转变为安全状态

D. 在规划设计阶段就被纳入其中，而不是事后补偿

55. 下列对设备本质安全设计的说法正确的是（　　）。

A. 在工艺流程中和生产设备上设置安全防护装置，增加系统可靠性

B. 在高噪声设备上增设隔声罩

C. 加强起重设备的钢丝绳力学性能及防爆电机的外壳的坚固程度

D. 载人载物的升降机，其安全门不关上就不能合闸开启

56. 下列安全常识中，说法正确的是（　　）。

A. 遇险后，可拨打110、119或家人电话求救

B. 不贪财物，把生命安全放在第一位

C. 雷雨天气要站在大树下避雨

D. 雨天或洪水时，应远离高压电线或铁塔

57. 开展事故调查的作用，包括以下几点（　　）。

A. 避免再次发生　　　　　　　B. 确定标准的制定

C. 分享事故经验　　　　　　　D. 确定安全系统的弱点

58. 工艺安全信息主要包括如下哪些内容（　　）。

A. 物料的危害性　　　　　　　B. 工艺设计基础

C. 设备设计基础　　　　　　　D. 装置启动、运行及变更

59. 防静电的措施有（　　）等。

A. 接地　　　　　　　　　　　B. 抗静电添加剂

C. 干燥的环境　　　　　　　　D. 增湿

60. 对于厂区绿化，应符合下列哪些规定（　　）。

A. 工艺装置或可燃气体、液化烃、可燃液体的罐组与周围消防车道之间不宜种植绿篱或茂密的灌木丛

B. 在可燃液体罐组防火堤内可种植生长高度不超过15cm、含水分多的四季常青的草皮

C. 液化烃罐组防火堤内严禁绿化

D. 厂区的绿化不应妨碍消防操作

61. 单位负责人接到事故报告后，应当迅速采取有效措施，（　　）。

    A. 组织抢救，防止事故扩大，减少人员伤亡和财产损失

    B. 按照国家有关规定立即如实报告当地负有安全生产监督管理职责的部门

    C. 不得隐瞒不报、谎报或者拖延不报

    D. 不得故意破坏事故现场、故意毁灭有关证据

62. 本质安全管理以风险预控为核心，以PDCA管理为模式，体现了全员参与、持续改进的特点，要求在生产过程中做到（　　），进而实现人员、机器设备、环境、管理的本质安全。

    A. 人员无失误　　　　　　　　B. 设备无故障

    C. 系统无缺陷　　　　　　　　D. 管理无漏洞

63. 报告事故应包括以下（　　）内容。

    A. 事故发生的时间、地点及事故现场情况

    B. 事故简要经过

    C. 事故造成的伤亡人数

    D. 事故发生单位概况

64. 按"合理实际并尽可能低"的风险控制基本原则，在考虑资金投入与控制效果的关系时，下列表述正确的有（　　）。

    A. 接受可接受的风险　　　　　B. 风险越小越好

    C. 不接受不可接受的风险　　　D. 接受合理的风险

65. 安全预评价工作在项目建设之前进行，运用系统安全工程的原理和方法，识别危险及有害因素，评价其危险度，提出相应的安全对策措施及建议。在进行安全预评价时应以建设项目的（　　）作为主要依据。

    A. 初步设计　　　　　　　　　B. 工业设计

    C. 可行性研究报告　　　　　　D. 安全卫生专篇

66. 投用前安全检查（PSSR）是指在工艺设备投用前对所有相关因素进行检查确认，并将所有（　　）整改完成，批准投用的过程。

A. 必改项 B. 待改项
C. 必改项和待改项 D. 不符合项

67. 以下哪些属于启动前安全检查的必改项？（　　）

A. 设备变更后，操作规程没有修订
B. 应急逃生路线有积水
C. 动力设备的电气接地检测不合格
D. 控制按钮的位置不方便人员操作

68. HAZOP 分析本质就是通过系列会议对（　　）进行分析，由各种专业人员按照规定的方法对偏离设计的工艺条件进行过程危险和可操作性研究。

A. 工艺流程图和操作规程 B. 发生的事故
C. 操作记录报表 D. 风险

69. 下列选项中风险控制措施优先顺序正确的是（　　）。

A. 消除、替代、工程控制、管理控制、PPE
B. 消除、工程控制、替代、管理控制、PPE
C. 消除、管理控制、替代、工程控制、PPE
D. 消除、替代、管理控制、工程控制、PPE

70. HAZOP 是一种定性的安全评价方法。它的基本过程是以关键词为引导，找出过程中工艺状态的偏差，然后分析找出偏差的原因、后果及可采取的对策。下列关于 HAZOP 评价方法的组织实施的说法中，正确的是（　　）。

A. 评价涉及众多部门和人员，必须由企业主要负责人担任组长
B. 评价工作可分为熟悉系统、确定顶上事件、定性分析三个步骤
C. 可由一位专家独立承担整个 HAZOP 分析任务
D. 必须由一个多专业且专业熟练的人员组成的工作小组完成

71. 由于工艺改造，现需将一压力范围为 30～15kg/cm² 的不锈钢闸阀换成同尺寸的压力范围 30～45kg/cm² 的不锈钢闸阀，闸阀更换的过程（　　）。

A. 属于同类替换，需要执行变更管理流程
B. 属于同类替换，但是不需要执行变更管理流程
C. 属于工艺设备变更，需要执行变更管理流程
D. 属于工艺设备变更，但是不需要执行变更管理流程

72. PHA 常用方法有哪些？（　　　）

　　A. 故障假设 / 检查表（What-if/ Checklist）

　　B. 道化学法

　　C. 故障类型和影响分析（FMEA）

　　D. 危险和可操作性研究（HAZOP）

73. 下列哪些内容应纳入企业的工艺安全信息管理？（　　　）

　　A. MSDS　　　　　　　　　　　　B. PID 图

　　C. 设备质量保证检测报告　　　　　D. PSSR 资料

　　E. 员工培训档案

74. 某厂站聘请承包商进行油罐清洗作业时，对油罐进行了通风，承包商经理在厂站人员去找体检测仪未归的情况下，要求两名员工先进罐作业，但进罐不久便中毒晕倒，另外一人立即下罐抢救，因没有穿戴任何防护设备，均中毒倒地，导致三人死亡，为防止类似事故再发生，应采取的防范措施是（　　　）。

　　A. 不得聘用承包商从事受限空间作业

　　B. 不准任何人再进入该油罐进行清洗作业

　　C. 加强对承包商的安全知识培训和现场监护

　　D. 追究属地管理者的责任

75. 作为一名直线领导或属地管理者，你认为以下理念或说明正确的是（　　　）。

　　A. 你不可能完全消除风险，员工的风险意识对安全工作至关重要

　　B. 管理者负有降低风险的职责，但每个人都有识别和沟通风险的职责

　　C. 如果不能让参与这项工作的人参与风险评估，就不能实现真正风险管控

　　D. 风险可以影响人、质量和生产效率，最终将影响企业效益

76. 对于安全风险分级管控与隐患治理双重预防机制的建设工作，你认为以下理念或说明正确的是（　　　）。

　　A. 是现行 HSE 管理体系的完善和补充

　　B. 是与 QHSE 管理体系并存并行的管理系统

　　C. 安全管理系统性、针对性和实用性的提升过程

　　D. 是一项临时性、阶段性的工作任务，并不是日常工作的一部分

77. 安全风险分级管控与隐患排查治理的关系说法正确的是（   ），构建双重预防机制过程中，应特别注重两者的有机融合，充分发挥双重预防机制的作用。

    A. 两项平行没有交集的工作

    B. 力点不同，目标一致

    C. 侧重点不同，方向一致

    D. 相互关联、相互支撑、相互促进

78. 对于 JSA 分析，你认为以下理念或说法正确的是（   ）。

    A. 事先或定期对某项工作任务进行风险评价，并根据评价结果制订和实施相应的控制措施，达到消除或控制风险目的的方法

    B. 开展工作安全分析可以帮助识别和找到作业人员以前忽略的危害因素，从而更有效地防止伤害事故的发生

    C. 可以帮助作业人员有组织地把工作做对，并且做得更加有效，一个好的 JSA 也可以变成正式工作程序的一部分

    D. 通过事前培养思考安全的行为，使员工按照工作程序进行工作，使员工养成安全工作的习惯

79. 工作前安全分析（JSA）与其他风险评价方法相比而言有如下鲜明的特点（   ）。

    A. 简单、灵活、实用，操作性强

    B. 易学易会，所有员工都可掌握，可行性强

    C. 可紧密结合工作实际，针对性强

    D. 可以在作业前，即时分析，时效性强

80. 工作前安全分析（JSA）与其他风险评价方法相比而言有如下鲜明的特点（   ）。

    A. 分解作业步骤，明确工作流程，规范性强

    B. 口头 JSA 可与任务分配和班前会相结合，灵活性强

    C. 将风险管理细化到每一具体工作或作业，实用性强

    D. 作业者本人识别和管理自己作业中的风险，自主性强

81. JSA 小组按工作顺序把一项作业分成几个工作步骤，每一步要具体而明确。在进行工作任务或作业活动步骤分解时，以下说法正确的是（   ）。

A. 步骤划分不能太笼统，否则会遗漏一些步骤以及与之相关的危害

B. 步骤划分也不宜太细，以致出现许多的步骤，使分析变得烦琐

C. 和参与作业的人员或曾经做过类似作业的人员一起讨论工作步骤

D. 一项作业活动的步骤一般不少于五步

82. 依据国家安全监管总局《化工和危险化学品生产经营单位重大生产安全事故隐患判定标准（试行）》监总管三〔2017〕121号），以下情况属于重大生产安全事故隐患是（　　）。

A. 特种作业人员未持证上岗

B. 未制订操作规程和工艺控制指标

C. 使用淘汰落后安全技术工艺、设备目录列出的工艺、设备

D. 安全阀、爆破片等安全附件未正常投用

83. 依据《中国石油天然气集团公司生产安全事件管理办法》，以下关于事件分级说法正确的包括（　　）。

A. 限工事件是指人员受伤后下一工作日仍能工作，但不能在整个班次完成所在岗位全部工作，或临时转岗后能在整个班次完成所转岗位全部工作的情况

B. 医疗事件是指人员受伤需要专业医护人员进行治疗，且不影响下一班次工作的情况

C. 急救箱事件是指人员受伤仅需一般性处理，不需要专业医护人员进行治疗，且不影响下一班次工作的情况

D. 未遂事件是指已经发生但没有造成人员伤害或直接经济损失的情况

84. 在伤亡事故统计的国家标准《事故伤害损失工作日标准》（GB/T 15499—1995）中，把受伤害者的伤害分成三类。以下说法正确的是（　　）。

A. 轻伤指损失工作日为一个工作日以上（含一个工作日），105个工作日以下的失能伤害

B. 重伤损失工作日为105个工作日以上（含105个工作日）的失能伤害

C. 死亡发生事故后当即死亡，包括急性中毒死亡，或受伤后在30d内死亡的事故

D. 重伤的损失工作日最多不超过6000个工作日，死亡损失工作日为6000个工作日

85. 依据《生产经营单位生产安全事故应急预案编制导则》(GB/T 29639—2020)的要求，以下关于专项预案、现场处置预案的理解和说法正确的是（　　）。

   A. 专项应急预案与综合应急预案中的应急组织机构、应急响应程序相近时，可不编写专项应急预案，相应的应急处置措施并入综合应急预案

   B. 专项应急预案是为应对某一种或者多种类型生产安全事故，或者针对重要生产设施、重大危险源、重大活动防止生产安全事故而制订的专项工作方案

   C. 事故风险单一、危险性小的单位，可只编制现场处置方案

   D. 现场处置方案是根据不同生产安全事故类型，针对具体场所、装置或者设施所制订的应急处置措施

86. 以下对于应急处置卡理解和说法正确的是（　　）。

   A. 为应对重点部位、关键装置和危险作业场所等作业现场存在的、突发事件风险

   B. 应急处置卡的内容应简明、实用、易记

   C. 将事故初期应急处置措施和步骤写在卡片上，提示岗位员工采取必要的紧急措施

   D. 指导重点岗位人员第一时间开展应急处置的卡片

87. 依据《中国石油天然气集团有限公司应急信息工作管理办法》(中油生产〔2022〕34号)，突发事件信息按照报送时间分为初报、续报、终报和总结报告四个环节。以下说法正确的是（　　）。

   A. 初报：事件发生后30min内电话报告，1h内书面报告

   B. 续报：初报后4h内续报；根据情况变化和工作进展，及时报告重要情况，每日7时、17时前报告最新情况

   C. 终报：事件处置完毕2h内报告处理结果

   D. 总结报告：事件处置完毕15d内，报告基本情况和应对过程、原因分析和整改方案、处置经验和教训等

88. 下列哪些情形相关单位应当对重大危险源重新进行辨识、安全评估及分级？（　　）

   A. 重大危险源安全评估已满三年的

B. 构成重大危险源的装置、设施或者场所进行新建、改建、扩建的

C. 危险化学品种类、数量、生产、使用工艺或者储存方式及重要设备、设施等发生变化，影响重大危险源级别或者风险程度的

D. 外界生产安全环境因素发生变化，影响重大危险源级别和风险程度的

89. 急性一氧化碳中毒的救治措施包括（　　）。

   A. 立即将中毒者移至空气新鲜处，松开衣领，保持呼吸道通畅，并注意保暖

   B. 密切观察意识状态

   C. 轻度中毒者可以采取吸入氧气的办法，缓解症状

   D. 中度及重度中毒者，应积极立即送往医院救治

90. 发现人员触电时，应采取（　　），使之脱离电源。

   A. 立即用手拉开触电人员　　　B. 用木棒拨开电源或触电者

   C. 用铁棍拨开电源线　　　　　D. 关掉电源开关

91. 对于安全风险分级管控与隐患治理双重预防机制的建设工作，你认为以下理念或说明正确的是（　　）。

   A. 不是脱离现行作法，另起炉灶、另搞一套

   B. 是现行 HSE 管理体系的完善和补充，深化和细化

   C. 是安全管理系统性、针对性和实用性的提升过程

   D. 是一项临时性、阶段性的工作任务，并不是日常工作的一部分

92. 安全风险分级管控和隐患排查治理是 HSE 管理体系中风险管理工作的是 HSE 管理体系有效运行的重要抓手，要把风险管控和隐患排查工作与（　　）、基层岗位培训、风险警示和告知等工作相结合，将风险管控和隐患排查要求落实到日常工作中，做到关口前移、预防为主。

   A. HSE 标准化站队建设　　　　B. 安全环保责任落实

   C. 应急准备与响应　　　　　　D. 安全监督检查

93. 安全风险分级管控与隐患排查治理的关系说法正确的是（　　）。构建双重预防机制过程中，应特别注重两者的有机融合，充分发挥双重机制的作用。

   A. 两项平行没有交集的工作　　B. 力点不同，目标一致

   C. 侧重点不同，方向一致　　　D. 相互关联、相互支撑、相互促进

94. 依据国家安全监管总局《化工和危险化学品生产经营单位重大生产安全事故隐患判定标准（试行）》（安监总管三〔2017〕121号），以下情况属于重大生产安全事故隐患是（　　）。

   A. 特种作业人员未持证上岗

   B. 未制订操作规程和工艺控制指标

   C. 使用淘汰落后安全技术工艺、设备目录列出的工艺、设备

   D. 安全阀、爆破片等安全附件未正常投用

95. 危险化学品管理中，提及的"两重点一重大"是指（　　）。

   A. 重点监管的危险化学品　　　　B. 重点监管的危险化工工艺

   C. 重大危险源　　　　　　　　　D. 重大风险

96. 安全监督与检查中的"四全"是指（　　）。

   A. 全员、全过程　　　　　　　　B. 全天候、全方位

   C. 全员、全流程　　　　　　　　D. 全时段、全方位

97. 重大危险源辨识单元分为生产单元和储存单元。以下关于单元划分说法正确的包括（　　）。

   A. 生产单元是指危险化学品的生产、加工及使用等装置及设施，当装置及设施之间有切断阀时，以切断阀作为分隔界限划分为独立单元

   B. 储存单位是指用于储存危险化学品的储罐或仓库组成的相对独立区域

   C. 储存单位是储罐区的，以罐区防火堤为界限划分为独立储存单元

   D. 储存单元如果是危险化学品仓库，以独立库房（独立建筑物）为界限划分为独立储存单元

98. 有下列情形之一的，应当对重大危险源重新进行辨识、分级及安全评估（　　）。

   A. 构成重大危险源的装置、设施或者场所进行新建、改建、扩建的

   B. 危险化学品种类、数量、生产、使用工艺或者储存方式及重要设备、设施等发生变化，影响重大危险源级别或者风险程度的

   C. 外界生产安全环境因素发生变化，影响重大危险源级别和风险程度的

   D. 发生危险化学品事故造成人员死亡，或者3人以上重伤，或者10人以上受伤，或者影响到公共安全的

99. 企业应实施重大危险源安全包保责任制，明确各重大危险源的（　　），制订包保责任人及联系方式清单，及时录入全国危险化学品登记信息管理系统，并向地方政府应急管理部门报备。

    A. 主要负责人　　B. 操作负责人　　C. 属地责任人　　D. 技术负责人

100. 企业重大危险源的安全包保责任人，原则上应当由以下人员担任：（　　）。

    A. 技术负责人由企业安全、生产、设备等分管负责人担任

    B. 主要负责人由企业主要负责人担任

    C. 技术负责人由企业技术、生产、设备等分管负责人担任

    D. 操作负责人由重大危险源生产单元、储存单元所在车间、单位的现场直接管理人员担任，例如车间主任

101. 重大危险源的操作负责人，对所包保的重大危险源负有哪些安全职责？（　　）

    A. 负责督促检查各岗位严格执行重大危险源安全生产规章制度和操作规程

    B. 对涉及重大危险源的特殊作业、检维修作业等进行监督检查，督促落实作业安全管控措施

    C. 每周至少组织一次重大危险源安全风险隐患排查

    D. 及时采取措施消除重大危险源事故隐患

102. 对于重大危险源的安全管理，以下安全要求正确的是（　　）。

    A. 通过电子公告牌或显示屏等方式，每天按规定时限向社会发布承诺公告重大危险源风险管控情况

    B. 应当在重大危险源所在场所设置明显的安全警示标志、风险告知牌和重大危险源安全包保公示牌

    C. 应当建立安全风险警示公告制度，将重大危险源所涉及的危险化学品危险特性、可能发生的事故后果和应急措施等信息，以适当、有效的方式告知可能受影响的社区、单位及人员

    D. 应当建立健全危险化学品安全生产风险监测预警机制，将重大危险源监测监控信息接入地方政府安全生产风险监测预警系统、HSE 信息系统

103. 在清罐施工作业过程中，涉及硫铁化合物自燃风险的储罐，防硫铁化合物自燃应遵守以下管理要求（　　）。

A. 在清洗前应采用钝化法、隔离法、清洗法等方法进行管控，首选钝化法

B. 在罐内集中堆放，防止自燃

C. 储罐人孔打开后，应保持罐内湿润状态

D. 清罐残渣和拆除的含油部件应保持水润湿

104. 根据国家安全监管总局《化工和危险化学品生产经营单位重大生产安全事故隐患判定标准（试行）》（安监总管三〔2017〕121号），下列属于重大生产安全事故隐患的是（　　）。

A. 液化烃、液氨、液氯等易燃易爆、有毒有害液化气体的充装未使用万向管道充装系统

B. 特殊工种未进行专项培训

C. 安全阀、爆破片等安全附件未正常投用

D. 安全经费未按标准投入

105. 燃气经营者在安全生产管理中，以下哪些情形会被判定为重大隐患？（　　）

A. 未取得燃气经营许可证从事燃气经营活动

B. 未建立安全风险分级管控制度

C. 未建立事故隐患排查治理制度

D. 未制订生产安全事故应急救援预案，未对燃气用户燃气设施定期安全检查

随堂练习答案

题号	1	2	3	4	5	6	7	8	9	10
答案	B	ABCD	ABC	ABCD	ABCD	AC	D	ABC	A	ABC
题号	11	12	13	14	15	16	17	18	19	20
答案	ABCD	ABCD	ABCD	ABCD	ABC	ABCD	A	C	B	B
题号	21	22	23	24	25	26	27	28	29	30
答案	A	D	B	C	B	ACD	ABCD	ABCD	ABCD	ABCD
题号	31	32	33	34	35	36	37	38	39	40
答案	ABCD	C	B	C	ACD	C	A	C	D	C

题号	41	42	43	44	45	46	47	48	49	50
答案	D	A	C	C	C	ABC	ABCD	ABCD	ABCD	ABD
题号	51	52	53	54	55	56	57	58	59	60
答案	ABCD	AB	ABCD	ACD	ABCD	ABD	ACD	ABCD	ABD	ABCD
题号	61	62	63	64	65	66	67	68	69	70
答案	ABCD	ABCD	ABCD	ACD	C	A	AC	A	A	D
题号	71	72	73	74	75	76	77	78	79	80
答案	C	ACD	ABCD	C	ABCD	AC	BCD	ABCD	ABCD	ABCD
题号	81	82	83	84	85	86	87	88	89	90
答案	ABC	ABCD	ABCD	ABCD	ABCD	ABCD	ABC	ABCD	ABCD	BD
题号	91	92	93	94	95	96	97	98	99	100
答案	ABC	ABCD	BCD	ABCD	ABC	AB	ABCD	ABCD	ABD	BCD
题号	101	102	103	104	105					
答案	ABCD	ABCD	ACD	AC	ABCD					